無敵の少年サッカー
発祥の地

# 清水サッカー物語

高部 務

# 清水サッカー物語

無敵の少年サッカー発祥の地

# 目次

# 第一話　開拓者の描いた夢

二〇一五年八月三十日午後三時二十分。日の丸を胸に付けた〝ヤングなでしこ〟が成田空港に降り立った。どの顔も誇らしげに輝いている。税関を出たところで、サッカー協会のスタッフが薔薇の花束を持って待ち受けていた。

「優勝おめでとう、よかったね」

選手たちに駆け寄ると肩を抱きしめた。

「里歌子、ＭＶＰおめでとう」

小林里歌子が満面の笑みで頭を下げる。

綾部美知枝がバッグから大振りのトロフィーを出した。ロビーの照明にきらきらと光っている。花束と交換にトロフィーを渡しながら綾部が帰国の報告をする。

「この子たちの頑張りがあったおかげで、優勝することができました。よかったです」

二十日前の出国時とは違い、選手たちの顔は小麦色に日焼けしほかほかな表情を浮かべている。選手団の中にあってひときわ存在感のある恰幅の綾部が、目を細めて頭を下げる。

任務を無事果たした安堵感からか綾部の選手を見る目が柔らかい。

「みんなよく頑張ってくれたわね。お疲れさま」

二人の子供と三人のお孫さんもいるお婆ちゃんでもある綾部の言葉は、選手の心に沁みわたる響きを持っている。

「世界選手権までは時間がないんだから、チームに戻っても自分の改善すべき課題を見つけて頑張らないと駄目ですよ」

気の緩みがちな選手たちに、Ｕ―19サッカー日本女子代表監督を務めた高倉麻子は釘を刺すのも忘れなかった。

「は～い」

空港内に響き渡るアナウンス音にも負けない大きな声の主は、ムードメーカーとしてチームを引っ張り、大会ＭＶＰに輝いた高校生の小林里歌子だ。

「次の合宿に集まるときには、全員が元気な姿で集まろうね」

綾部の言葉にメンバーの誰もが頷いた。

八月十八日から中国の南京で行われた「２０１５ＡＦＣ Ｕ−19女子選手権中国大会」に出場した〝ヤングなでしこ〟は、予選三試合を全勝で勝ち抜く。準決勝の韓国戦を一対〇で辛勝し決勝戦では北朝鮮と延長戦の末〇対〇、ＰＫ戦を制して優勝となるめでたい凱旋帰国だ。

綾部は日本サッカー協会特任理事で女子委員会の任にある。この大会では団長としてチームをまとめ、一六年パプアニューギニアで開催の「ＦＩＦＡ Ｕ−20世界大会」への出場権を獲得した。

綾部（旧姓押見）は二十一歳のとき、日本サッカー協会・女性公認指導員第一号となりこれまで四十五年にわたって清水ＦＣや日本サッカー協会の指導者として尽力を重ねてきた経歴を持つ。

自分の子供より若い選手たちに対し、綾部は六十も半ばを過ぎている。協会が今回の遠征に自分を派遣した要望を十分理解していた。

「厳しい試合に臨む子供たちにとって大切なのは、技術の押しつけや説教じゃない。選手たちには人に言えない悩みやプレーに対する不安を持っている。その不安を取り除いてやるのが監督であり、女の監督なら技術的なことはコーチに任せ選手たちの母親の役目も務まるわけで、選手たちにお母さんとして甘えられる心地良さをつくればいい」

　協会から大役を任せられた綾部の胸に去来したのは、自分にサッカー指導者としての礎を築いてくれた、今は亡き堀田哲爾のこの言葉だった。

　今回の遠征は酷暑の地南京である。気候風土から食べ物まで違う生活環境の中での戦いだった。

　高校生から大学生、社会人と選ばれた立場の違う選手たちをどうしたら一つにまとめることができるか。

　乙女たちの中に混じって二人の男性スタッフが帯同しているが、女性として微妙な年齢に差し掛かっている選手たちの中に、いかに上手く溶け込ませるか。そこが綾部の腕の見せ所だ。

　関西空港からの出発時、選手たちの前に男性スタッフの一人、キーパーコーチの渡辺英豊を立たせた。

「遠征中は私があなたたちのお母さん。彼がチームのダディーなんだから何かあったら相談しなさいね」

　見事な差配をふるう。

　南京は大東亜戦争時、日本軍による大量虐殺があったとする中国側の言い分が国内の思想統制によって国民の間に刻み込まれ、現地の人たちの対日感情は良好なはずがない。この時期は丁度、中国政府が「中日戦勝七十周年記念」のスローガンを掲げ、反日感情を煽っていた。

　予期していたとはいえ、現地に入るとホテルのテレビが一日中日本軍が攻め入る戦時中の残虐な映像を流していた。

　綾部はグラウンドでの観客と選手たちの軋轢を恐れた。

「フェアープレーこそが、見ている人たちの感情を和らげることになるから、心を強く持って何があっても感情を表に出さないように戦いなさいね」

そう言い聞かせ選手たちをピッチに送り出していた。

選手たちは期待に応えた戦いぶりで優勝フラッグを手にした。

綾部はキャスター付の大きな旅行バッグを引いて、家路に急ぐ選手たちの後ろ姿を見送り、ようやく任務を解かれた気分で長男の三歳になる孫の可愛らしい顔を思い出した。


一九五六年四月。

清水港を河口とする、巴川《ともえがわ》の河岸に隣接する江尻小学校に通う二年生の綾部は、昼休みに校庭で友達と縄跳びをして遊んでいた。

友達が回す縄跳びの縄に足が掛からないよう、タイミングを見計らい地面を蹴ってジャンプした時だ、風を切るような音がしてサッカーボールが頬を掠めて飛んできた。もう少しで顔を直撃するところだった。

全校生徒が千人以上いる江尻小学校では、校庭の広さに比べて児童が多く、ボールを蹴るとどこに飛んでいくか分からないサッカーは危険だと言って禁止されていた。

綾部はボールの飛んできた方を振り向いた。

「わりぃ～わりぃ。大丈夫、当たらなかった」

綾部家の近くの乾物屋の五年生になる、半ズボンに坊ちゃん刈りの男の子が、頭を掻きながら愛想笑いを浮かべていた。

「当たらなかったけど、サッカーは禁止されているんでしょ。危ないんだからやめてよ」

頬を赤く染めたお下げ髪の綾部は、ぷいっと鼻を膨らませてボールを蹴り返した。

「もう、そんなに強く蹴らないから」

ちょこんと頭を下げるとまた同級生とボールを蹴り始めた。

放課後、掃除を終えてランドセルを背負い校庭に出るとまたボールが転がってきた。何人かの生徒を並べて先生がボールを子供たちの頭めがけて投げつけている。この四月に静岡大学を卒業して着任したばかりの五年生担任の堀田哲爾だった。

「逃げるんじゃないぞ」

投げられたボールに対し、頭から向かっていかないと先生の怒鳴り声が飛んでくる。昼休みにボールを蹴っていた男の子もボールを投げつけられている一団の中にいた。その子は、三歳年上で綾部が密かに恋心を抱いている相手だった。ボールが子供たちの頭に当たるたびに重たい音がしている。

何の抵抗もしないのにボールを投げつけられるなんて。

綾部にはいじめとしか思えず男の子が可哀相で仕方がない。あんな乱暴なことをどうしたら止めてあげられるのか。

蜜柑色した夕陽を照らす巴川の川岸に立つと、水面に魚が飛び跳ねバチャ～ンと音をたて消えていく。円を描いて広がる波を眺めていても痛めた乙女心は癒されることがない。

翌日の児童会の朝礼。

校長先生の訓話が終わるのを待って綾部は立ち上がった。

「サッカーが禁止されているのに、五年生の先生はグラウンドでボールを蹴っているんですよ。先生、やめるように注意してください」

綾部の剣幕に校長先生は黙りこんでしまい、教師の列に並んでいる堀田は下を向いてしまった。

「堀田先生のことかな。先生は大学時代からサッカーをしていて県の教員選抜チームに入っているんだ。子供たちにはスポーツが必要だと言ってサッカーのチームを作るそうだから」

校長先生が説明を加えながら堀田の方を向いた。

「はい、そのつもりです」

堀田が答えた。放課後になると、堀田は生徒に混じってボールを追いかけていた。綾部が恋心を抱く男の子も楽しそうにボールを追いかけている。その逞しい姿が綾部の瞼に眩しく映っている。

綾部が後で知ったのは、生徒の頭にボールを当てていたのはヘディングの練習だった。

「良かったら一緒にボールを蹴ってみないか」

短髪で肩幅の広い堀田が細い目を広げるようにして綾部を誘った。綾部は自分の心の中を見透かされたようでやたらと恥ずかしく、赤面している自分を知られないよう下を向いて小走りで校門を出た。それからは、顔を合わせる度に声を掛けられるようになった。ボールを蹴ることに反対した後ろめたさも手伝って、正面から堀田の顔を見ることができなかった。

綾部の実家は、江戸時代に宿場町として栄えた〝江尻の宿〟の街道筋にあり、今は銀座商店街と呼ばれている通りにある。

父親は若いころに東京に出て縫製の技術を身に付けて戻ると、自宅を改造し「オシミ洋服店」

を開業した。商売は順調で四人の奉公人を置くまでになっていた。オーダー服の専門店で父親は弟子に対して厳しかった。

「居眠りしている奴があるかッ。誠心誠意込めて作らなければお客さんに馴染む服はできないんだぞッ」

怒鳴り声が家族の集まる茶の間にも聞こえてきた。

妥協を許さない厳しい職人気質を持つ父親で、清水では舶来品に負けない高級紳士服の仕立屋として知られる店だ。

翌日の夜、友達の家からの帰り道、自宅の三軒隣にある焼き鳥屋の換気口から串刺しにした鳥を焼く甘い匂いが流れてきた。硝子戸越しに父親と昨晩怒られていた弟子がカウンターで肩を並べて座っている姿が見えた。

会話は聞こえないが父親の手が弟子の肩をポンポンと叩いている。弟子の頭が二度三度と上下に動いている。人前で叱った弟子に対し職人としての気構えと志を説いているのだろう。

綾部は、そんな優しさを持つ父親が好きだった。父親の背中を見て育った綾部は、人に物を教える仕事に就きたいと子供心に胸に考えていた。

「中学時代、ピッチャーで四番を打っていたんだ。そう、チームの大黒柱としてな」

父親は、晩酌をやるたびに家族の前で自慢していた。

放課後、楽しそうに子供たちにサッカーを教える堀田の姿を見ると父親の姿と重なってきた。

綾部も運動神経は父親譲りで自信があった。運動会の短距離走ではいつも一番でテープを切っていた。

中学に入学すると、ソフトボール部に籍を置く傍ら陸上部からも声が掛かった。短距離の代表選手として市内の競技会に出場すると必ず入賞して帰ってくるスポーツ少女だった。

高校に入ると、体の大きさを見こまれてバレーボール部からスカウトされた。ジャンプ力を生かした強烈なアタックは相手チームを震撼させるほどの威力を発揮した。

授業中、ノートにムーミンの似顔絵を描いて先生に叱られても悪びれることなく舌を出して謝るお茶目な綾部はクラスの人気者でもあった。

清水は古くから国際貿易港として栄えた港町だ。

港に錨を下ろした外国船の船員が「オシミ洋服店」の評判を聞きつけてオーダー服を作りに来た。英語がからきし駄目な父親は女学校で英語を習っていたという近所のケーキ屋の女主人を通訳に頼んでいたが、この日は親戚の法事で出かけて不在だった。綾部が学校から帰ると、船員がウインドーに飾ってある英国産の高級カシミヤを使って背広を作ってくれと言っている。ここまでは身振り手振りで分かったが、細かいサイズや好みのスタイルを聞く段になるとてんで通じない。父親がもじもじしている姿を見かねた綾部が学校で習ったばかりの英語を口にした。

「What do you want?」

船員たちの顔がぱっと明るくなった。英語が分かると見たようでペラペラとまくしたてるが、それ以上のことは何も分からない。カバンを置き去りに両手で顔を覆って家の中に駆け込んでしまった。

船員は残念がったが帰ってしまった。

年に何回かはこんな事があるようだ。

「通訳がいてくれたら大儲けができたのになぁ」

悔しそうな顔をする父親を、弟子たちが同情の眼で見ている。

それが綾部は悔しくてしょうがなかった。

娘を、英語が話せる学校に行かせたい。そう勧めるようになったのも父親にしてみると必然の流れだ。

「英語が話せれば、結婚だって良い縁談が来るさ」

娘にはこう言うが、綾部自身も父親の本心がそこにないことを知っていたから父親の勧めに逆らうことはしなかった。

日が暮れるまで部活に精を出し、腹をすかせて帰って来る女子高生だった。受験を控えた高校三年のゴールデンウィーク。

清水駅前の商店街で母親に頼まれた夕食の買い物をしていた。

堀田が目の前に立っていた。紺に三本のラインの入ったジャージ姿だった。子供たちにサッカーを教えていた帰りだろう。

「感心だなぁ。お転婆娘もたまにはお母さんの手伝いをするんだ」

顔を覗き込みながら言った。何年振りかに顔を合わせたというのに堀田の言葉に綾部は腹を立てぷいっと横を向いた。

「ところで、来年は進学だろう。どうするつもりなんだ」

乙女心が分からない男には何も答えたくなかった。

「どうだ、大学に行って先生にでもなってみる気はないか」

今度は自分の心を見透かされているようで腹が立った。

「大学は行きますよ。英語を勉強するつもりです」

ぶっきら棒に答えた。

「英文科か。お前らしくないよ。運動神経が良いんだから体育大学にでも入って先生になるほうが向いてるんじゃないか」

土足でずけずけと踏み込んでくる。答えてなんかやるものか。

買い物籠を抱えて反対方向に歩きだした。

「とにかく、自分に合っていることをすることが大事だぞ」

背中にその言葉を投げかけられ、振り向くと堀田の背中が遠ざかっていた。自分はガリ勉型ではない。体を動かして汗をかく方が向いている。堀田の言うとおりだ。

父親に日本体育大学女子短期部体育学科受験を告げた。

「そうか、お前が良いようにするがいい」

子供思いの父親は反対することがなかった。

合格通知が届いた翌日、偶然銀座通りで堀田と会った。

この日もジャージ姿でサッカー協会に行く途中だと言った。

「そうか、体育大学に受かったんだ。それは良かった。で、大学では何を専攻するつもりだ」

「陸上をしてみようと思うんです」

この日の綾部は素直に答えられた。

「お前に陸上は無理だよ。そんなのはやめておけ」

一方的に反対されると腹を抱えて笑った。

「何が可笑しいんですか」

父親も口にしない独断に腹が立った。

「あの大学はな、どんな種目でも日本代表を狙っている選手や国体で活躍しているような凄い選手が集まるんだ。田舎町で少し足が速いからといっても通用なんかしないよ」

自分の迷いをここでも見事に言い当てた。

「お前の、一番苦手なのはなんだ」

「創作ダンス、なんて言うのも専攻科目にあるんですけど……」

「だったらそれがいい。誰もが嫌がっている苦手なものなら一番になれる可能性もある。先生になるんならダンスを覚えていても損にはならないよ。将来使えるかも知れないな」

言われるがままになるのは悔しかったが、綾部は大学に入学すると創作ダンスを選んだ。リズムに乗って、自分で振付けするダンスは考えていたほど軟弱なものではなかった。


徳川家康がまだ竹千代と呼ばれていた幼少期には、今川の人質として鷹匠《たかじょう》（静岡市葵区）に住んでいた。そこで面倒を見てくれたのは、出家して源応尼《げんおうに》と呼ばれていた母方の祖母だった。この源応尼と家康の五女で七歳で亡くなった市姫の墓があるのが浄土真宗の華陽院《けよういん》だ。

堀田哲爾は一九三五年、この寺で生まれ育った。

寺の住職である厳格な父親の許で育てられた。

「仏になるまで一生をつかさどる仕事に就きなさい」

これは堀田家の家訓だ。

堀田家の七人兄弟は家訓を守り寺の境内にある幼稚園の先生、薬剤師、心臓内科の医師、小学校の先生（堀田）、寺の住職とそれぞれの職業に就いていた。

堀田は腕白坊主だった。自宅から東には一キロ程のところに駿府城趾があり、ここは子供たちの遊び場だった。城の中には戦時中構築された防空壕がありそのまま残されているからかくれんぼうや探検隊ごっこで日が暮れるまで遊び回っていた。周囲を取り囲むお堀には、白鳥が舞い降りオタマジャクシやタニシ、小魚をついばんでいた。華陽院で育った堀田には、お城の物は自分たち一族のものと考えていた節があり、お濠に釣り人が来ると眉間に青筋を立ていきり立った。

「ここの魚は全部俺の家のものなんだから釣りは駄目だ。さっさと帰れ」

大人でも子供でもお構いなしだった。帰らないと竹箒を持ちだして振り回す子供だった。度胸があり腕力もあった。小学校、中学校と年を重ねていくほどに喧嘩っ早くなっていた。気に入らない相手がいると自分から突っかかっての喧嘩に明け暮れていた。

「弱いものと喧嘩をしても勝った気がしねぇや。相手が自分と同等か上級生の強い者じゃないとやる気がしねえんだ」

そう言って喧嘩の相手を探してのし歩いていたというから豪気だ。

体力を持て余していたのだろう。小学四年で地元の野球チームに入った。骨格が太く上級生にも負けない体格の堀田は、打撃を見こまれ上級生を押しのけて七番ライトのレギュラーポジションを任された。味方のピッチャーが剛球投手で、守備に就いていても外野にはボールが飛んでこない。

レギュラーで試合に出ても三、四回打席が回ってくるが守備機会は一度もないことがあった。そんな試合でゲームセットになると堀田は機嫌が悪かった。

打撃で勝利に貢献したといっても、ボールに一度も触れることがなく試合が終えたから満足感がない。

五年生になると、ボールに触れる機会の多いキャッチャーを志願した。強肩で二塁に矢のような送球をする堀田のチームは向かうところ敵なしの強豪だった。身体能力が頼りのスポーツで、投手さえよければ勝負は八割方決まる。チームの要として活躍したが野球の面白さの限界を感じてしまっていた。

夏休み、下級生が蝉取りの網を持って駆け回っていた頃、近所の中学校のグラウンドを覗くとサッカーの試合をしていた。

外に出たボールを、相手がスローイングで投げ入れると両チームの選手が必死になって追いかけている。足技の上手な選手は面白いように相手をかわしてパスを出す。体力のある選手はそのパスを貫いに走る。運動量と技術力が融合することで誰でも主役になれる要素を持つスポーツだと知ると堀田の胸が弾んだ。

城内中学校に入学すると迷うことなくサッカー部に入部した。

体力には自信はあるが二対二、三対三のボールの奪い合いになると兄が高校のサッカー部にいて小学生のころから練習の相手をさせられていたという体の華奢な同級生に翻弄されてボールが奪えない。

悔しくて突進すると、

「どうしたんだ、こっちだよ」

そう言って軽業師のように身を翻して交される。ゲームになると味方の走り込むスペースに面白いようにパスを出す。力みがない。

サッカーは体力だけでは勝てないスポーツだ。

小学校の同級生でピアノを習っていた女の子がいた。その子の家に遊びに行った時だ。ラジオで聴いたメロディーをその場で見事に弾いて聴かせてくれた。手品師ではないかと思うほど鍵盤の上を指が自在に飛び跳ねていた。

熱心に聴き入る堀田に自慢することがなかった。

「私が練習を始めたのは小学校二年なのね。ヨーロッパに行って本場の音楽界でピアニストとして活躍するには五歳頃から始めていないと遅いんだって。レッスンしてくれる先生にいつもそう言われているのよ」

習い事は、小学生からでは遅すぎると言った。

野球は投手と捕手とで九十九パーセントボールを支配するスポーツだ。ピッチャーに力があり相手が打てなければそこで勝負が決まる。アメリカン・フットボールもオフェンスとディフェンスの一瞬の激突の力関係と、ランニングバックの走力でほとんどの勝敗が決まる。体の強靱さを最大の武器にしている。

どちらもアメリカで生まれたスポーツだ。

ヨーロッパで発祥したサッカーやラグビーは、組織力を基盤とする選手の配置と組み立てで勝敗が左右する。アメリカで生まれたスポーツとヨーロッパで古くから盛んなスポーツとの違いを知った。

静岡高校に進んでも迷うことはなかった。進学校のサッカー部には朝練（朝の練習）がなかった。堀田は一人で早朝のグラウンドに立つと、まずはグラウンドを十周走り、三十メートル走を二十本と課して走力を鍛えた。足技が足りない分運動量で同級生を上回りたいと計算したからだ。

走り込みを終える時間になると、サッカー部の仲間が登校してくる。堀田はわざと仲間の方に向けてボールを蹴る。そのボールを蹴り返してくれればしめたものだ。そのボールをまた蹴り返す。それが、いつの間にはパス交換になっている。そんな堀田の悪戯が端を発して部員たちが連れだって朝練に参加するようになった。

朝練、放課後の練習とサッカー漬けの高校生活だが勉強も手を抜くことはなく成績は常に学校内ではトップクラスだった。試合になると運動量を活かし、バックスのポジションからフォワードの位置まで攻め上がるポイントゲッターとして活躍した。部内では突貫小僧の異名で呼ばれていたが、堀田の風貌を思い浮かべるとそのまま納得できる。

同級生は、東京の私学などに進学していたが堀田は地元の静岡大学を選んだ。体力消耗の激しいサッカーに打ち込む堀田は、疲労回復と食事の関連性などに関心を持った。健康医学、栄養学、脳内医学などの書物などを買って読む傍ら自宅で経営している保育園の保母さんたちが読む幼児の育児書にまで手を伸ばしていた。

運動神経と習い事のスタート時期についての項を開くと、ピアノとバイオリンを例に取った説明が面白かった。どんな楽器でも練習を始めるのは早ければ早いほど音感をつかさどる神経と指を動かす筋肉の発達など音楽に関わりを持つ必要な素養が身に付くと書かれていた。

堀田は、日本のサッカー界はどうなのかと置き換えてみた。日本は世界どころかアジアでも後塵を拝し勝てていない。もっと早い時期から子供たちにサッカーを教えることで世界に通用する選手を育てられないものか。

サッカーの素晴らしさを体感している堀田が、小学校の教壇に立つことを決めたのもこのときだ。中学や高校の教壇に立つには四年生の教養課程を経ていないと無理だが、小学校だと短大卒でも受け入れられることを知ると、一年でも早く子供たちにサッカーを教えたい。その思いが、堀田を静岡大学教育学部短期大学部に進ませた。

サッカー部の使うグラウンドは文理学部と共用で、夏の合宿は校内にある学生寮を使う。やんちゃな堀田は存分に存在感を発揮していた。食事を終えた堀田は、何か面白いことでもないものかと仲間を誘って外出した。外出といっても繁華街ではない。寮の近くの住宅街だ。仲間と肩を組み校歌を歌って練り歩いた後、勝手に余所の家の玄関を開けて入っていく。

家主が出てくると直立不動で敬礼する。

「静岡大学教育学部サッカー部の堀田哲爾です」

自分の名前を名乗り四十五度に頭を下げる。呆気にとられた家主は言葉もなく呆然として立っているだけだった。そんなお茶目ぶりを発揮する堀田も、練習試合になると体を張っての守備でチームには無くてはならない存在感を発揮していた。バックスだが後半になると相手のスタミナ不足を狙って前線に顔を出して点を取ってくる。

「あの体で長距離走をさせると、疲れを知らない子供のようにいつまでも走り続けるからたいしたものだ」

秋のリーグ戦だった。

相手フォワードが凄まじい速さのドリブルで突っかけてきた。

センターバックの堀田は、ペナルティーエリアの前で重心を落として構えた。相手フォワードの突進をスライディングで防いだ堀田の右足の脛《すね》に相手のスパイクが入った。

立ち上がれない堀田の脛は外側に曲がって折れていた。

試合は勝ったものの堀田は救急車で病院送りとなった。

「堀田先輩は後輩の僕に、俺はサッカーで怪我をしたんだからちゃんと面倒を見ろ。こう命令されて、僕は毎日堀田の家まで自転車で行って学校までの送り迎えをさせられたんですよ」

静岡大学サッカー部で、一年後輩の浄見元紹《きよみげんしょう》（現在・清水ロイヤル・オーバー75の現役選手）が当時を懐かしみこんな話をした。

浄見は清水市宍倉の生まれで、実家は堀田と同じく宝樹寺という寺である。弟が寺を継いだため、教育学部を卒業した浄見は堀田に遅れて三年後に、清水市の中学の教諭として教壇に立った。

清水一中に着任した浄見は、早速サッカー部の顧問となり指導者としてサッカーの街・清水の礎を築く一翼を担って活躍した。六七年、教諭着任から八年目で、清水一中を率いた浄見は、静岡県大会で優勝すると東海四県大会でも優勝させた熱き指導者だ。

話を戻そう。

堀田はサッカー部で活躍する傍ら学生生活もエンジョイしていた。練習グラウンドの近くに浅間山がある。走り込みで山道を駆け上がると、蜜柑畑が両側に広がり黄色く色づいた蜜柑がたわわに実を付けている。

「こらっ、盗み食いする者は誰だ」

畑の手入れに来ていた農家の主人が突然姿を現した。

「見事な出来栄えの蜜柑があったもので……つい」

土下座して詫びる堀田に、畑主は苦笑を浮かべるしかなかった。

「静大生だろ。盗みは良くないけど、練習で喉が渇いているんならもっと熟れている方が旨いぞ」

そう言いながら畑主は、オレンジ色に色付いた蜜柑を腕にいっぱい持たせてくれた。浄見たちが住む大学の小鹿寮は日本平に近い山裾にあり、堀田はふらりと顔を見せることもあった。秋になると近くの梨畑では美味そうな梨が実っている。ここでも、悪戯半分に寮を抜け出して畑に向かうのは堀田だった。先輩たちが市内のダンスホールに繰り出すと、堀田も嬉しそうに後を付いて行った。

ホールではジルバやマンボの曲がかかる。先輩たちは、テーブルに座っている女性たちに声をかけてフロアーで踊る。ダンスの経験のない堀田はサッカーの試合のようには行かず、指を咥えて見ているだけだった。静岡大学のサッカー部で堀田が二年生のときに愛知、三重、岐阜、静岡の東海四県の大会で優勝をしている。


一九五六年、堀田は二十一歳で大学を卒業すると、小学校の教師として清水市立江尻小学校に着任した。これに先立ち、教師としての心構えを父親に言い含められた。

「教師の仕事は強い人間を造ることだ。強い人間が強い街を作る。それは強い国創りにも通ずる」

父親の言葉は、堀田の考えているサッカーを通じての教育と相通じていた。

「お父さん、僕なりにやってみます」

「いいか、生徒に親しまれる先生になるんだぞ」

その晩、堀田家の食卓には家族全員が揃い母親の酌で乾杯の音頭がとられた。五年生の担任となったが、校則でサッカーは禁止されていた。そんなことを堀田は受け容れられない。着任三日後の放課後、校長室に向かった。校長に直談判するためだ。

堀田の仕事はここから始まった。

骨格のがっちりした新人教師の入室に、校長は何事かと身構えた。

「放課後のグラウンドで、子供たちにサッカーを教えたいんです。子供たちに対する本当の教育は、一緒に汗を流し合いながら子供たちの生の声を聞くところから始まると思うんです」

目を逸らせることなく校長に申し入れた。児童も教師も同じフィールドに立ってこそ本音を話してくれるものだ。自分から子供の中に飛び込んで教えたい。堀田の熱意が校長の首を縦に振らせた。

「これからサッカー部を作るから、一緒にサッカーをしよう」

校長の許可が下りると、放課後校庭に出てボールを蹴りながら子供たちに声を掛けた。体力を持て余している子供たちが集まってくる。教え子の五年生だけではなく六年生も遊び場所を求めるように加わって江尻小サッカーチームの結成となった。堀田は学年を問わずに受け入れた。女の子たちに対しても例外視することはなかった。

そんな流れで放課後の校庭はサッカー少年少女でいっぱいになっていた。堀田の狙いはサッカー人口を広げることにあった。

「よし、女子のチームも作ろうじゃないか」

男子チームだけでなく女子チームも発足させた。

休日、子供たちが校庭に集まると保護者も様子見といった具合で練習を見に来るようになった。子供のプレーを見ると保護者もサッカーに詳しくなる。サッカー人口の底辺を広げることが優秀な選手を生み出す下地になると読んでいた堀田はそんな保護者の姿に満足した。

この頃のスポーツは野球の巨人と相撲の栃錦、若乃花の人気が凄まじく、テレビ中継では相撲とプロ野球が茶の間を沸かせていた。

サッカー中継など皆無で、学生選手権や実業団の試合結果は新聞の片隅にかろうじて載るくらいの扱いであった。

それもそのはず、日本サッカーはアジアでも技術では相手にされないほどの体たらくで、宿敵とされている韓国どころかマラヤ（マレーシア）やシンガポール、香港にも分が悪かった。

堀田が大学に入学した五四年三月、日本はスイス・ワールドカップ予選を韓国と戦った。戦後、初めて国内で行われたサッカーの公式戦で、韓国は第二次大戦後、独立の地位を回復して以来初めて日本と戦う試合だった。ホーム・アンド・アウェーで行われるはずの試合が、韓国の国内は反日感情が凄まじく日本チームが韓国を訪れることに危険が伴うという判断から、二試合とも東京開催となった。

三月七日、明治神宮外苑競技場で行われた史上初の日韓戦は八千人が詰めかけた。両国間に国交はなかったが両国の国歌が演奏されると日の丸と太極旗が並んで掲揚された。公式の場で二国の国旗が並んで掲揚されたのは初めてのことだった。

観衆の半数以上が在日韓国人の応援という中でキックオフとなった。ホームにもかかわらず、一対五という大差で日本は敗れた。

十四日の第二戦は二対二の引き分けでワールドカップの出場権は韓国が獲得した。この年の五月、日本はマニラで開かれた第二回アジア大会に出場するも最下位という屈辱的結果に終わった。二年後のメルボルン五輪予選は、前回と同じく韓国の国情から二試合とも東京の後楽園競輪場の芝生広場で行われた。

六月三日の第一戦は、皇太子明仁殿下を迎えての試合で二対〇で快勝した。これが韓国代表に対する日本の初勝利だった。十日の第二戦は〇対二で負けてしまい一勝一敗の互角で延長戦でも決着がつかず抽選でかろうじて日本が出場権を得た。

ベルリン五輪以来二度目の出場となるオリンピックは、五六年十一月にメルボルンで行われた。日本は一回戦で開催国オーストラリアと当たり〇対二で敗れた。

この敗戦も試合の組まれた裏側を知ると腹が立つ。開催国であるオーストラリアに配慮して、参加国中もっとも弱いとみられた日本が当てられての結果だった。随分小馬鹿にされたものだ。

日本のサッカーファンを呆れさせたのは、五八年五月に行われた第三回アジア大会だ。日本で開かれたこの大会は、初戦で一番弱いとみられていたフィリピンと小石川サッカー場で戦い〇対一で敗れた。続く国立競技場で行われた香港戦は〇対二とまたもや敗れ一次リーグで脱落してしまった。

日本チームは、ゴール前でパスを回すだけでシュートを打たない。

見ている観衆はイライラを募らせ、ＮＨＫのラジオ解説者が席を立ってしまったというエピソードを残した試合だ。

この二試合とも堀田は試合会場に足を運んでいた。負けず嫌いの堀田は帰りに列車の中で悔しさを胸に自分の描く理想のゲームを頭の中で描いていた。

翌年の十二月十三日、二十日と後楽園競輪場で行われたローマ五輪予選の韓国戦があった。初戦に〇対二と敗れ第二戦を一対〇で勝ったものの得失点差でローマへの切符を韓国に渡していた。

この会場にも堀田の姿があった。体力任せに突進する韓国に対して気迫体力ともに劣る日本の戦い方を見た堀田は、体力任せの戦法から技と力を融和させた展開サッカーの構想を練っていた。

次の六四年のオリンピックは東京での開催が決まっていた。

「俺が育てる子供たちの代には、絶対韓国に負けない選手を育ててみせる」

堀田の頭の中は打倒韓国に燃えていた。

七三年までの日韓の対戦を見ると、二勝十二敗七分けと完膚無きまでに打ち砕かれていたわけで、堀田ならずとも反骨精神が湧いて当たり前の状況にあった。


一九六〇年、東京オリンピックに向けての強化を目的に日本サッカー協会の招聘でドイツからのサッカー指導者デットマール・クラマーが来日した。

世界の檜舞台を目指してオリンピックやワールドカップアジア予選に出場しても本大会まで手が届かない。そんな日本サッカーの救世主になってほしいと協会が期待して招いた指導者だ。

クラマーは日本のサッカー環境を見聞すると、サッカーの下地の無さに驚いた。国民的なスポーツとしての発展がないかぎり日本サッカーは世界からの遅れを取り戻せない。

クラマーは日本サッカー界にこんな提案をした。
①国際試合の経験を多く積むこと。そのためには、毎年ヨーロッパに遠征する必要がある。
②コーチ制度の確立。コーチが育てば良い選手が育つ。
③強いチーム同士が戦うリーグ戦の創設。
④芝のグラウンドを多く作り維持すること。
⑤各年代の代表チームを作る。
堀田は、クラマーの提言を正面から取り入れた。

堀田が江尻小学校で少年サッカーチームを作ってから十一年が経っていた。

一九六七年、県の育成会競技会発足に合わせて六月十五日から十一月三日まで「第一回清水市少年サッカーリーグ」をスタートさせた。市内十四チームの少年団を東部リーグと西部リーグとに分け七チームの総当たり戦が行われた。十一月初旬の市民スポーツ大会で、両リーグの一位同士が優勝を賭けて戦う仕組みとした。

「堀田さんが発案したこのリーグ戦は、文字通り地域の子供たちと保護者が一体となってサッカーに取り組むことのできる礎を築いたわけです。毎週、会場を変えて試合があります。試合の応援に保護者も参加することでおのずと子供、チームの指導者、保護者が一体となる環境が作られたわけです」

清水ＦＣの監督を務めるなど清水の少年サッカーの発展に貢献してきた塚本哲男がその意義を語る。

小学生による全国初のリーグ戦として新聞にも取り上げられた。

「短期間での勝ち抜き戦では、選手の疲労がたまるからいい試合が望めないし選手の怪我にも繋がる。日程に余裕を持って総当たりのリーグ戦こそ選手の技術の向上にも役立つ」

リーグ戦に参加するチームの指導者に堀田はこう提言した。

庵原サッカースポーツ少年団の指導者鈴木石根《せきね》は、

「選手たちは、毎週ある試合で自分たちの足りないところや修正しなければならないところが浮かび上がるわけですから、練習に励みが出るんですね。このリーグ戦が清水のサッカーのレベルを確実に押し上げました」

堀田の目論見は初年度から成功していった。

正しい知識を持つコーチの育成にも手を付けた。

少年サッカーの発展を唱える堀田にとって幸いしたのが、一九五九年五月、「東京オリンピック」開催の実現を契機として日本体育協会が打ち出した「スポーツ少年団」活動の奨励だ。

少年の非行が社会的問題となっていたことから、スポーツに参加させることで青少年の健全な育成を図るという目的を持っていた。

全国市町村の体育協会や教育委員会に「スポーツ団事務局」が置かれ、子供十人に二十歳以上の大人一名の指導者がいれば「スポーツ少年団」として登録できるとした。

六二年六月二十三日登録が開始され、全国に「スポーツ少年団」が正式に発足すると、組織整備や理念の確立が進められ事業の柱の一つがスポーツ大会の開催であった。

「第一回全国スポーツ少年大会」は静岡県の御殿場市にある国立中央青年の家を会場にして六三年七月二十五日から七日間にわたって開催された。四十六都道府県から成人指導者百三十四人、十三歳以上のリーダー六百十九人の合計七百五十三人が集まった。

堀田の動きは素早かった。

全国的なサッカー大会が開催されると、子供たちの目標が生まれる。堀田は「スポーツ少年団」の登録のため、六四年に江尻小学校のサッカー部を「江尻サッカースポーツ少年団」として登録した。

もっとも、清水に初めてスポーツ少年団が誕生したのは一年前の六三年七月の「清水サイクルスポーツ少年団」で、二番目は「島崎町ソフトボールスポーツ少年団」であった。この少年団を作った池上静雄が初代の清水市スポーツ少年団部長に収まると、堀田が副部長に就任した。

二人が推進役となって市内の各地にスポーツ少年団が発足した。

サッカーの盛んな藤枝でも、藤枝サッカー少年団が結成されていた。清水では「江尻地区サッカースポーツ少年団」に次いで「庵原地区サッカースポーツ少年団」が登録された。

試行錯誤の船出ということもあり迅速な動きとは行かなかった。

六七年、第一回大会は山梨県の富士山の麓、本栖湖畔にある青少年スポーツセンターで「全国サッカー・スポーツ少年団大会」が開催された。この大会はスポーツに限らずキャンプや他の催し物もあった。宿泊施設がなくキャンプ用のテントを北富士演習場の自衛隊が出向いて設営した。

堀田率いる江尻サッカースポーツ少年団も参加した。

サッカーの他にソフトボールの試合もあった。

大学二年生になっていた綾部は夏休みの帰省中に江尻小学校に顔を出すと堀田に、引率でキャンプに参加してほしいと声を掛けられた。

「自衛隊の人たちの協力もあり、夜は大掛かりなキャンプファイヤーがあったりで、サッカーの試合は近くの学校のグラウンドで開催されたんですが、雰囲気的には真剣勝負の場というより親睦的な雰囲気の大会でしたね」

綾部は当時を振り返って言う。

第二回大会は、東京「代々木オリンピック記念青少年センター」に場所を移して行われた。堀田率いる清水江尻地区サッカー少年団と沼津第三校区サッカー少年団の二チームが静岡から参加した。

この大会が全国規模の大会になると読んだ堀田は、清水の選抜チームを作ることに着手した。庵原と入江を中心に少年団の選手を集めたチームで「全清水」としてのスタートとなった。

この年の十二月一日、清水で初となる日本サッカーリーグの三菱重工対日本鋼管の試合が行われた。この前座試合として全清水が静岡市小学生選抜と戦い六対〇で圧勝した。

清水の小学生が選抜という形で戦ったのはこの時が初めてだった。

協会はこのチームを、「全清水スポーツ少年団」として登録する。

第三回大会からは、東京稲城の「よみうりランド」内に建設されたグラウンドを使って開催されるようになる。この大会には静岡は「清水江尻地区サッカー少年団」、「沼津第三校区サッカー少年団」、「藤枝サッカー・スポーツ少年団」が参加した。

小学生の全国大会として注目されるようになっていた。堀田は、この大会を制覇することを当面の目標として動いていた。国内を制しなければ海の向こうへの遠征など考えられないからだ。

第四回大会では「清水江尻地区サッカー少年団」と「藤枝サッカー・スポーツ少年団」が参加した。「藤枝サッカー・スポーツ少年団」が決勝まで勝ち上がり「上石神井北スポーツ少年団」（東京）との戦いで一対一の引き分けとなり両チームが優勝した。

第五回大会は、静岡市選抜の「全静岡サッカー・スポーツ少年団」が「上石神井北スポーツ少年団」を一対〇で下し初出場で優勝をしている。

第六回大会では「藤枝サッカー・スポーツ少年団」が、決勝で「児玉サッカー少年団」（埼玉）を下し二度目の優勝を達成した。静岡勢の三連覇となったわけだが「全清水スポーツ少年団」は、完全に蚊帳の外に置いていかれる形となった。

時を同じくして六九年、よみうりランドの開園を記念して「読売選抜少年サッカー大会」が開かれた。

読売クラブ事務局から、関東近辺の強豪チームとして埼玉と共に静岡に参加の要請があり藤枝と清水が参加することになった。

このときの全清水は総監督兼代表が堀田で監督に鈴木石根、コーチ兼総務が小花公生《おばなきみお》で大会に臨んだ。鈴木石根と小花公生は静岡大学の先輩後輩の仲で気心が通じ合っていた。

大会は、静岡勢が順当に勝ち進んだが準決勝で藤枝と当たり全清水は無念の敗退となった。目の前で藤枝のチームが優勝カップを抱えて喜んでいる姿を見た堀田は悔しさで胸が張り裂けんばかりだった。

もっとも、静岡のサッカーの歴史はこれまでの実績から見ても藤枝が断然リードしてきた。全国高校選手権大会出場の静岡県勢を見ると一目瞭然だ。五五年、第三四回大会から七五年の二十年間で藤枝勢の十七回出場に対し清水勢はたったの三回だ。そう、静岡のサッカー処といえば当時は藤枝だった。

その事情を知る堀田は、清水の小学校に着任した当初から藤枝を凌駕《りょうが》せずして国内の頂点はないと考え藤枝に追いつけ追い越せを旗印に動いていた。

子供たちにサッカーを教えながら、頂きの雪を被った大きく裾を広げた富士山の景色を眺めていた堀田は一つのヒントを得た。市内の子供たちから幅広く選手を集め、各学年をカテゴリー別に分け鍛えたらどうか。清水市少年サッカーのリーグ戦は四回を迎えていた。

「高い技量を持っている選手に、より高いレベルの練習をさせるため各チームから選手を推薦してほしい」

実質的な全清水の招集を指導者たちに提言した。合わせて、小学四年生以下のジュニア部門を新設することを提案した。

全国大会優勝のための選手強化に反対する者はいなかった。

各チームの指導者による選抜選手が集められた。

選手たちは、自チームの練習の終わった後で別の場所に移動して基礎技術から戦術、日常の生活指導まで微に入り細に渡っての指導を受けることになった。

一九六七年八月、大学卒業を前にした綾部は堀田に誘われて本栖湖のスポーツ少年団大会に帯同していた。キャンプファイヤーの燃え盛る広場のベンチで、綾部は堀田に進路について相談していた。

創作ダンスのリーダーとして活躍し、コンテストではチームが上位に顔を出していた。ダンスの道を勧める教授がいた。運動具用品を扱うメーカーからも就職の誘いを受けていたが堀田の意見を聞いてみたかった。

「迷うことはないだろう。君には教師が向いているよ」

綾部が自分の考えを言う前に肩を叩かれた。

教師に必要な心構えまで口にした。

「いい先生とはな、算数や国語の教え方云々じゃないんだ。生徒が心に思っていることを引き出して聞くことなんだ。それをするには子供たちに体当たりして一緒に行動をすることさ」

キャンプファイヤーの燃える火が堀田の目に輝いて見えた。

「小学生にとっての先生とは、家の中から外に出て初めて接する大人だろ。子供は誰もが親には言えない小さな悩みを持っている。その声を聞いてやるのが教師だ。心を開き外に向かって何でも言える子供を育てる。これが教師の役目なんだ」

堀田の実家が寺であることは知っていた。堀田の言葉は寺の和尚が話してくれる法話のように聞こえた。

組まれた櫓から燃え盛る炎が夜空を照らしている。

満天の星空に流れ星が弱い光を引きずるように消えていく。

堀田は、放課後になると子供たちとサッカーボールを追いかけていた。自分が言う教育論をそのまま実践していたことになる。

「強い人間とは、自分で物を考え目標を持って実行する力のあること。仲間を大事にして感謝する心を持つこと。リーダーになれる強い心を持つ、そんな子供を育ててみる気はないか」

これだけ聞けば十分だった。

両親に教諭になることを告げると父親が目を細めて喜んだ。

着任した飯田小学校では二年生の受け持ちとなった。

海抜五メートルとない清水には海もあり蜜柑畑もある、大きな企業もある。サラリーマン家庭の子や農家の子供、漁師の子供もいた。

自然に恵まれた地域だけに、子供たちは元気な子が多かった。

その中でも、元気を持て余しているといえば聞こえがいいが落ち着きのない子がいた。宿題もやらず悪戯っ子の遠藤友則という子だ。

体格は並みだが、口元が引き締まり眼光の鋭い目は負けず嫌いの性格をそのまま表していた。暴れん坊で運動神経が良くクラスの誰もが一目置くガキ大将だ。

放課後になると、エネルギーの発散場所を探すようにいつも一人でサッカーボールを蹴っていた。その姿が、綾部には何かの不満をボールに八つ当たりしているように見えた。子供たちに体当たりしていかなければ子供の思いは聞けない。

綾部は放課後ジャージになってボールを蹴る遠藤の相手をした。二年生とはいえ、遠藤の蹴るボールは速くて勢いがある。

ボールを後ろに逸らさないよう必死に体で止める。

ボールが腕に当たった。

「先生、それってハンドだよ。サッカーは絶対手や腕を使っちゃ駄目なんだよ」

得意気に教える。

「そうなんだ。ごめんごめん」

そう言って素直に謝ると遠藤の顔が緩んだ。

綾部は必死になって蹴り返した。

「先生、上手いじゃん」

「サッカーに詳しいんだね。そんなに好きなの」

「上の兄ちゃんは五年生のチームに入っているけど、俺は小さいからって入れてもらえないんだ」

流れる汗を腕で拭きながら言った。

飯田小学校のサッカーチームは五年生からだ。

遠藤はサッカーのできない欲求不満が募っていた。ボールを追いかけているときの遠藤は全身に喜びを発散させている。

「サッカーの上手い先生がいるけど教わる気ある？」

堀田が勤務する入江小学校は、飯田小学校から徒歩で三十分ほどの距離だ。間口の広い堀田なら受け入れてくれると踏んでの誘いだ。

「え、そんな先生がいるんですか」

「清水じゃ。サッカーで有名な先生よ」

「だったら教わってみたいな。俺でも大丈夫かなぁ」

「そんな心配することないわよ。先生がそう言っているんだから」

遠藤が小さく頷いた。翌日の放課後、遠藤を伴って入江小学校に向かった。子供たちが校庭の半分を使って試合をしていた。堀田が一緒になって走っている。しばらく見ていた。

遠藤はリフティングを繰り返しながら落ち着きがない。

「ここの仲間に混じって試合をしてみたい」

「うん」

綾部は堀田に近づいて声を掛けた。

「どうしたんだ」

堀田が汗を腕で拭いながら近づいてきた。

「この子にもサッカーを教えてくれませんか」

堀田が細い目でじっと遠藤を見た。

「この坊主、面構えが良いなぁ。サッカーは教えるものじゃなくて一緒に楽しむものだよ。楽しみながら覚えていくものさ。そんなにサッカーが好きなら学校が終わったら来ればいいよ。ここで一緒にボールを蹴ろうじゃないか」

堀田らしい。学年を聞こうともせずその日から綾部と遠藤の入江小学校通いが始まった。遠藤の物おじしない性格と運動神経の良さを知った堀田は、上級生に混じっての練習に加えてくれた。目を輝かせてボールを追いかける遠藤の顔に汗が流れる。

練習を終えての帰り道。

「先生、俺、入江小の四年生にも負けていないよね」

こんなに得意そうな顔の遠藤を見たことがなかった。

ロングボールの蹴り合いも、走りながらのパス交換も入江小の四年生と遜色なくこなす遠藤は多少の雨でも校門を出てくる綾部を待って入江小学校に通った。遠藤は自分の思っていることは何でも聞かせてくれた。その中には親にも言えないことが含まれているかもしれない。そう思うと嬉しくもあった。

梅雨明け宣言が出た日の昼休みだった。油蝉の鳴き声を暑苦しく聞きながら綾部はカバンから弁当箱を出した。

「綾部先生、お客さんですよ」

髪を後ろに束ねた、ノースリーブのワンピースの小柄な女性が用務員と並んで立っていた。家庭訪問で会った遠藤の母親だった。

「すいません、こんな時間にお邪魔してしまいまして」

そう言って頭を下げた。昼食時間を見計らい面会に来たという。

「どうかなさいました？」

「いえ、私の方からお聞きしたくて来たんです。うちの子供が最近は言いもしないのに自分から率先して宿題をするようになったんです。学校で何か悪いことをして、先生に罰を言いつかっているんじゃないかと心配になって……」

眉間に皺を浮かべて頭を下げる。

「自分から進んで勉強なんてする子じゃなかったんですが……」

心配もしているがそれだけではない顔つきだ。

綾部も遠藤の変化には気付いていた。入江小通いが始まってからの遠藤は、授業中騒いでいたのが嘘のようにおとなしくなっていた。

帰りの掃除も逃げがちだったのが、率先して箒を持ち雑巾で床の拭き掃除をしている。そればかりではない。

「神田、お前は力があるんだから机の移動を手伝えよ」

「宮城島、早めにバケツに水を汲んでこいよ」

男子生徒に適材適所の役回りを指示している。

練習に向かう途中、綾部が聞いた。

「早くサッカーの練習に行きたいだけだよ。うちのクラスはさぼる連中が多いから、俺が指示を出さないと掃除がなかなか終わらないんだもの」

その言葉を聞いていたから綾部が言った。

「好きなサッカーを始めたからですよ。入江小の先生からも褒められているんですよ。遠藤は運動神経が良くて上手いって」

お母さんの頬が崩れて鼻筋に小さな皺が浮かんだ。

「そうですか、それを聞いて安心しました」

来たときの神経質そうな表情が消えていた。

職員室の入口まで送った。振り向いたお母さんが言った。

「これまでとは別の子のようで、家の手伝いもしてくれるんですよ」

また頭を下げた。

上の学年のチームに混じって駆け回る遠藤の全身から喜びが溢れている。練習が終わり帰り支度をしていると堀田が紙袋を手に職員室から出てきた。

「今度、コーチングスクールを開くんだ。指導者としての資格を取っておくのも悪くはないだろう。参加してみろよ」

サッカーに関してはずぶの素人の自分に指導者になれと言う。

唐突過ぎる。返事をできずにいると朝礼台の階段に堀田が腰を下ろした。遠藤も聞いている。

前年のメキシコオリンピック・アジア予選で、日本は韓国と三対三の引き分けに終わったが、得失点差でかろうじて本大会に駒を進めた。日本は初戦のナイジェリアに勝利しブラジル、スペインと分けて準々決勝に進んだ。フランスとの一戦を三対一で勝ち、準決勝ではハンガリーに敗れたが三位決定戦で二対〇とメキシコを破り見事国際試合で初のメダルを獲得した。

日本全国が沸き上がった。

堀田はこの話を前振りにしてこんな事を話し始めた。

「目的を持って取り組めば何でもできないことはないいんだよ。将来、俺は日本にサッカーのプロリーグを作ろうと思っている。その時には清水にもプロチームを作り、ワールドカップを日本に誘致するんだ。その時には清水でも試合をさせる。それが俺の夢さ」

プロリーグ。ワールドカップ。新聞の活字を読んでいるようで綾部には想像のできない違う世界の出来事のようにしか聞こえない。

夏山の登山が始まっている富士山は夕陽を浴びて輝いている。

堀田の四角い顔が赤味を帯びて見える。

「清水で少年リーグが始まっているだろ。それを続けていけば世界の強豪国に絶対追いつくことができるはずさ」

力強く言い切った。綾部は堀田の顔を覗き込んだ。

「アジアの敵国、韓国も中国も北朝鮮も、俺が調べた範囲では小学校から組織的にサッカーを教えている国はないんだ。子供の年代から正しい知識を持って鍛えれば、アジアはおろか世界でも通用する選手たちを作れるさ」

細い瞼の奥の目が光っている。

「それにはサッカーの底辺を広げることが重要なんだ。男だけでなく女の子もお父さんもお母さんもサッカーに取り込む。家族でサッカーを楽しむようになれば子供のサッカーにも理解を示してくれるようになると思うんだ」

その手始めが女の指導者育成という。

堀田はガリ版刷りの十一ページの「指導書」と書かれた小冊子を鞄から出した。それはガリ版で切ったもので活版印刷のように丁寧な字だった。堀田が自身の手で完成させたものだろう。

「返事は後で良い。とにかくこれを読んでみてよ」

渡された指導書を持ち帰って目を通した。大学の教職課程で習った体育生理学概論を遥かに超えた内容であり、身体能力を上手に引き出すための基礎知識から栄養学、心理学まで網羅されていた。

## 指導一《人間の強さはどこから来るか》

①からだ（身体）―体力―筋肉、骨、神経―栄養摂取と体力訓練で強くなる。栄養摂取―食事・睡眠・生活から基本が成り立つ。体力的訓練―筋肉・骨格・神経の強化―消耗と栄養補給―体力維持・再生能力―精神的強化の作用。

②心・精神力・勝つとする意志―失敗しても食いついていこうとする気持ち―動くこと働くことを優先する心―自ら気付いて動く―今、何が最も良いのか―即応する判断力と行動力―面倒だと思う心を乗り越える行動力。

③智恵―知識を沢山持つ―それを利用する能力・いろいろな趣味や世界を持っている。一つの事象から沢山の方向性に思考が働く―冗談やユーモアも解せる。

④才能―教えても生まれない能力―その子なりにある潜在能力の発掘―動物的感覚・直観力の強化―個性の認知。

⑤受動から能動へ―受け身の姿勢から、自らが行おうとする姿勢へ。自分の考えを表現できる技術を身につける―個人、仲間との関係によってより多くの力が生まれる―周りを見る能力―近いエリア、遠いエリア―チーム戦術の基本になる―相手の弱点を見つけて行動する―味方の強さを引き出す。
行動の速さを身につける―相手が気付く前に行為が通過している。
自己判断を高めること―相談しないで自己決定する能力。
相談して互いが通じ合うこと―互助能力。

**指導二《戦術指導》**

①戦術指導には基本技術の習得の上に知的理解が必要である。
チーム編成としては、それを基盤として選手個々がプレーに表出できる行動能力の有無が選手起用の決定力となる。
②戦術とは―勝つための術である―攻撃的戦術・守備的戦術。
③勝つために何をするか。
A体力の維持　見えない努力
精神力の維持　生活力　自己の積極的行動の確立
技術の多様性―人間関係の向上―信頼性の確立
戦術的理解力　良い環境の設定　個性の確立
人間性の向上
B食い方・寝方・生活の仕方―エネルギーの保存・消化。
練習の仕方・基本技術を身につける―パス・シュート・ドリブル。
C試合の仕方―個性の組織化・環境、相手との対応―自チームの闘争意欲の高揚。
D人間性の生かし方―性格個性の把握―個人の長短と相互の人間関係との関連性。

このような戦術指導が④まで続いている。
次項では、選手の栄養学に入っている。

激しい運動をする選手にとっては、体作りの基本材料であるタンパク質と鉄分。体力維持に必要なビタミン類が不足しがちになる。練習や試合で体力を消耗すると体内での栄養素の破壊、消耗、排せつがされる。激しい動きは、筋タンパク質の分解をする。回復のためには二倍以上のタンパク質が必要で、タンパク質不足は体が作れずパワー、スタミナが欠ける状態になり怪我をしやすい状態を作る。

また、発汗作用が激しいためミネラル、ビタミンの流出。特に鉄分の流出が激しく疲れやすくなる。運動で使われるエネルギー源は糖質と脂質、特に糖質だ。

ご飯、パン、うどん等の穀類―糖質―主なエネルギー源。
肉、魚、大豆、大豆製品、卵―筋肉の材料―タンパク質。
野菜、海藻、芋類―コンディションに欠かせない―ミネラル。
牛乳、乳製品―完全栄養良品。
果物―体調維持―ビタミン類。

これらを総合的に摂取することが大切である。糖質をエネルギーに変えるにはビタミンB群が必要で、それには胚芽パン、玄米パンなどがよいと言われている。

ここまで読み進めた綾部は言葉が出なかった。もちろん、実技の練習方法も微に入り細に入り図絵入りで書き込まれている。

堀田の本気度が十分に伝わってきた。自分が指導者になれば、女性指導者が後に続いて出てくる。男女の区別なくサッカーに親しむことでサッカー熱を盛り上げることができる。何を期待されているかを知った綾部は、コーチングスクール参加を決めた。

放課後の練習が終えた後で堀田も前に立った。

「先生、私も参加します」

「やってみろよ。人間根性を据えればできないことなんかないぞっ」

巴川岸に近所の老人が釣り糸を垂れている。

「やってみせて、言って聞かせてみて、褒めてやらねば人は動かず」

堀田が呟くように言った。老人の竿が動いた。

五時の時を告げるお寺の鐘が辺りを包むように鳴り響いた。

スクールは毎週月曜日の夜七時から九時までの二時間、入江小学校で始まった。一時間が体育館での実習で一時間が教室での講義だった。市内外の体育の先生がほとんどで三十人を超える受講生が集まってきた。綾部は紅一点だった。一年間五十回の講義で、三回以上休むと資格を与えないという厳しいものだ。綾部は皆勤賞で女性の公認指導者第一号となった。

並行して飯田小学校では四年生以下のチーム、飯田ファイターズを立ち上げた。遠藤は十番を背負いキャプテンとしてチームを纏めていた。並はずれた運動神経と入江小学校での上級生に混じっての練習が遠藤のプレーに幅を広げていた。

遠藤の父親は大工をしている。息子がキャプテンとして活躍を始めると土、日の仕事休みには必ず練習を見に来るようになった。

子供のサッカーを楽しみにして来る保護者も徐々に増えてきた。

翌日の日曜日には子供たちが隣町に遠征することになっていた。

練習を終えて子供たちがボール集めをしていた。

「みんな、来週の日曜日は二十円ずつバス代をお母さんに貰ってきなさいね」

綾部が報告口調で子供たちに言った。

「バスで行くなんて不便じゃん。先生、良かったら俺の車に乗せていくよ。俺だけじゃなくて、ここにいるみんなからも車を出してもらえばいいずら」

言いだしたのは遠藤の父親だった。

「いいよ、俺も車出すよ」

運送屋をしている父親も名乗り出た。こうして保護者も遠征に参加することになった。


堀田の提案で各チームから選抜した選手の強化が始まった。

各チームから優秀な選手、能力の高い選手を選んでよりよい環境で練習させる。その趣旨に従って四年生から選抜チームがスタートした。リーグ戦の会場に指導者が足を運び、これはという子供たちに声を掛ける。選ばれたといっても自動的に選抜チームに残れるわけではない。努力が見られなかったり仲間との連帯を持てない子供は少年団に戻す。四年生で六十人、五年生で四十人、六年生で三十人に振り落とされる。選抜に選ばれる子供はサッカーばかりでなく生活態度、勉強、仲間との融和といった必要な要件を満たしていることが条件とされる。

四年生になると遠藤は選抜に選ばれ、キャプテンとして活躍するようになった。綾部は、堀田から全清水・四年生チームの監督を打診された。

「技術面はコーチを付けるが、厳しい練習の中で甘えられる役目も必要なんだ。厳しい練習と気持ちを許せるお母さん的存在。硬軟自在に使い分けて選手のやる気を起こす。チームの練習を見ていれば技術的な勉強にもなるさ」

綾部は、高校時代に体育大学に行くきっかけを作ってくれた清水駅前の商店街で会ったときの堀田の目を思い出した。年頃の綾部には意中の男性がいた。デートもしたいし一緒に映画も見たり食事もしたい。それでなくても飯田ファイターズの練習を見なければならない立場にある。そんな綾部の内心を見透かしたかのように〝これはお前が覚悟を決めないと後悔することになるからな〟と言っている目だった。

「分かりました。引き受けさせてください」

大きく頷くと堀田の顔が平らに緩んだ。

これだけで終わらないのが堀田だ。

「指導者の役目は、日の丸を背負う選手と優秀な指導者を一人でも多く育てることだからな」

日の丸と言われた綾部の頭に咄嗟に浮かんだのが遠藤の顔だ。

遠藤は、どの選手より図抜けた素質とリーダーシップを持ち合わせていた。監督を引き受けると、技術面でのコーチに鈴木淳《あつし》コーチを推薦してくれた。鈴木は温厚で子供たちを頭から叱ることをしなかった。ポジショニング、カバーの大切さなど一つ一つのプレーを丁寧に説明して納得させてから試合形式の練習に入った。

綾部は役柄をわきまえていた。選手がやる気を起こすための雰囲気作りを大切にした。その日の選手の顔色で抱えている心配事を読み取る。そんな監督を目指した。

練習の合間に、家で母親と喧嘩してきた選手の愚痴を聞いてやる。父親から叱られたことを話しに来る子供には、母親として接してやる。堀田がそんな選手の立場に立った母親役を望んでいることを知っていた。

「全国サッカー・スポーツ少年団大会」での優勝を目指してのチームだ。このチームが五年生になると、協会主導で全国の強豪を集めての試合「清水サマーフェスティバル」と名付けた大会が七月に新設され、「清水総合運動場陸上競技場」をメーン会場に開かれた。

強化策の一環として位置付けた大会だ。この試合で、全清水の五年生は六年生とは別のチームとして参加した。六年生のチームと当たると体力面で勝てる道理がない。ところが、五年生チームは鈴木の教えが浸透していた。

勝負に行った選手が抜かれても、カバーリングが機能して最終ラインを割られない。粘り強い戦いでどの試合でも善戦した。

二歩三歩先を読んで動く選手の動きは、将棋盤で定石の守りを固めて敵に隙を見せない戦法だった。

堀田は満足顔でグラウンドを見つめていた。

強化の手綱を緩めることはなかった。冬休みに入ると合宿を張り地方の強豪チームを招いて対戦させた。

一九七三年、六年生となったチームは二回目の「清水サマーフェスティバル」に臨んだ。十六チームが参加した大会は、圧倒的強さで優勝した。その勢いで「第七回全国サッカー・スポーツ少年団大会」に臨んだ。三年かけた、技術と技を融合させた選手強化が実を結んで決勝戦まで勝ち上がった。

全清水が決勝戦で戦った相手は、古河サッカー少年団（茨城）だ。セットプレーからセンタリングされたボールを、長身の相手フォワードに頭で押し込まれて頂点に立つことはならなかった。

敗れたとはいえ、パワーを武器に前線にボールを放り込んでくる古河のサッカーと違い、全清水のサッカーは細かいパスの受け渡しと強弱を付けた攻撃で相手を翻弄していた。

試合会場に韓国サッカー協会の重鎮、金徳俊《キムトクシュン》がいた。戦術を理解した選手たちの試合展開を見ていたようだ。

「清水の子たちのサッカーは素晴らしいです。一度韓国に来て対戦しませんか」

金は清水の少年チームの組織作りと運営方法に関心を持ったようだ。申し出を受けた堀田は跳びあがって喜んだ。清水に戻ると教育委員会へ相談に行ったがすげない返事が返ってきた。

「軍事政権下で戒厳令が敷かれている国だ。子供たちに何か問題が起きたら責任が取れないから」

役人の事なかれ主義でどんな説明を加えても聞く耳を持たない。

清水のサッカーが韓国に通用するのか――。

これまでの組織作りは、アジア勢を凌駕してヨーロッパに負けないチームを作る。そこに目標を置いていた堀田には、金の申し出はこれ以上ないチャンスだった。市長の佐藤虎次郎の元に走り、日本のサッカーとこれからの展望を説明した。

市長の英断を引きだしたのは次の一言だった。

「清水をサッカー王国にするんです。世界に通用するチームを清水に作れば国も黙っていないでしょう」

清水が作りあげるサッカーの力で国を動かす。市長の頭には途方もない妄想に聞こえたが、全国大会で優勝に準ずる成績を残した責任者の言葉が佐藤にはあながち法螺《ほら》には聞こえなかった。

「分かった。これからは国際交流が盛んになる。早いうちから子供たちが世界に目を向けることは好ましいことだ。行くなら頑張ってきてほしい」

市長の言葉に堀田は目頭を熱くした。

出された手を力いっぱい握り返した。

年が明けた一九七四年、春休みを利用して三月二十三日から二十七日まで韓国への遠征に出た。綾部が引率した。

「この年代で韓国に勝てれば、日本サッカーの将来は明るい」

堀田のいう将来とは、ワールドカップ出場とワールドカップ日本誘致を指していることを綾部は知っていた。

一年前の七月、三泊四日で韓国に遠征した小田原サッカー少年団は八試合を戦い一勝もできずに帰ってきた。その結果を聞かされた綾部は責任の重大さに身を引き締めた。遠征の目的は試合に勝つこと。そのために個々が何をすべきか。それは、体調管理の大原則となる食事と睡眠を十分に摂ることだ。

全清水の選手は遠征慣れしていた。試合に会場に到着するとバスに石が投げ付けられた。カバンや小物の置引をされたこともあった。

会場に掲げた横断幕が剥がされた。完全なアウェーでの戦いを強いられた選手たちは動揺することもなかった。全清水の戦績は八試合を戦い五勝三分けだった。得点十三、失点〇という圧倒的強さを発揮して遠征を終えた。

「選手は韓国に行っても浮かれることがなかったです。落ち着きを無くしているのは私の方で、むしろ選手たちに教えられました」

綾部は当時を振り返ってこう回想している。

堀田は選手育成方式の確かさを実感したが浮かれることはなかった。韓国遠征でその成果を確認した堀田は、帰国すると早速次の行動に移った。四年生から始めていた組織作りを三年生に下げ、幼稚園児を対象とするチャイルド部門を設けた。

三年生は体の成長期にある。精神面でも不安定な年齢で毎年指導者が変わると、子供たちは自分の意見を言うことやプレーの相談もできなくなる恐れがある。堀田は、選抜選手の指導者は三年生から最終学年の六年生まで持ち上がりで指導することにした。


世界で通用する選手を作るには世界で戦わせなければ——。

日本サッカーの底上げを狙った堀田の世界への挑戦は留まることを知らなかった。韓国遠征を経験した堀田は、翌一九七五年の夏休みを利用して全清水を率いイングランド経由で西ドイツへの遠征に出かけた。

二年前の七三年、堀田は夏休みを利用し日本蹴球協会の一カ月間のヨーロッパ研修旅行に参加した、そのときの人脈を生かして計画したものだ。参加メンバーに中学生十七名と小学生二十二名が選ばれた。試合は小学生、中学生共に五試合が組まれた。

小学生の監督は小花公生で中学生の監督は浄見元紹が選ばれた。

両監督は、静岡大学のサッカー仲間で気心が通じている。

出発前の堀田総監督はこう語っていた。

「ヨーロッパで通用するようなら、いよいよこの子たちの年代で世界を狙えることになる」

アジアからヨーロッパへ。堀田の計画通り事は進んでいる。

対戦相手は地元のクラブチームだった。思いもよらない善戦で小学生、中学生チーム共に五戦全勝で日程を終えた。快勝ともいえる内容だったが堀田は両手を叩いて喜びはしなかった。

この時期のドイツは夏休みで子供はほとんど練習していない。

加えて、ドイツの小学生は個人技を伸ばすことに力を注ぎ全清水のようにチームプレーを基本にしたチーム作りの指導は受けていない。

それでも、堀田は世界で通用する選手の育成に手応えを感じた。

ケルンで日本チームの戦いを取材していた地元紙は、

「東洋の魔法使い。自在にボールを動かすサッカーにドイツのチームは付いていくことができなかった」

と報道していた。


韓国遠征を終えると次に綾部を待っていたのが全清水三年生の監督だった。このチームには、後に清水東高校に進み全国高校選手権で優勝した「清水三羽烏」と呼ばれた長谷川健太、大榎克己、堀池巧などのスターがいた。この三人はJリーグが発足した一九九二年、揃って清水エスパルスに入団している。

綾部は、新たに赴任した西河内小学校の西河内サッカー少年団の監督を務める傍ら、練習を終えると全清水の練習場所に移動して指導に当たった。大榎は筋力の柔らかさ、しなやかな体の使い方に非凡さを発揮していた。長谷川は練習試合でも負けると泣く負けず嫌いがサッカー向きで、堀池は常に相手のウイークポイントを探す頭脳的プレーが持ち味だった。

「このチームは卒業するまでの四年間指導してきたんですが、生活態度から練習に対する取り組みまで研究心と上昇志向を持った選手ばかりでした」

こう話す綾部は手応えを感じていた。全清水は、育成会と指導者が一体となった選手強化が確実に進んでいた。その成果が結実したのが「第九回全国サッカースポーツ少年団大会」だ。古河サッカー少年団と再び決勝戦で当たった。前回苦汁を舐めた相手を一対〇で破り初めて全国の頂点に立つことができた。

スコア的には接戦であったが、シュート数は清水の十六本に対して古河は一本という試合内容で全清水の快進撃が始まる予感を感じさせる大会でもあった。第十回大会も決勝まで勝ち上がり、府ロクサッカー少年団（東京）を三対〇で退けて連覇を果たした。

一九七七年には日本サッカー協会の登録制度に変更があり、清水サッカー協会は登録名を「全清水」から「清水ＦＣ」に改める。

「全国サッカースポーツ少年団大会」は「全日本少年サッカー大会」と名称を変えて開催されることになった。

全国のサッカー少年の憧れの的となった港町・清水を象徴する清水ＦＣの、マリンブルーのユニホームは第一回大会から使われるようになった。当初は、胸に「清水」と黒色の漢字が書き込まれていた。エンブレムが付いたのは三年後の一九七二年だ。中国から日本政府が譲り受けたジャイアントパンダがブームとなった。

「強くなって、日本中に親しまれるチームにならなければだめだ」

パンダをエンブレムに登用したのは堀田のアイデアで、小花がサッカーボールを抱えたパンダの姿をデザインした。

このエンブレムで活動したのは三年間だけだった。

「エンブレムは、強さの象徴でなければ。パンダではちょっと……」

こう言いだしたのも堀田だ。

「強さの象徴は百獣の王だろう」

そう言って三頭のライオンを使うことになった。三頭を三本の矢に例え、正面でボールを咥えているのが子供。左側で遠くを見ているのが指導者。右側のライオンが保護者で、その下に描かれた小さな花は〝強さだけでなく優しさや愛情を持って育てて欲しい〟という願いを表現したものになった。

「第一回全日本少年サッカー大会」に登場した綾部率いる清水FCは、細かいパスの受け渡しと両サイドから抉《えぐ》るサッカーで、他チームを寄せ付けない迫力ある攻撃で勝ち上がる。

決勝は与野下落合サッカー少年団（埼玉）だった。延長戦にもつれ込んだが決着がつかず引き分けの両チーム優勝となる。

「ご苦労さん」

長谷川健太の肩を叩く。

「中盤で落ち着かせてくれたから、守りも余裕を持てたのね」

堀池にも声を掛ける。女性指導者の柔らかい対応に周辺の空気が和んでいた。チームの主将は大榎に任せていた。

「先生、ごめん。俺たちの力の無さがこんな結果になっちゃって」

「そんなことないでしょ。相手も同じ小学生よ。二つのチームが優勝できてよかったじゃないの」

表彰式で胸にメダルを受ける大榎は複雑な表情をしていた。

清水FCは、全清水から合わせて三連覇を達成した。優勝監督が女性ということで、取材に駆け付けていた記者が綾部を取り囲んだ。

「サッカーはいつから始めたんですか」

監督イコール、サッカーの技術に秀でているとの概念で質問が飛ぶ。日焼けした明るい笑顔で綾部は選手たちを見つめる。

「私の役目は、選手がグラウンドで力を発揮できるよう、その日集合した時から選手の体調面をチェックして万全の状態で送り出してあげること。この優勝は選手の力で勝ち取ったものです」

気負いのない答えに記者は次の質問を聞きあぐねる。

堀田は笑いを堪えるように綾部の対応を眺めていた。

「マスコミでサッカーが多く取り上げられると、それだけサッカーが人気を得て広がる。堀田はそこまで計算していたんですよ」

浄見がそう言って拍手を送った。

綾部は清水から駆け付けた保護者に声を掛ける。

「一緒に写真撮りましょうよ」

胸に飾られたメダルを眺める選手を並ばせた。綾部は、この三月に警察官の主人と結婚していた。新婚ほやほやの優勝監督だ。

「二度あることは三度ある。次は監督のおめでたですね」

保護者からそんな声が上がると綾部は顔を赤らめて俯いた。

「めでたいことは何回続いてもいいじゃないか」

堀田の頬が緩んでいる。この日撮った写真を眺めると保護者も選手たちも、この日の青空のように抜けるように明るい顔をしている。

翌年の大会も勝って「全日本少年サッカー大会」で四連覇の偉業を達成した。

清水ＦＣの黄金期の到来だ。

この年、ブラジル出身のセルジオ越後の尽力もありセルジオの故郷サンパウロで「日本移住民七十周年記念」行事の一つとしてサンパウロ・サッカー協会の招待を受け遠征している。

セルジオ越後はサンパウロの名門チーム・コリンチャンスで活躍した後来日して、ＪＳＬ（日本サッカーリーグ）のフジタ工業でプレーした選手だ。

「堀田の頭の中には韓国を撃破してドイツにも勝利した。残りは南米のブラジルだ。これでブラジルに勝ち越すことができれば日本のサッカーが世界に通用することを証明できる」

浄見は堀田の腹の中をそう説明した。

遠征は夏休みの二週間だった。小学六年生から中学三年生までの三十一名が選ばれる。現地では十三歳以下（中学一年、小学校六年）と十五歳以下（中学二年、三年）の試合が五試合ずつ組まれていた。

十三歳以下のチームが初戦で五対〇、十五歳以下のチームが六対〇と圧勝すると、相手は何の説明もなく十六歳チームの選手を起用してきた。年上が相手でも清水のサッカーは揺るぎがない。先制された試合も粘り強く戦い二対一で勝利した。

現地のサッカー協会も本腰を入れたことで、当初の予定より四試合多い試合が組まれ、二チーム合わせて七勝三敗四分けの成績を残した。

しかも、プロの下部組織と対戦した十五歳以下チームの四試合を三勝一敗と勝ち越して遠征を終えた。総監督の堀田は誰よりも喜んだ。世界のサッカー界を牽引するブラジルにも日本の子供たちが通用することを証明することができたからだ。

韓国、ドイツ、ブラジルと世界の強豪と互角以上に渡り合った清水ＦＣのサッカーは、国内の少年サッカーの推進役としての立場を築いていた。

遠征で出向く試合会場では、清水ＦＣの試合が始まると他チームの指導者がグラウンドを取り巻くようになっていた。

「うちの試合が始まるとグラウンドに人垣ができるんです。ＦＣの戦術はスリーバックが基本で、中盤の選手のカバーリングの仕方や攻撃時の縦のラインと横のラインの作り方などを真剣な目で眺めているんです。判官贔屓《はんかんびいき》とでもいうんですか、試合が進むうちに清水をやっつけろ、負かせてみせろとそんな視線を受けての試合が続くんです」

清水ＦＣを率いて「第十回少年少女草サッカー大会」で優勝監督となった塚本哲男は言う。

「教員という立場からして一番の基本は子どもの教育です。社会に出ると否が応でも人との競争に勝たなければならない。そのためには常に自分との戦いを意識することが大事だということを教えてきました。とは言えＦＣは勝つことが至上命令で、対外試合で負けて帰ると堀田さんからこっぴどく怒られたものです。清水を背負って戦う重圧は半端なものではなく、自分たちの実力を平常心でどれだけ出せるかということを選手たちと考えてきました」

蛇足になるが、塚本の父親・龍平は静岡高校（旧制静岡中学）から早稲田大学に学びサッカー部で活動していた。静岡高校でサッカー部に入った堀田は、部のＯＢとして練習に顔を出す龍平に指導を受けた時期もあった。

清水ＦＣのサッカーに魅せられた指導者の清水詣でが始まったのもこの時期からだ。清水に来て練習試合をする指導者たちは育成会組織の充実に目を見張った。子供たちのサポートから始まり「清水市サッカー少年団育成会親善交歓リーグ戦」で父親リーグ、母親リーグがリーグ戦を通じてサッカーの醍醐味を楽しんでいる。

市の行政にも舌を巻いた。市内の小学校では学校長の許可を取ることなく、子供たちは放課後になると好きなだけボールを蹴って遊ぶ環境にあり、小、中、高校の校庭は照明施設が完備され午後八時までは使えるようになっていた。

小学三年生から中学三年生まで組織されていた清水ＦＣは、各年代にとらわれることなく上手い選手は能力に応じて飛び級で上の年代の試合に起用される風通しの良さもあった。これは清水ＦＣ招集当初から小、中学校の指導者が集まり意見を出し合って運営されてきた下地があるからこそできたものだ。

それに加え堀田をはじめ浄見、小花、鈴木淳、鈴木石根、望月敬治など静岡大学のＯＢが指導者として係わっていることも指導者間の潤滑剤として機能していた。大学の同窓生は、社会人になっても先輩後輩の絆が強いことがいい方向に働いていた。

堀田がコーチングスクールを開始してから六年。一九七三年に堀田が書き上げた教本「サッカーコーチのすべて」は、A４判百八十ページというぶ厚さで技術編から子供たちの日常の生活指導、身体生理学、心理学、怪我に対するケアまで微に入り細に入り網羅されている。その教本を元に毎年四月に開講するコーチングスクールは続いている。意思統一された指導方針で育てられた選手たちの身に付けた戦術は、メンバーが変わろうが変わるまいがぶれることがない。確固とした確信を持ったチーム作りで〝サッカー王国清水〟を築いた。こうなると、余所のチームが打倒清水を旗印に牙をむいて襲いかかってくる。

堀田は喜んだ。互いが切磋琢磨し合うことによって日本のサッカーレベルが上がると読んでいたからだ。全国から詣でる指導者に対し隠し立てすることなく門戸を開いて対応していた。

「小学生から選手を育てていけばその選手たちが中学、高校、大学、社会人になったとき、日本のサッカーのレベルは上がり世界でも通用するチームが出来上がる」

清水を訪れる指導者と歓談するとき、堀田はそう言って子供たちの育成の大切さを語っていた。

「全日本少年サッカー大会」は、一九七七年参加二一五一チームで始まり、サッカーブームと共に増え続け、第十一回大会（一九八八年）には七二一八チームまでに膨らんだ。大会出場をかけた地方の予選も熾烈を極めた戦いが待っていた。清水FCは十一回の大会で優勝七回、準優勝一回、三位一回という成績を残し注目を集める存在になっていた。

清水FCの注目度は留まることを知らなかった。

「船越小学校のグラウンドで少年団同士の試合をしていると、マイクロバスが止まったんです。

バスからユニフォームを着た選手たちがぞろぞろと降りてきて、指導者と思える男が揉み手をしながらグラウンドに来たんです。すみません、試合の帰りで近くを通ったんですが、清水のチームと一度、子供たちに試合させてみたくて寄ってみました。よろしければ試合をしていただけませんか。なんていうこともありましてね」

船越少年団の代表を務める鈴木隆はこうも言っていた。

「暮れの十二月三十日、関東のチームから試合の申し込みがあったんですよ。この日は餅つきの予定が入っていたんですが、どうしてもということで受けましたよ。元旦に、関西のチームから申し込みがあったりもしましてね。育成会の会長に相談すると、正月の初蹴りだと思ってやればいいんじゃないか、ということで試合を組んだこともあります」

そこまで清水のサッカーは注目される存在になっていた。

綾部は、「第一回全日本少年サッカー大会」で埼玉・与野下落合サッカー少年団と両者優勝を飾ると、清水FCの三年生担当となり、このチームを六年生まで持ち上がりで面倒を見ることになった。

「全国で勝つことが当たり前と思われていましたからプレッシヤーはきつかったですよ。そんな自分を落ち着かせるのは練習しかないわけですから練習漬けで自分の時間はほとんど持てませんでした」

三十一歳になった綾部は長男を授かった。主婦と子育てと教員生活の三足の草鞋を履きながら時間を見つけてはグラウンドに顔を出すという多忙な生活を送っていた。

「お母さんが近所にいて子供の世話をしてくれたんです。子供の面倒もみたい、サッカーの指導もしたい。そんな欲張りな私を主人が理解してくれたんです」

堀田はアシスタント・コーチとして塩坂健一を付けてくれた。

塩坂は順天堂大学でサッカーをしていたスポーツマンだ。清水の小学校で教鞭を執っていたところを堀田に声を掛けられてサッカーの指導に携わることになった若手の指導者だ。

綾部は塩坂と二人三脚で指導に当たった。今度は単独優勝と勇み臨んだ五回大会(一九八一年)は残念ながら三位に終わる。

家庭との両立が難しいと判断した堀田は、持ち上がり方式で四年間続く新たな三年生の担当から綾部を外して塩坂を任命した。

塩坂は期待に応え九回大会(一九八五年)で優勝監督になっている。

選手の選抜方式の育成は脈々と続き、十回大会は小花公生が指揮をとり十一回大会は、やはり小学校の教諭をしている深沢直《すなお》が率いて三連覇を果した。

十八回大会(一九九四年)で監督を務めた遠藤文朗は初の清水FCのOBだ。遠藤は、一九七三年の「全国サッカー・スポーツ少年団大会」で綾部率いる全清水が古河に敗れた時、遠藤友則と共にチームの中心メンバーとして活躍した。清水東高、静岡大学とサッカーを続けて市内の小学校で教鞭を執っていた。

綾部はサッカーをキーワードに街作りを推進する指導主事として小学校教諭から市役所に配置転換になった。ナショナル・トレーニングセンターの建設、ワールドカップ誘致など日本サッカー協会との橋渡し役も期待されての就任だ。そんな立場の綾部から誘われて遠藤は監督になった。

選手として活躍し社会人となり指導者として地域に戻ってくる。

この人材活用が〝サッカー王国清水〟を支える土台になっているといえるだろう。

「全国少年草サッカー大会」は一九八七年に始まった。第一回大会で、清水ＦＣは二チームに分かれてエントリーすると両チームが決勝まで勝ち上がって優勝と準優勝という選手層の厚さを見せた。

草サッカー大会の清水ＦＣは、この優勝を手始めに十年間で七回の優勝と準優勝一回という強さを発揮していた。

この二十年前、小学生のリーグ戦が始まり選抜チームが集められるようになると小学校から中学校まで一貫した育成システムを取り入れた風通しのいい環境が整っていた。中学に進むと、そのまま清水ＦＣとして浄見元紹や望月敬治、小林芳夫、古川一馬などの教師が待ち受けての指導に受け継がれていた。

一貫した指導で鍛えられた選手たちは地元の東高（清水東高校）や清商（清水商業高校）東一（東海大第一高校）に進むといかんなく力を発揮した。

多くの選手が進学したのは東高で、七二年勝澤要監督の元、高校総体で優勝すると翌年も同大会で三位という成績を残した。二年後の七四年に初出場した全国高校選手権大会で、清水勢として初の決勝戦に駒を進め帝京（東京）に敗れ準優勝となったが、ここから東高を先頭に清水勢の快進撃が始まった。

東高は八〇年の夏に行われた愛媛高校総体で優勝すると、その余勢をかって「第五十九回全国高校選手権大会」に出場しキャプテンの高橋良郎、伊達芳弘、望月達也、沢入重雄、反町康治といった全清水出身の選手たちを中心としたチームで二度目の準優勝を収め、二年後の六十一回大会で見事優勝旗を手にした。

翌六十二回大会も、東高は決勝戦に進み帝京の前に優勝を逃したものの三度目の準優勝を果たした。この頃「全日本少年サッカー大会」で向かうところ敵無しの全清水、後の清水FCの活躍で選手たちが進学する市内の高校の戦いは激しさを増していった。東高、清商、東一の実力は拮抗し切磋琢磨した。

六十四回大会では、清商が県代表の座を勝ち取り全国選手権大会で優勝すると、翌年には東一が優勝した。続けてその翌年も東一が出場し決勝戦に駒を進めて準優勝をしている。静岡県を勝ち抜くのは全国大会で優勝するのと同等の難しさがあると言われるほどレベルの高い戦いを強いられていた。

六十七回大会では再び清商が優勝する。「サッカー王国・清水」のブランドをいかんなく全国に示すことになった。

堀田は選手育成の手綱を緩めることはなかった。清水FCや東高、清商を毎年のように海外遠征に送り出している。

一九八三年から始めた日韓親善交流大会は双方の国での定期戦として続くことになった。

一九九一年二月十四日。日本サッカー協会は野球に次ぐ国内二番目のプロリーグとして、Jリーグ（日本プロサッカーリーグ）創設を発表した。プロリーグ参加条件はこうだ。

①一万五千人以上収容のグラウンドを常時使用できる（自治体のグラウンドでも可能）
②協会の指定する二、三、四種までのチームを持つ（育成システムを持つ）
③フランチャイズは、地方自治体と緊密な関係を持ち地域の名称を使うことで企業名を前面に出さない。
④八チームでスタートする。

全国から加盟希望チームを募ることにしたが、当初は活動歴を考慮してＪＳＬで、長年リーグ戦を戦った経験を持つ二十三のチームから選ぶものとみられていた。

清水市（当時）では、プロサッカーリーグ設立の動きに合わせて「清水ＦＣ」を立ち上げ清水市民やテレビ静岡などが出資して運営会社「(株)エスラップコミュニケーションズ」を設立、チーム名を「清水（ＦＣ）エスパルス」とした。堀田は、長年携わってきた清水市教育委員会事務局次長兼スポーツ都市推進専門官を退職して「(株)エスラップコミュニケーションズ」に転職した。Ｊリーグ加入に向け、堀田の持つ人脈を期待しての人事だ。

最終的に加盟クラブは十チームとなったが、最後の一枠を静岡の二チームが競った。ＪＳＬに所属していた磐田をホームタウンとするヤマハが有利とみられていたが、予想を覆し清水エスパルスに決まった。

土壇場での逆転だった。

「プロリーグ検討委員会」の委員長を務めていた川淵三郎に最後の決断をさせたのは、堀田のサッカーに対する熱意と清水という地域の持つサッカーの土壌だった。

「清水は、子供たちの育成をいち早く手がけ、サッカー王国としての土壌を築いてきた。地域密着を目指すJリーグの構想として理想的な活動をしてきた街です」

幹部会でそう発言すると、

「プロ設立の基本理念であるフランチャイズ。協会が規定する競技場。清水はそのどちらも満たしている。チーム力には心配の面もあるが二年もすると十分やっていけるという確信のもとに選びました」

発表記者会見直後の取材でそう答えていた。

もちろん、日本サッカー協会にも大きな影響力を持っていた堀田の表に出ないロビー活動があったことは見逃せない。

「嬉しいという半面、これからだなという気持ちですよ。お客さんが喜ぶ、見て楽しいサッカーができるチームが理想ですね。それには強くなければなりません。子供たちの憧れるチームにすることが大事だと考えますね」

Jリーグ参加が決まった後の堀田は口元を引き締めてこう言った。

地域に密着しての選手の育成は、堀田が小学校の教諭を目指した当初に掲げた目標で、草の根を掘り起こすような細かい選手育成が実を結んだ。

「サッカー処に育つチームということで、市民のための市民の手による市民のチーム。これをキーワードとしていきたいと思います」

堀田の目は輝いていた。

Jリーグはヴェルディ川崎（読売クラブ）、横浜マリノス（日産自動車）、鹿島アントラーズ（住友金属）、ジェフユナイテッド市原（古河電工）、浦和レッドダイヤモンズ（三菱重工）、横浜フリューゲルス（全日空）、名古屋グランパスエイト（トヨタ自動車）、ガンバ大阪（松下電器）、サンフレッチェ広島（東洋工業）、清水エスパルスの〝オリジナル10〟と呼ばれる十チームでスタートした。

一九九二年Jリーグ初の公式戦・ヤマザキナビスコカップを戦ったエスパルスの登録メンバー三十三選手（外国人選手として登録された三名を除く）のうち、十二人が清水FCの出身者だ。真田雅則、大滝勝巳、堀池巧、内藤直樹、平岡宏章、小谷勝治、大榎克己、岩科信秀、太田貴光、長谷川健太、杉山学、岩下潤がそうだ。それ以外にも静岡県の高校を出た選手が十人いる。東海大一出身の山田泰寛、アデミール・サントス、澤登正朗、清水商出身の青嶋文明、静岡学園出身の三浦泰年、向島建、静岡北出身の朝倉徳明、ジェルソン、静岡工出身の夏賀高弘、聖隷学園出身の松原真也である。

合わせて二十二人が当地出身者ということになる。地域密着を考えたチーム編成であることは歴然だ。

一九九三年五月十五日十九時三十分。Jリーグファーストステージ開幕戦、ヴェルディ川崎対横浜マリノス戦。国立競技場に五万六千人の観客を集めてホイッスルが吹かれた。

三十七年前、堀田が江尻小学校に着任した当初から描いていた夢が具現した瞬間だ。試合はNHKが全国中継した。チケットは記念になるよう購入者の名前入り。葉書きによる応募のみで抽選となり、当然のようにプラチナチケットとなった。落選者に井原、カズのサイン入りの通知書が送られる計らいもあったが、入手できなかったサッカーファンは、テレビの前で固唾をのんで見守るしかなかった。

試合観戦で上京する前日、堀田は七ツ新屋の自宅で佳美夫人の淹れてくれたお茶を啜りながらJリーグの開幕戦とリーグ戦の予想を報じる新聞を開いていた。

「次は、ワールドカップの日本招致だな」

茶碗の模様を指で撫でながら佳美に話し掛けた。

「もうあなたの仕事は終わったんでしょ」

「そう爺さん扱いするなよ。最後まで見届けたいじゃないか」

「そうですよね。いつまでも元気でいてもらわなくちゃ」

茶の間に二人の笑い声がカラカラと響いた。


清水の少年サッカーリーグ戦がスタートしたのは一九六七年だ。それから二十六年。アメリカワールドカップ、アジア最終予選の日本対イラク戦がカタールのドーハで開かれた。日本が勝てば初のワールドカップ出場が決まる試合だった。

ロスタイム残り三十秒。イラクが得点し引き分けとなり本大会出場を惜しくも逃した。今でも語り継がれている「ドーハの悲劇」だ。

この大会、二十二人の日本代表に長谷川健太、堀池巧、大嶽直人、澤登正朗、武田修宏と清水で育った五人が顔を揃え、静岡県出身の三浦知良、三浦泰年、中山雅史の三人も選ばれている。

日本が初めて出場した一九九八年「フランスワールドカップ」日本代表選手二十二名の中に相馬直樹、斉藤俊秀、平野孝、服部年宏、伊藤輝悦の清水ＦＣ出身者五人が名前を連ねていた。最終選考でメンバーに残れなかったが、高校生Jリーガーとして史上最年少でピッチに立った市川大祐も清水ＦＣ出身だ。

清水ＦＣ出身者ではないが小野伸二、名波浩、川口能活は清水商出身だ。藤枝東出身の中山雅史、東海大一出身の森島寛晃を合わせ静岡県勢は実に十名を数える。

二〇〇二年「日韓ワールドカップ」では川口能活、服部年宏、西澤明訓、小野伸二、市川大祐と清水で育った選手の顔がある。

二〇〇六年「ドイツワールドカップ」でも川口能活、高原直泰、小野伸二が選ばれている。

二〇一〇年「南アフリカワールドカップ」では新たに内田篤人が顔を出している。

人口二十三万人。二〇〇三年の静岡市との合併まで県内三番目の規模の市からこれだけ多くの日の丸戦士を輩出している清水。

少年リーグから育って選手たちのその後の活躍を見ると、

「小学生時代からの選手育成が、世界に通用する選手を育てる」

堀田の直言がそのまま実を結んでいる。

「指導者の役目は、日の丸を背負う選手と優秀な指導者を一人でも多く育てることだ」

これは、指導者の道を歩み始めた綾部に堀田が掛けた言葉だ。

清水でサッカーを覚え育った選手たちが社会人になって地元に戻り子供たちの指導に当たる。

この人材育成が「サッカー王国清水」の縁の下の力持ちとして基盤を支えている。

現在の綾部は、ホテルセンチュリー静岡の営業部付支配人として働いている。忙しく顧客をもてなす綾部の頭の中は、来年パプアニューギニアで開かれる「ＦＩＦＡ　Ｕ―20世界大会」の試合展開で占められている。


Ｊリーグが開幕して今年で二十三年。

日本が初めて出場したワールドカップ・フランス大会から十八年。

日韓ワールドカップ開催から十四年が経った。

この二十年、日本と韓国の対戦戦績は六勝六敗十分けで互角の星を残している。最近の五年間に限ると二勝二分けと勝ち越している。

大学生時代に描いた夢を、次々に具現してきた堀田哲爾が惜しまれながら鬼籍に入ったのは二〇一二年七月二十三日だった。

# 第二話　清水ＦＣの申し子

清水東高校出身の大榎克己は、清水エスパルスのＪリーグ参入時から活躍し、二〇〇二年現役を引退するとトップチームのコーチとなり、〇四年より母校早稲田大学ア式蹴球部の監督に就任。〇八年から六年間エスパルスユースの監督を務めてきた幹部候補生である。

「Ｊリーグの監督をスタートさせるのはエスパルスで、と決めていました。まさかこのタイミングだとは思わなかったが……」

二〇一四年七月三十日の午後。Ｊリーグ、清水エスパルスは三年半指揮を執った前任のアフシン・ゴトビ監督率いるチームが開幕から低迷を続け上昇気流に乗れないままの解任となった。新監督には、四十九歳になったばかりの大榎克己が任命され三保クラブハウスで記者会見に臨んだ。

監督解任による慌ただしい就任要請だっただけに、大榎は紺の半袖姿で時たまカメラのフラッシュを浴びながら、顔に汗を浮かべ緊張した面持ちで取材ノートを片手に質問する記者に言葉を選びながら答えていた。

「引き受けたからには、腹を括り全てを懸けてやっていきますしその覚悟はできています。選手たちも全力を挙げて期待に応えてくれると思います」

低迷するチームの再建を任され、シーズン途中からの就任だけに力強い巻き返し宣言より、むしろ戸惑いを感じさせる受け答えに終始していた。

この日から遡ること四十年前の、一九七四年四月のことだ。新学期が始まり、清水の市街地にある飯田小学校の教壇に立っていた綾部美知枝教諭が清水市立西河内《にしごうち》小学校に新任でやって来た。

西河内地区は駿河湾に面した旧東海道の宿場町興津《おきつ》から、甲府に向かう身延道を興津川に沿って上り、小島で左手に折れ県道を車で二十分ほど走ったところにある、深い山に囲まれた村落だ。二千人近くいた飯田小学校と違って、ここでは蜜柑とお茶を栽培する農家が多く、二百人ほどの小規模な学校だ。

教諭になって四年目の綾部は、新学期の始業式に合わせ軽自動車で西河内小学校に向かった。道路の両側の竹林では竹の子が地面から頭を出していた。山間部なので開花時期が少し遅く、見事なソメイヨシノの桜並木が続いていた。

興津川が県道に沿って流れ、小学校は川に架かるつり橋を渡った山肌の麓にある。学校の周辺には植林された檜林と原生林のように深く茂る雑木林を切り開くように茶畑が広がっている。飯田小学校では風の強い日は海からの潮風が匂っていたが、ここでは青葉のむせるような強い匂いが鼻を突く。

就任当日までは、そんな山深い勤務地に心を重くしていた綾部だった。市の教育委員会からこの学校への転任を命じられたとき、児童数が少ないだけに自分が描く鍛え甲斐のあるサッカーチームができるのだろうかとの心配もあった。

職員室に入ると各学年を担当している六人の先生と校長先生、主務を含めた九人の先生が椅子に座っていた。

校長先生から学校の習わしの説明を一通り受ける。綾部が担当するのは三年生のクラスで児童が四十人とのことだった。

「何も分からないことばかりですから、よろしくお願いいたします」

先輩の先生方にこう言って頭を下げた。

「綾部先生、三年生のクラスは大丈夫ですよ。〝大《だい》かっちゃん〟というしっかり者の子供がいて、みんなをまとめてくれるから心配ないですよ」

女性の教師がそう言いながら、近くの茶畑から採れたという新茶を淹れてくれた。柔らかい新茶の香りが緊張を解いてくれた。

「美味しいでしょ。この地区から産出されるお茶は西河内茶といって静岡茶の中でも最高級の部類に入るんですよ」

校長先生が誇らしそうに言った。

〝大かっちゃん〟とは何のことだろうと思いながら教室に向かった。

「新しい先生が来るんだからみんな静かにしようぜ」

廊下を歩いていると教室の中からこんな声が聞こえてきた。

教室に入ると児童の日焼けした顔が、一斉に瞳を光らせて綾部に注がれた。綾部は、子供たちに新任の挨拶をすると児童の名前が並ぶ名簿を見ながら点呼を取った。一人一人が立ち上がって挨拶をした。自然に囲まれて育った子供たちはどの顔も逞しそうで屈託がなかった。

名簿に大榎克己と書かれた名前があり、その名を呼ぶと同級生より一回り体の大きな男の子が立ち上がった。坊主頭で細面の顔をしているが、目の周辺の彫が深く目が輝いていた。

「先生、よろしくお願いします」

正面から綾部の目を見た。力強い大きな声だった。漢字の読み方もだが一瞬にして職員室で聞いた〝大かっちゃん〟という名前と一致した。これが綾部と大榎の出会いだった。

「綾部先生との出会いがなかったら、サッカー選手としての今の僕はなかったですよ」

これは、日本代表として日の丸を背負うまでの選手となった大榎が後日語った言葉で、二人の出会いは大榎にとってそれほど運命的なものだった。

「綾部先生、訊いているとは思いますが子供のサッカーの指導のほうもよろしくお願いしますね」

職員室に戻ると校長先生が待ち構えていたように頭を下げた。

小学校のサッカー部は、綾部と交代で出ていった先生が指導していた。綾部が子供たちのサッカーを指導することは既成事実として決まっていたようだ。放課後、グラウンドに出ると二十人ほどの子供たちがボールを追いかけていた。

綾部が姿を見せると全員が集まってきた。

「先生はFCの監督をしていたんですよね?」

「一週間前に韓国遠征から帰ってきたばかりよ」

そう答えると全員が神妙な顔になった。

チームの構成を訊くと、選手数が少ないことから全学年でチームを組み練習は二チームに分かれ試合形式の練習が多いと言う。市内の小学生のリーグ戦に「西河内スポーツ少年団」が参加していることは知っていたが、綾部の頭の中には強豪チームというより勝っても負けてもしぶとく喰いついていくチームとの認識があった。

新三年生になったばかりの大榎の体格は四年生にも五年生にも負けてはいなかった。前任の先生の練習方法を踏襲してそれまで通りの練習から始めた。綾部がホイッスルを吹くと全員の走りがカモシカのように速くて力強い。

後で知ったことだが、多くの子供たちは坂道の続く長い道のりを一時間近くかけて通学しているというから、子供たちは毎日が足腰の耐久力を培う練習をしているようなものであった。

中でも綾部の目を引いたのは大榎だ。走力があり膝の使い方が柔らかい。ボールの奪い合いも懐が深くて相手にボールを触らせず、走り込んでくる味方に手頃な速さのパスを供給している。

何日か練習試合を見た。五月から始まる市内の「清水少年サッカーリーグ戦」で戦うためのチーム構成を考えたとき、三年生ながら大榎を中盤で起用することに決めた。上級生も綾部のチーム構成に口を挟む者はいなかった。

綾部は、四年生から育成強化を始めている「全清水」でも大榎が通用すると自信を深めたのは、スタートしたリーグ戦で対戦した「江尻サッカースポーツ少年団」との一戦だった。

このチームには水島武蔵がいた。水島は十歳でブラジルにサッカー留学すると現地のパルメイラスにスカウトされ公式戦デビューを果たしている。いくつかのチームを渡り歩いて日本に戻り、日立製作所サッカー部（後の柏レイソル）、全日空サッカー部（後の横浜フリューゲルス）で活躍したが怪我の影響もあり一九九二年に引退した選手だ。

水島は東京に生まれサッカー好きの父親の勧めでサッカー処と知られている静岡の藤枝の小学校に転校してきた。藤枝では小学三年までは練習の参加が認められないことから、父親の知人を頼って清水の江尻小学校に転校した。

そうしたサッカーのエリートコースを歩む水島の存在を知っていた綾部は、一歳年上の水島のマークを大榎に命じた。

試合が始まると、大榎は自在にピッチを走り回る水島の動きに置いていかれることもなく、繰り出すフェイントにも惑わされず水島に仕事をさせない見事なマーク役をこなした。

「先生、俺、相手がすげー選手だというから緊張したけどちゃんと押さえられていたでしょ」

そう言ってピッチから戻ってきた大榎の得意気な顔が、綾部は今でも忘れられない。


綾部は二年前の一九七二年九月から始まった「清水コーチングスクール」（週一回で一年間）を堀田の勧めで受講し、清水サッカー協会の女性指導者第一号の資格所持者になる。前年の「全国サッカースポーツ少年団大会」で全清水の指揮を執り準優勝していた。

韓国サッカー関係者の口利きで、春休みを利用した「韓国訪問清水サッカー少年団」の遠征でも監督を務め協会期待の若き指導者の立場にあった。

韓国遠征で五勝三分けという堂々たる成績を残して帰国した綾部の目に、相手のストライカーを押さえた大榎の非凡さが強いインパクトを与えた。

全清水への参加資格者はサッカーが上手いだけでは駄目である。

協会会長の堀田は「社会に出て通用する人間の形成」を旗印に選抜していた。そのための人間教育として、
①勉強を一生懸命してクラスで模範になる行動をとれている。
②チームの一員となったとき、礼儀を重んじ遠征などの集団生活に馴染める子。
③好き嫌いなく食事ができ宿泊先でも睡眠が十分に取れる子。
一見何でもなく映るが集団生活には欠かせない規律が盛り込まれている。大榎はどれをとって

も問題なく溶け込めると綾部は見た。

「僕より身体能力の高い子もいたけれど、結局サッカーは人間力なんです。自分でサッカーを考える力と人間としてどう成長していくことが大切なのか。それが考えられない選手は続かないんです。それができずに何人もの選手が辞めていきましたから」

大榎はそう言って当時を回想する。

岡崎慎司は、二〇一五年ドイツからイギリスのプレミアリーグ・レスターに移籍し、チーム発足百三十三年目にして初の優勝に貢献した。

大榎がエスパルスユースの監督をしていた当時トップチームにいた選手だ。

「滝川二高から入ってきたときの慎司は、プロとして果して通用するのか心配しました。慎司はしっかりと自分のプロとして足りないところを見極め、オフになると自分でフィジカルトレーナーを付けて体力作りと走力を上げることに腐心していました。ヨーロッパに渡ってからの彼の活躍を見ているとその努力が十分に実っていますね」

そう言って感心する。話を元に戻そう。

全清水の活動は四年生からだ。辻小学校の鈴木淳教諭が全清水四年生の指揮を執っていた。綾部は早速鈴木に連絡を取ってみた。

学校での土曜日の練習を終えると、全清水の練習場となっている辻小学校に大榎を連れていき鈴木の前で練習参加試験を受けさせた。

百のリフティングを軽やかにこなし、短距離も一緒に走る四年生の選手たちに混じって遅れることなく走り終えた。

練習試合を前に、綾部の進言を聞いた鈴木が大榎に中盤を任せると上級生相手に確実な守備で相手の攻撃の芽を摘み取り、ボールを奪うと俊敏な動きで持ち上がってサイドを走る選手に柔らかいパスを通した。

「守備の意識と攻撃のタイミングの取り方、ゲームにおける判断力など良いものを持っている子供だなぁ。いいですよ、来週から参加させてください」

鈴木はそう言って快く迎え入れてくれた。綾部は車で大榎を自宅まで送ったが車の中の大榎はご機嫌だった。

「先生、こんなに上手い先輩たちと一緒に練習できるなんて夢のようですよ」

綾部はすっかり暗くなった山道を運転しながら、これから始まる週一回の練習のための送り迎えを両親にお願いしなければならないと考えていた。

大榎の実家は西河内小学校の手前を左に曲がり、布沢川沿いの細い山道を登って行く途中の高台にある。車から降りると川を流れる水の音が闇の中から聞こえ、何匹もの蛍の光が宙に浮かんで柔らかい光を放ち、まるで映画のスクリーンの光景のように思えた。

「うちはお茶と蜜柑を作る農家なもので、夕方遅くまで女房と一緒に畑に出ているんですよ。息子が市の代表のようなチームに入って練習できるんでしたら、時間的には厳しいんですがどんなことがあっても協力させていただきますから」

関節の太い指をした父親が頭を下げた。大榎は一人っ子で、近くに多くの畑と杉の木を植林した広い山を持ち両親が二人で家業を切り回しているようだった。

綾部は、毎日放課後になるとグラウンドに出て練習の先頭に立っていた。全清水の練習は毎週土曜日にある。各選手は、自分のチームでの練習を終えた後の五時から七時まで練習が続く。綾部は、学校での練習を終えた大榎をそのまま車に乗せて辻小学校に向かう。

　帰りは、畑仕事を終えた父親が練習の終える時間を見計らって学校の脇に車を停めて待っている。飛び級で練習に参加しているが大榎は先輩に混じっても何ら気後れすることがなかった。父親は、ナイター照明の下で走り回る我が子を頼もしそうに眺めていた。

　教室でも大榎はリーダーシップを発揮していた。授業が騒がしくなると大榎の一声で静まった。

　山間の村落だけに、朝になると川の水と空気中の温度差から深い霧が度々発生する。

「この霧がお茶の葉っぱに程良く水分を運ぶから、ここで採れる西河内茶は美味いんですよ」

　そんなことも綾部に教えてくれた。綾部は学校の前に広がる荒れ地を開墾して花畑とジャガイモや茄子の苗を植える計画を立てた。

　開墾用の鍬を用意したが、何人かの子供は鍬を持ったこともないのか振り上げても鍬の刃が土中に喰い込んでいかない。角度と力の入れ方が微妙に違っても鍬は用をなさない。大榎が鍬を握ると見事に土を掘り起こした。普段から両親の畑仕事を手伝っている証拠だ。

「俺ねえ、車の送り迎えで毎週忙しいお父さんに時間を使わせているでしょ。悪いから自分ができることは手伝いをしようと思って、家に帰ってから洗濯物を取り込んだりお風呂を沸かしているんだよ」

　そんな報告もしてくれた。毎週の辻小学校までの送りの道のりが綾部と大榎の、サッカーの指導者と選手の枠を超えた人間関係を作り上げていった。

　全清水の指導者は、四年生で監督に指名されると六年生までの三年間はそのまま持ち上がりで面倒を見るシステムになっている。

大榎が四年に進級する年の冬休みだった。

「綾部先生は四年生の指導を引き受けるよな」

堀田からそんな打診があった。もっとも、堀田のこの種の進言は有無を言わせない決定権を持っていた。勿論、綾部は異論を唱えることなく引き受けた。

セレクションで、各チームの指導者が推薦してきた選手たちの名簿を見た。総勢六十人ほどの市内から集まったエリート集団は、誰もが非凡な才能を持っていた。耳たぶの厚い大きな耳と太い眉毛の下に鋭く光る眼光を持った入江小学校の長谷川健太がいた。

性格の強さを示すように口元の締まった丸顔の堀池巧は小河内小学校に通っていた。

長谷川、堀池、大榎の三人は清水東高校に進んだ。彼らが高校二年時に「全国高校サッカー選手権大会」で優勝し、その大活躍から「清水三羽烏」と呼ばれることになる。三人は全清水の四年時から同じグラウンドに立つことになった。

綾部はチームを引き受けるに当たり、自分のことよりまずは相手の気持ちになってものを考えることのできる大榎をキャプテンに任命した。練習が始まると健太も大榎も堀池も、互いの非凡さを認め合いライバル心を燃やして練習に取り組んだ。短距離走になると三人は同じ組に入ってゴールを目指した。お互い、自分が一番と思っているのでその分競争意識が強い。

健太は強引とも思えるドリブルでの突破力で目を見張るものがあった。堀池は黙々と細かいボールタッチを繰り返す努力型だった。

周囲の選手を上手く使い、自分が走り込むスペースにボールを要求する大榎など三人三様な特徴を持っていた。一対一のボールの取り合いになると互いの意地のぶつかり合いで周りの選手が圧倒されてスペースを空けることにもなる。そんな三人に対して綾部はこう感想を述べる。

「健太は猪突猛進型で、ボールを持つと自分でどこまでも持ち込んでシュートを打って戻ってくる。練習試合でも負けると悔しくて腕で顔を隠しながら泣いていました」

　迷うことなくフォワードを任せることにした。

「大榎は相手を思いやる気持ちがボールにも伝わり、前線に走り込んでくる味方へのパスも相手に取られない範囲での柔らかなものを供給する。大榎がボールを渡して前線に走り込むと味方からボールが返される。そのボールをラストパスでフォワードに渡す。そんな中盤の起点となる役目をしていました」

　堀池は元々フォワードの選手だった。

「二人に比べると特徴のない選手だったんですが、練習態度と物事を考える慎重さはチームで一番でしたね。例えば、橋を渡るとき健太は何も見ないで渡るが堀池は石橋を叩いても渡らず誰かが渡るのを見届け安全を確かめてから渡る。大榎はその真ん中の性格を持っていましたね」

　五年生になると月、水、土曜日と週三回の練習になった。

　毎年五月五日の子供の日には、県外の子供も参加して入江小学校の体育館で「スポーツ祭り少年ボールリフティング大会」が開かれる。参加者は百八十人でそのボール捌きぶりを競い合う。

　予選は、七十五メートルをボールを落とさず通過すること。

　第二次テストは、ボールを足でコントロールしながら平均台を渡ること。最終テストは会場から選出された十人の判定員の前で、一分間の自由演技を披露して最終順位を競うというものである。

五年生で参加した大榎は三位に入賞し、六年生での大会では運動神経の良さを発揮して優勝した。健太が二位に入り三位は清水小でチームメートの行方功だった。

選抜チームの中心選手として確固たる地位を築いた大榎に比べると、堀池は同じポジションのフォワードに長谷川がいることもあり五年生まで補欠で十二番の選手だった。

しかし物事はどう転ぶか分からない。五年生の秋口になって三重県の伊賀上野に招待で呼ばれた時のこと。試合前にレギュラーの選手が腹痛で試合に出られなくなった。綾部は練習熱心な堀池にチャンスを与えたかった。対戦チームに夏の「全日本サッカースポーツ少年大会」で評判を呼んだストライカーがいた。

綾部は堀池を呼んで指示を出した。

「巧、相手のエースにマンツーマンのマークに付きなさい。相手からボールを奪うことができたら一発でもいいからシュートを打ってきなさい。それができたら次から試合に使うことを先生は約束するからね」

こう言って送り出した。フォワードから慣れない中盤に回された堀池は、綾部の指示通り試合が始まると指示された相手フォワードをマークして離れなかった。重心を落としてボールを持った相手の前に立ちはだかると、前線への突破を許さないどころか再三ボールを奪って自分で攻め上がった。

後半十分、堀池は相手のボールを奪うと大榎に渡し前線に走り込んだ。大榎からワンツーのパスを貰った堀池は冷静に相手キーパーのポジションを読み狙いすましたように右隅にシュートを叩きこんだ。この時の起用が、後に日本代表まで駆け上がった名ディフェンダーを生む呼び水となったのだ。

清水ＦＣでレギュラーを獲得したのは堀池が一番遅く、日本代表として日の丸を背負ったのは三人の中で一番早かったわけで人生とは分からないものだ。

「三羽烏」が六年生になった一九七七年には、日本サッカー協会の登録制度に変更があり、大会名が「全国サッカースポーツ少年団大会」から「全日本少年サッカー大会」に変わった。清水サッカー協会は、それまでの「全清水スポーツ少年団」から「清水ＦＣ」に登録名を変更した。

最上級生になった大榎率いる清水ＦＣは、春休みに開かれる「藤枝ＪＣ杯争奪全国招待サッカー大会」に出場すると、県内外から十六チームが参加したこの大会で優勝を飾り幸先よい初陣となった。

「全国少年サッカー大会」予選となる五月の静岡大会を危な気なく勝ち上がった清水ＦＣは、八月に「よみうりランド内読売サッカー場」で行われた「第一回全日本少年サッカー大会」に乗り込んだ。

この試合まで清水ＦＣの六年生チームの対外成績は四十一戦全勝と向かうところ敵無しの強さを発揮していた。

初戦の山口県代表を三対〇で退けると愛知県代表を八対〇、第三戦の北海道代表を五対一、準々決勝の小名浜東（福島）を六対〇、準決勝の日詰（岩手）には五対〇と圧倒的強さで決勝戦に勝ち上がった。

決勝の相手は、強豪埼玉県代表の与野下落合サッカースポーツ少年団で、延長戦に入っても決着がつかず再延長戦に突入した。

結局は三対三のまま引き分けで両チーム優勝と決まる。

清水FCは、二年前の全清水から合わせて三連覇を達成したが、単独優勝を逃したわけで、大榎はこの引き分け試合がサッカー人生で一生忘れられない悔しい試合だったと語っている。

「シュート数二十二本に対し相手は十本でしょ。ゴールキックもうちの三本に対して相手は八本。圧倒的に押していた試合で勝つと信じて戦いました。絶対に勝たなければという理由があったんです。それは、試合会場で一部の関係者から僕たちのサッカーが誹謗中傷されていたからです。清水のサッカーはチームとしての戦略だけで選手個人を伸ばそうとしていない。そう言って僕たちのサッカーを否定される言葉があったんで、試合終了のホイッスルが鳴った時は悔しさしかなかったですね」

そう言いながら、

「でも、この試合でサッカーの怖さを知りました。再延長の残りわずかな時間帯に、うちのバックスがキーパーに渡したパスがそのまま自陣ゴールに入ってしまったんです。負けを覚悟したところで、今度は相手のクリアしたボールが逆回転してゴールに転がってオウンゴールになったんです。サッカーは試合終了の笛が鳴るまで何が起こるか分からない。本当に怖いスポーツだと言うことを思い知らされました」

この大会で二十名の優秀選手が選出された。その中に清水FCから、大榎と健太を含めて四人が選ばれた。大榎はキャプテンとしてマスコミから優勝インタビューを受けた。

「あなたの目指す選手は誰ですか」

こう聞かれた大榎は迷うことなく答えた。

「遠藤友則さんです」

日本リーグで活躍する選手にその名前はない。

インタビュアーが怪訝な顔で訊き直した。

「それってどこの選手ですか」

「サッカーが凄く上手い僕たちＦＣの先輩で、清水東高の選手です」

居合わせたスポーツ記者が顔を見合わせていた。

遠藤友則は、綾部が小学校教諭として飯田小学校に新任した時に在籍していた児童で、サッカー好きを知った綾部が堀田のいた入江小学校に連れていき一緒にサッカーの練習に誘った子供だ。

綾部が最初に全清水の四年生の監督を引き受けたとき、真っ先に選抜に呼んでキャプテンを任せたのが遠藤で、韓国遠征したときのキャプテンも遠藤が務めた。当然ながら、遠藤は中学生でも清水ＦＣの中心選手として活躍していた。綾部を慕っていた遠藤は小学生との合同練習場にも顔を出していた。面倒見のいい遠藤はそこで後輩の長谷川や大榎と一緒にボールを蹴り的確なアドバイスをくれる先輩だった。

大榎が四年生の時のことだ。三人兄弟の末っ子で兄たちに揉まれて育った遠藤は、一人っ子の大榎を自宅に呼んだ。四歳年上の遠藤は、大榎がこれから選抜チームの中心として育っていくであろうと目をかけていたのだろう。選抜チームは地方大会への招待試合や海外への遠征の機会が増える。集団生活を知らない後輩を自分のところに泊めて集団生活の体験をさせておきたいと、そんな優しさから出た誘いに違いなかったはずだ。

「兄弟がいるっていうのも良いもんだぞ。土曜日の練習が遅くなった時は俺の家に泊りに来いよ。男兄弟の中での生活がどういうものかを知るのも悪くはないだろ」

大榎は喜んで遠藤の誘いを受けた。

「大工さんをしているお父さんは、僕が行くと友則が可愛がっている子だろうから友則の弟みたいなものだな。子供が一人増えたと思えば嬉しいよ。いつでも気が向いたら泊りに来なさい。そう言って迎えてくれたんですよ」

遠藤の持つ身体能力、勝負根性、サッカーに対する研究心など大榎ばかりでなく健太や堀池も遠藤を憧れの選手として見ていた。

そんな先輩後輩の固い絆が築かれているのも、清水FCの強みだろう。

遠藤は、清水東高に進み中心選手として活躍していたが膝の靭帯を痛めてしまい日大に進んだが選手としての道を諦め、トレーナーの資格を取った。エスパルスでトレーナーとしてのキャリアを積むとイタリアに渡り、セリエAの名門で本田圭佑の所属するACミランに十六年間在籍し二〇一四—一五シーズン終了を待って契約を解除して帰国した。

これは大榎が、自チームの選手の面倒を見てほしいとの要請を受け入れてのものだった。帰国するとエスパルスとの契約を結んだが、千葉市にある知人が経営する整形外科医院の運営を任された。ところが今季セリエAが開幕すると、ACミランの主力選手が遠藤の必要性を懇願し、チームは遠藤と再契約を結ぶことになった。現在の遠藤は、ACミランとエスパルスの両チームの選手の面倒を見るため日本とイタリアを行ったり来たりの多忙な日々に追われている。

話は逸れたが、遠藤は小学生時代から大榎の良い兄貴役でもあった。

小学校五年生からはＦＣの選手たちの練習は月、水、土曜日と週三回になる。大榎の父親は車で片道三十分ほどかかる息子の送り迎えに嫌な顔もせず車のハンドルを握った。

「お父さんは、二時間の練習時間が終わるまで車の中で待っていてくれるんです。西河内は急な斜面の山道なので、そこを上り下りするからかなりの重労働なんです。仕事に疲れたお父さんが嫌な顔もしないで車の運転をしてくれる。夜道を運転するお父さんの顔を見ると本当に感謝の気持ちでいっぱいです」

三月の卒業を控え兵庫県の「西淡路サッカー大会」に招待された清水ＦＣは、小学生の最終試合として全国から集まった強豪チームを相手に優勝した。

「最後の試合ということで、各選手が大榎にボールを集めたんです。三年間一緒にやってきたキャプテンへのお礼の気持ちが選手たちの胸の中にあったと思うんです」

綾部はそう言って当時を懐かしそうに回想する。


大榎は両河内中学に進んだ。この年の清水ＦＣの選手たちは、協会の名簿によると小学三年生が六十人。四年生＝四十四人。五年生＝三十三人。六年生＝二十九人。中学一年生＝二十五人。二年生＝二十一人。三年生＝二十四人となっている。

清水ＦＣの選手たちは地元の中学に進むとそのまま清水ＦＣとして浄見元紹や望月敬治、小林芳夫、古川一馬など中学の指導者が待ち受けて、それまでの指導方針がそのまま踏襲されて技術の向上を積み重ねていくことになる。

選手たちの頑張りもだが、年間を通じて休日の時間の全てを子供たちのサッカーに注いでいる指導者と保護者、それを取り巻く市民の協力が見逃せない。

「指導者も選手も年末と正月を除けば練習と試合、遠征で家にいることがないんです。それに、遠征にかかる費用もそれぞれの負担ですから保護者も指導者も大変でしたね」

清水サッカー協会少年委員長を務めた塚本哲男の言葉だ。

この年の夏休みには「ブラジル移民七十周年記念」としてブラジルサッカー協会の招きを受け入れサンパウロに役員十五名、十五歳以下二十名、十三歳以下二十名の選手たちを連れ八月七日から十四日間の予定で遠征に出た。全員が自前での参加だ。

「多くの参加希望者がいました。中には遠征費の工面の付かない選手もいたんですが、子供たちに平等のチャンスを与えたいという協会の主旨から何名かの生徒は関係者の協力を頂いて参加の運びとなりました」

総監督、堀田の言葉だ。どの選手も平等にチャンスを与えたい。

実に血の通った発想ではないか。

勿論、先輩FCのメンバーに混じって三羽烏の面々も参加した。

渡伯した四十五人のチーム全員が、胸にライオンの描かれたエンブレムの付いたブレザーを揃え、三十時間という長旅でサッカー王国ブラジルの地に降り立った。

大榎の出場した十三歳以下のチームは七戦戦い二勝一敗四分けという成績を残した。

「ブラジルのサッカー熱の凄さには圧倒されましたよ。サンパウロでは、どこの街に行っても一歩路地に入ると大人も子供もボールを蹴っているんです。試合をすると、チームという面では日本の方が完成されているんですが個になると身体能力の違いというのか、勝負を仕掛けて抜けたと思っても相手の足が出てきて抜けてはいないんです。これだけはどうすることもできませんでした」

　十五歳以下のチームは、八月十日ブラジル全国選手権決勝パルメイラス対グアラニが行われた十二万人収容の「モルンビースタジアム」での前座試合で、パルメイラスの十六歳チーム（デントン）との戦いに臨んだ。

「前座の試合でも、スタンドは十万人もの人で埋まっていたんです。決勝戦が始まるときには超満員のスタンドが揺れるほどの怒涛の歓声で鳥肌が立ちました。あの経験をしているんで、後に僕が日本代表に呼ばれて海外遠征した際も、冷静さを失うということはありませんでした」

　十五歳以下のチームは五勝二敗の成績で終えた。大榎の感想を聞くまでもないが、清水ＦＣの面々はこの遠征で試合の経験以外の多くのものを学んで帰国した。

　堀田率いる清水サッカー協会の選手育成には〝不可能〟を〝可能〟に変えてしまう力強さがある。「金曜トレセン」もその一つだ。市内のサッカーの盛んな東高、清商、東海一高からそれぞれ五人の選手が選出され、中学生の清水ＦＣから十五人ほどが参加して合同で行われる練習だ。

　毎週金曜日の七時から九時まで、清水小学校の校庭に集まり堀田の指導のもとに運営されている。中学生の三羽烏は当然のように招集された。

　中学生と高校生が一緒になってボールを追う。

「招集された僕たちは、学校の練習を終えた後の参加になるわけでくたくたなんですよ。どうして格下の中学生とボールを蹴らなくちゃいけないんだって高校生は全員が不満だったはずですよ」

清商から参加した選手がこう言っていた。

高校は、当たり前のことだが中学とは学校運営も部活も別々の組織でそれぞれの大会の準備で忙しい。中学生の練習相手になっている場合でもないだろうが、各学校の監督が招集に応じている。

これは堀田の力に他ならないだろう。

「中学生は僕たちと体を当てながらボールの奪い合いをするわけですから、パワーサッカーに対する訓練も細かいフェイントに対する体の寄せも覚えられますよね。初めは不満を持って始める練習も中学生の必死な形相に僕たちもつられてその気になっちゃうんです」

とは清商の選手の言葉だ。

「堀田先生が、日本にも本物のエースストライカーを作らなくちゃいけないんだと言って練習はシュートの練習が多かったですよ。国立競技場でのトヨタカップでブラジルのチーム、グレミオのレナトが右足で決めたシュートのビデオを持ってきて、一時間ほど同じ足の使い方で打つシュートの練習をしたりしていました」

中学生はそんな練習を高校生に混じって続けていた。

大榎にとって幸運だったのは遠藤も参加していたことだ。

練習が終わると、誘われてそのまま遠藤家に泊ることも多かった。

サッカーと勉強を両立させる遠藤の、日常の時間の使い方を傍で見ることができた。遠藤は、地元では折り紙つきの進学高である清水東高に進んだ。大榎にとって遠藤は憧れの先輩であり人生の師と仰ぐ存在にもなっていた。東高サッカー部監督はＯＢの勝澤要で中学、高校とＧＫをしていた選手だった。

「人は変われる。ぎりぎりまで自分を追い詰め、内部改革すれば大きく変貌できる。そして、周りの人間にも好影響を与えることができる」

これが勝澤の持論で、サッカーの前に人間教育を掲げ八十二年「第六十一回全国高校サッカー選手権大会」で清水東高に初優勝をもたらせた名監督だ。

「大切なことは技術でも戦術でも体力でも精神力でもない。人間性そのものが勝負の原点だ。選手の人間性を鍛え磨かなければ勝負にも勝てないだろう」

こう言ってチームを率いていた。遠藤が東高に進むと大榎も東高の練習を見学に行った。文武両道が勝澤の訓示だった。

「選手の気持ちはボールにも乗り移る。正しい心を持つ選手にはボールも味方する。そんな先生の言葉を聞くうちに東高に進学を考えるようになったんです」

清水東高校は一九九八年＝フランス大会に相馬直樹、斉藤俊秀。二〇〇二年＝日韓共催大会に西澤明訓。〇六年＝ドイツ大会に高原直泰。一〇年＝南アフリカ大会に内田篤人。十四年＝ブラジル大会に内田篤人と、これまで日本が参加した五回のワールドカップで、唯一全大会に卒業生を送り出しているサッカーの伝統校である。

遠藤の人柄に惹かれていた三羽烏は、先輩の進んだ進路を目標に勉強をするようになると、勉強でも良きライバルとして切磋琢磨しあうようになった。

清水ＦＣの選手は、毎日の学校での練習に加え金曜トレセンと土曜日のＦＣの練習と毎日がサッカー漬けだ。

「勉強は嫌じゃないけど、家に帰るとお母さんが頭越しに勉強をしろ、勉強をしろっていうからうるさくて嫌なんですよ」

ＦＣの練習に顔を出している綾部は、健太から何気ないこんな言葉を聞いた。自分で考えて行動に移すタイプで、命令されると反発心を起こす健太の性格を綾部は知っていた。穏やかな気持ちで最大限に効率が上がる勉強方法はないものかと綾部は考えた。

毎日の厳しいサッカーの練習に明け暮れているＦＣの選手たちは、それでなくとも同級の受験生より勉強は遅れがちだ。

「健太、練習が終わったら私の家に来て勉強をしなさい。そうすれば誰も何も言わないでしょ」

かつての恩師としてそんな言葉を掛けた。

「先生がしてくれるんなら俺は嬉しいよ」

健太は目を輝かせ、翌日から練習が終わる夜の九時過ぎに綾部家の玄関を開けるようになった。それを知った大榎と堀池も参加したいと申し出た。

結局、ＦＣの子供五人が綾部宅に通いだすことになる。綾部は前年の三月に結婚していた。小学校時代からの同級生で、同じ日体大に通っていた警察官の綾部敬三氏との結婚だった。新婚ほやほやと言っても違いのない自宅に、何人もの中学生がやって来る。それを受け入れる綾部夫妻。なかなかできる芸当ではないだろう。

十一時を過ぎると、大榎の父親が西河内から夜道を走り、清水銀座通りを一筋入った巴川沿いにある綾部家の前に車を停めるようになった。

綾部の夢は、サッカー選手として生徒たちが東高に進み「全国高等学校サッカー選手権大会」

で優勝してくれることだった。綾部の恩師が近所に住んでいて、子供たちを預かっていることを伝えると、

「数学や英語くらいなら教えられるから手伝おうか」

と家庭教師を申し出てくれた。そればかりではなく、静岡大学で教職課程を取っている学生も協力を申し出てくれた。

一つの部屋に集まり、講師二人が分からない質問に応えてくれる。サッカーと同等にライバル心を起こして机に向かう生徒たち五人の後ろ姿を見ると、綾部は口では言い表せない喜びを感じた。そんな日が続いていた夜に、大榎の父親がいつもより早い時間に車を降りてきた。

「先生、自宅を使わせてまで勉強をさせてくれるのは嬉しいんですが克己は東高ではなく農業高校に入れたいんですよ」

大榎家は農業を大きく営んでいる。父親としては長男に家業を継いでほしいと考えるのが当然だ。反対はできない。父親の意見を聞いた翌日、グラウンドに立つ大榎に意見を聞いてみた。

「お父さんの考えていることも分かるけど、この先農業だけで成り立つかって考えると疑問なんですよね。それに、僕は自分の好きなことで自分の人生を切り開きたいです」

小学校の卒業文集で大榎が「将来はサッカー選手になりたいです」と書いていたことも綾部は知っていた。

「優勝旗を（持って）箱根の山を越そうじゃないか」

清水東高のグラウンドで勝澤が語っていた言葉を大榎は思い出していた。かつては藤枝東高校

が「全国高等学校サッカー選手権大会」で三回の優勝を飾っているが、一九七〇年大会から限って言えば静岡勢は関東勢に優勝を阻まれ七度の準優勝で終わっている。七回優勝を逃していることから出た言葉だ。

大榎はそれを励みに勉強に打ち込んでいた。

「先生、選手権で優勝して箱根の山を越して優勝旗を持ってきたいんです」

それだけ聞けば十分で、綾部は翌日、父親が息子を迎えに来る前に夜道を大榎宅に向かった。

「先日のことで、相談をさせていただきたくて来ました」

そう言って玄関を開けると夕食中だった。

「先生、御飯はまだでしょ。一緒にどうですか」

勧められるまま食卓に座った。ヤマイモや畑で採れたという野菜のてんぷらがお皿に美味そうに盛られている。箸を手にしながら、どのように話を切り出していいのか思案にくれていると、母親が嬉しそうにこんなことを言った。

「お父さんは、男二人でする百姓にしては農地が少し足りないからと言って最近は山を切り開いて茶畑を増やしたり、東名高速のインターチェンジ近くの農地も手に入れて蜜柑を収穫するように用意しているんです」

お母さんは息子が家業を継いでくれるものと信じている。

そう言われると益々切り出しにくくなってしまった。

食事を終えたところで、

「お父さん……」

と畏まった口調で綾部が口を開くとお父さんが制した。

「先生の言わんとしていることはよ～く分かりますよ。でも先生、サッカーで子供は飯が食えますか」

サッカー界はプロがあるわけでもない。言われるとその通りだがこのまま退散してしまっては、素質のある少年の夢を奪ってしまいかねない。綾部は腹に力を込めた。

「本人が勉強をしたいと言っているんです。サッカーもしたいと夢を持っています。だったら勉強をさせてお医者さんにでもしたらどうですか」

「それだったら別だけど……」

父親は意外なことを聞くような顔になった。

「勉強をしておけば弁護士にでもなれるんです」

もうひと押しすると父親は黙ってしまった。

「家の仕事を継ぐことも大切でしょうが、子供さんの描いている夢を応援してあげるのも両親の務めではないでしょうか」

こう言うと母親が口を開いた。

「分かっています。先生には感謝はしています。でも、このままでは綾部先生に克己を取られてしまうようで……」

母親の言葉に綾部は返す言葉が見つからなかった。

「お前は黙っていなさい。先生、この件は親子で相談してみますんでもう少し時間をください」

そう言って丁寧に頭を下げられた。

綾部が金曜トレセンに顔を出すと、大榎が神妙な顔をして近づいてきた。

「先生、お母さんから聞きました。両親と色々話し合い自分の意見も言いました。僕は、これからのことを考えると学校に行って勉強をしておく方が正解だと思うんです。実家の仕事は継ごうと思えばいつでも継げるので俺は東高に行きます」

これだけ聞けば十分だった。

「だったら、今まで以上に勉強して東高に受からないと両親に言い訳できないわよ」

「大丈夫です、ちゃんとやりますから」

力強く言い切った。

中学での部活は、顧問の先生が練習に出たり出なかったりで生徒が工夫した練習を繰り返していた。もちろん、キャプテンの大榎が先頭に立って進めていた。

大榎たちが中学三年になった八十年の夏、勝澤率いる東高は愛媛県で行われた高校総体で優勝した。この時のメンバーは膳亀信行（GK）、牧田有史、伊達芳弘、奥山靖司、石垣哲也（DF）、望月達也、内田一夫、反町康治（MF）、高橋良郎、沢入重雄、滝敏晃（FW）と全員が清水FC出身の選手で構成されたチームだった。

先輩たちの活躍に、大榎を筆頭に東高を目指している清水FCの仲間たちの清水東高への進学の思いは一段と高まっていった。

正月の「第五十九回全国高校サッカー選手権大会」で静岡代表の座をつかんだ東高は、高校総体の後で守備の二人が受験勉強のため去ると、一年生で清水FC出身の二人が抜擢されて大会に臨んだ。

東高は決勝まで進んだものの古河一（茨城）に一対二と苦杯を飲まされ、ここでも優勝の壁に跳ね返された。大榎はテレビのブラウン管の前に釘付けになって熱戦を見守っていた。受験を目の前に控えた三羽烏は、その悔しさを次の言葉で表した。

「俺たちの手で箱根を越えてやろうじゃないか」

勉強に一段と熱が入りカレンダーの日付が変わるまで机に向かっていることもあった。綾部夫妻のアシストもあり、三羽烏を含めた清水ＦＣの精鋭たち七人が遂に清水東高への入学を果たした。

「みんな合格おめでとう。人間は自分の努力によって可能性はどこまでも広がるわよね。先生は、先輩たちの果たせなかった夢を実現してほしいな」

自宅を勉強場所として使っていた五人の生徒が合格の報告に来ると、綾部は祝いの夕食を振舞いそんな激励をした。

清水ＦＣの選手たちは、高校ではサッカーのライバル関係にある清商と東高、東海大一高とに進路が分かれる。この年の二十四人の選手たちは東高に七人、清商九人、東海大一高八人と分かれて入学し共に全国の頂点を目指すことになった。

東海大一高に多くの選手が進学したのは、東高ＯＢの望月保次監督（現東海大静岡翔洋高校サッカー部総監督）が七八年に同校に就任したことから望月を知る選手たちが慕って受験するようになったからだ。

高校に入るとそれまで以上に厳しい練習が待っていた。大榎の下宿先は父親の兄弟が近くに住んでいたし、母親の兄弟も近くに住み共に下宿を勧めてくれたが、大榎が選んだのはそれまで自分の家のように自由に出入りを許してくれていた遠藤宅だった。

遠藤は既に日大に進み上京して不在だったが、大工の父親の気さくな人柄と熱いハートに惹かれていた。

下宿を始めるとスパイクの箱に「努力は天才に勝る。技術は体操、根性はボクシング」と書いてくれたのも遠藤の父親だった。

勝澤も三羽烏の入学を楽しみにしていたのだろう。

入学式前に開かれた大会「清水春のフェスティバル」に新一年生となった大榎たちが呼ばれて出場した。高校に進んでも、先輩は見なれた顔ばかりだった。公式戦が始まると、大榎は一年生でただ一人左サイドハーフで起用されるようになった。

夏休み神奈川で開かれた全国高校総合体育大会に出場すると決勝まで勝ち上がった。室蘭大谷（北海道）との決勝戦は望月達也と反町康治の活躍により三対一で勝ち夏の大会連覇を達成した。

冬の全国高校選手権大会は、県予選で清商に競り負けて惜しくも出場を逃した。「全国より静岡で勝つほうが難しい」と言われるほどに静岡の高校サッカーは力が拮抗していた。

この大会で、清商は県代表として出場しベスト四の成績を残している。清商のメンバーを見ると望月桂紀（GK）、川島俊彦、野村達哉、佐野達、川崎好洋（DF）、河村昭仁、後藤義一、鍋田佳孝（MF），久保田信行、豊島寿文、佐野宏光（FW）と豊島寿文を除く十一人中十人が清水FC出身者だった。

八二年の「第六十一回全国高等学校サッカー選手権大会」は「清水三羽烏」と呼ばれている三

人が二年生になっていた。静岡大会決勝で東海大一を接戦の末に破って出場した清水東高は、準々決勝から習志野（千葉県）、帝京（東京）と関東勢と当たり勝ち抜いて、決勝戦では韮崎（山梨）を破って念願の「打倒関東」を果たし初優勝することができた。

「先輩たちが長年狙って達成できなかったことを、僕たちがやり遂げたわけですから嬉しかったですよ。この大会は僕のサッカー人生の中で一番の思い出ですね」

大榎は興奮気味に語った。

この時のメンバーは膳亀信行（ＧＫ）、梅田和男、浄見哲士、堀池巧、中島一馬（ＤＦ）、片瀬晴城、大榎克己、望月哲也（ＭＦ）、長谷川健太、青島秀幸、大石隆夫（ＦＷ）で、すべて清水ＦＣ出身の選手で固められていた。

翌年の高校総体は、選手権大会への実力を試す格好の大会となるが準々決勝で藤枝北に敗れて全国大会出場はならなかった。

連覇を狙って乗り込んだ六十二回選手権大会は鹿児島実、島原商、浦和市立、四日市中央工を破って決勝戦まで駒を進めたが帝京の前に散って優勝を逃した。

「前年の三年生に役者が揃っていたため、出場機会のなかった後輩の経験不足が出てしまったんです。高校スポーツの連覇の難しさを嫌というほど味わいました」

またもや関東勢の前に敗れ去った悔しさを大榎はこう語った。

準優勝に終わったメンバーはＦＷの武田修宏とＤＦの岩辺睦を除いた九人が清水ＦＣ出身者だった。

二年後、六十四回選手権大会では静岡代表となった清商が初の全国優勝を果たした。先発メンバーの真田雅則（ＧＫ）、鈴木康仁、望月恒利、清哲也、高橋義信（ＤＦ）、山下芳紀、深澤司、岩科信秀（ＭＦ）、田中秀昌、青嶋文明、江尻篤彦（ＦＷ）は青嶋文明を除いて清水ＦＣ出身者だった。

高校の清水勢の快進撃が続く。翌年は、これまでは県大会で今一歩のところまで駒を進めながら全国大会への切符を掴むことのできなかった東海大一高が、望月保次の下、県大会の決勝戦で東高を破って初の全国大会出場を決めると、本大会は五試合すべてが完封勝ちという鍛え抜いた守備力で全国制覇を果たす。決勝戦の先発メンバーのうち佐野友昭（ＧＫ）、柴田圭志、内藤直樹、大嶽直人（ＤＦ）の四人が清水ＦＣ出身者だ。

翌年も全国大会に駒を進めると、決勝戦は二年連続で国見（長崎）と当たり〇対一と苦汁を舐めさせられて初出場初優勝からの連覇を阻まれ惜しくも準優勝となる。この年の出場選手も吉村寿洋（ＤＦ）と望月久義（ＭＦ）が清水ＦＣ出身者だ。

八八年、六十七回選手権大会で二回目の優勝を飾った清商のメンバーを見ても内藤正記（ＧＫ）、榊原達貴、岩崎泰之、原彰治、山内崇（ＤＦ）、太田貴光、三浦文丈、藤田俊哉（ＭＦ）、山田隆裕、武岡秀樹、古賀正人（ＦＷ）と清水ＦＣ出身者の活躍で頂点に立った。

小学生から続く育成の成果が如実に表れた結果である。

「小学生から選手を育てていけばその選手たちが中学、高校、大学、社会人になったとき、日本のサッカーは世界でも通用するチームになれるんだ」

清水を訪れる指導者と歓談するとき、堀田はそう言って子供たちの育成の大切さを語っていた。その通りの結果を残している。

綾部との約束通り、高校で優勝旗を母校に持ち帰った三羽烏はそれぞれサッカーの名門といわれている大学に進んだ。

長谷川が筑波大学に進めば堀池は順天堂大学、大榎は早稲田大学を選んだ。その後の活躍は、既に知っての通りで、Ｊリーグが発足すると三羽烏は地元に戻り清水エスパルスのメンバーとして九六年「Ｊリーグヤマザキナビスコカップ」に優勝してクラブ初のタイトル獲得に貢献した。

引退したその後は、長谷川と堀池はチームの取締役としてフロントの立場から助言を行っていたが長谷川は二〇〇五年から五年間エスパルスの監督として采配を振るった。一三年にガンバ大阪の監督に就任すると一四年、日本人監督としては初の天皇杯、ナビスコカップ、Ｊリーグの三冠を達成した。

堀池は、エスパルスを離れ解説者としての道を歩んでいたが一四年、母校の順天堂大学スポーツ健康科学部准教授に招かれ蹴球部監督として指導者の道を歩んでいる。

大榎は母校、早稲田大学のア式蹴球部監督を務めた後の〇八年エスパルスユースの監督に就き、一四年のシーズン途中にエスパルスの監督を懇願されて就任した。


二〇一五年。エスパルスは三月から五月にクラブワーストタイのリーグ戦九戦勝ちなしで第一ステージは最下位。第二ステージも一勝二分二敗と好転の兆しが見えないまま七月三十日、丁度監督就任から一年のこの日、チームの成績不振の責任を取って大榎は辞任する意向をクラブに伝えた。

「これから一緒に戦えなくなるが、気持ちだけは同じように持っている。最後の十二試合自分たちを信じて戦ってほしい」

八月二日、チームの練習時間に合わせ三保クラブハウスに出向いた大榎は選手たちに最後の言葉を送った。

監督業から離れ一年が経った。

「清水への強い使命感で監督を引き受けたんですが、現実は甘くないですね。チームが強くなるには監督と選手だけでは駄目なんです。フロントがチームの進むべき道筋をつけ、選手の補強をしてスタッフを揃える。いい準備ができてこそ戦えるチームができるんです。付け焼刃のようにその場しのぎの監督交代や選手のスカウトをしても駄目なんです」

大榎は次のように付け加えた。

「なにはともあれ、勝負事は結果を残さなければ駄目なんですよ。僕はこの一年間でいい勉強をしました。小学生からサッカー漬けで戦いに明け暮れてきたわけで、こうして何も考えずにいられる平穏な生活なんて無かったですからね。これまで貯まった精神の垢を落とし今後の活動をゆっくり考えます」

勝負師としての現場を離れた時間が大榎を変えたのだろう。

厳しい顔が影を潜め穏やかな表情で立ち上がった。

# 第三話　草サッカー大会誕生記

「これじゃ、鼠を捕まえた猫が好き勝手に弄んでいるようなものじゃないか」

目の前で繰り広げられている子供たちの試合を見ていた高木好巳《たかぎよしみ》は思わず呟いた。富山湾に繋がる内川《うちかわ》から一筋入った田園地帯の広がる市営グラウンドで、ライオンのエンブレムを付けたマリンブルーのユニフォームと赤いユニフォームの選手たちが必死になってボールを追いかけている。

マリンブルーのユニフォームは、静岡県清水市から招待された清水FCの選手で、赤のユニフォームは地元チームの選手だ。清水の選手が足にボールが吸いつくような軽快なドリブルで、相手チームの中盤を軽いフェイントで交わしてゴールに突進する。

前線で待ち構えている味方フォワードがゴール前に走り込む。

そこにグラウンダーのラストパスが通った。ワンタッチでゴールキーパーの動きの逆をとって右足を振り抜くと大きくゴールネットが揺れた。両手を突き上げて喜ぶ選手に仲間たちが駆け寄り、ハイタッチで喜びを分かち合っている。タッチライン沿いに出てきた監督が選手に声を掛けた。

「いいか、気を緩めるんじゃないぞ。さあ、早いとこもう一点取っていこう」

気合いを入れると再びゲームが始まった。清水のチームは試合慣れしている。相手が出すパスコースを簡単に読んでカットすると、一斉に相手ゴールに向かって走り込む。どの選手の動きも的確で無駄な動きがない。

清水からの一行は、前日の土曜日、静岡から六時間の長旅で新幹線と北陸本線を乗り継いで高岡に着いた。その夜は、市内のホテルで招聘してくれた地元サッカー協会主催の歓迎パーティーが催された。ズワイガニや近海で上った魚介類を使ったお寿司などの御馳走が用意され、子供たちは長旅の疲れを忘れて嬉しそうに箸を動かしていた。翌日、清水ＦＣの子供たちが新湊《しんみなと》のグラウンドに到着すると、そこには地元のサッカークラブの子供と保護者が集まっていた。

一九八五年九月三十日。この日、富山県新湊市上空は雲一つない秋晴れが広がり、薬師岳《やくしだけ》や立山、鹿島槍《かしまやり》ヶ岳《たけ》など北アルプス連峰は見事な景観で富山湾にその雄姿を映していた。

内川は庄川《しょうかわ》と富山新港を結ぶ運河で、太鼓橋やステンドグラスで飾られた橋が架かり、小型漁船が船先を揃えて停泊している風景はイタリアの水の都「ベネチア」を連想させる景勝で映画のロケ地としてよく使われている。

新湊漁港はズワイガニ、ホタルイカ、白エビなどの漁場が近海にあり年間を通じて賑わう良港だ。

十月一日は、市民の楽しみでもある放生津曳山祭《ほうじょうづひきやままつり》がある。

十三基の曳山が男衆に引かれ「あ、いやさー」という掛け声とともに街中を練り歩き、夜になると提灯山となり勇ましく放生津八幡宮に運び込まれる。年に一度の祭りを迎え、街の空気はどこか緩んでいるが、ここだけは空気が張り詰めている。

初戦の相手は、地元のリーグ戦で優勝したというチームだ。

秋風に乗って、赤蜻蛉が風の流れを弄びながら気持ち良さそうに泳いでいる。ゲームが始まると、大きな声援を送っていた地元チーム関係者の声が次第に小さくなっていた。一方的な展開で二点、三点と次々にゴールを割られることになったからだ。

十対〇と大差がついたところで終了の笛が鳴った。

休憩を挟んで迎えた二戦目は、満を持して臨む市内の選抜チームだ。しかし、前半を終えて清水FCが四点のゴールを奪っていた。ハーフタイムを迎えると、試合に出ていない両チームの選手がウォーミングアップを兼ねたボール回しを始めた。流れるようなパス回しで、選手が次々に入れ変わる清水FCに比べると、相手チームの選手は型どおりのインサイドキックを使うだけで硬くてぎこちない動きだ。

正面に設営された本部席のテントの中で、新湊サッカー協会の責任者が清水FCの席に座る男に声を掛けた。

「これじゃ、勝負にならないですね。本当に小学生のチームなんですか」

「ええ、全員が六年生ですよ」

七三の髪をバックに分け、チャコールグレーの背広を着て黒縁の眼鏡を掛けた男が答えた。長身で目鼻立ちの整った優男《やさおとこ》の目は、ジャージ姿が居並ぶ会場にあって一人だけ場にそぐわない。

この男が、最初に「清水カップ　少年草サッカー大会」を清水サッカー協会に持ちかけた高木好巳だ。

「そうですか。同じ小学生というのに信じられないですよ」

高木もその通りと思ったが、立場上それは口に出せない。

赤蜻蛉が一匹テントの中に迷い込んできた。蜻蛉をよけながら高木が再びグラウンドに視線を移すと、清水の選手が再びシュートを打つところだった。八対〇の大差で試合が終了した。

この試合は、新湊サッカー協会が〝祭りの前夜祭〟の意味合いを兼ね清水FCに対戦を申し込んできたものだ。協会が試合の依頼を持ちこんだ先は、清水のサッカー協会ではなく清水観光協会副会長で「三保園ホテル」と、近くにある「三保ユースホステル」を運営している高木だった。

歓迎レセプションを受けた翌朝、高木は内川の運河に架かる山王橋《さんのう》に立っていた。五年前になる。単身赴任で高岡に来ていたときはホテルの再建に追われていた忙しい日々で心の余裕もなく、川面の群青色の色合いも高くて青い空もただの灰色の景色としか覚えていなかった。この朝、高木の眼前に広がった内川の情景は、水面に神楽《かぐら》橋の色鮮やかなステンドガラスが映り総天然色のスクリーンのようで確かにベネチアの風情を感じさせてくれた。

駿河湾を外海に、折戸《おりど》湾の清水港を囲い込むように松林が生え揃う三保半島。夜になると三保飛行場脇に立つ灯台が明かりを灯し沖合を照らして旋回を始める。

七キロにわたって続く三保半島の海岸沿いの松林は「三保の松原」と呼ばれ、日本三大松原の一つに数えられている。

高木がこの松林に隣接して建つ観光ホテル三保園ホテルの支配人として、黒のボルサリーノにダークグレーの背広姿で赴任してきたのは一九六〇年、二十七歳の時だった。

高木は清水と富士川を挟んだ隣街にある富士市で生まれ育った。

富士中学を卒業すると、一年だけ小学校の先生を務め次の年は中学校の代用教員を経験している。教員生活が毎日同じことの繰り返しで、高木にとっては平凡すぎて東京に出て社会の荒波の中で揉まれながら勝負をしたいと思うようになった。

猪突猛進型の高木は、そう決めると両親の反対を押し切って上京し上智大学で経済学を学んだ。卒業して就職したのが三保園ホテルなどホテル事業からレストランなど展開しているF観光で本社は東京にあった。

教師を投げ出して大学に入り直した高木には、誰にも指示されることなく自分の能力を自由に発揮できる仕事がしてみたい、そんな野望があった。それがこの会社を選ばせた。

最初に出向を命じられたのがこの三保園ホテルだった。

この時期、日本は東京オリンピック開催などで池田勇人政権が掲げていた〝所得倍増計画〟が軌道に乗り目覚ましい経済の発展を遂げていた。資金力をバックに、〝ホテルの買収王〟と言われた実業家の横井英樹率いる軍団が、全国各地の有名ホテルを買い占めて話題になっていた。

静岡にも買収工作の影が歩み寄っていた。伊豆半島のホテルを何軒か買収すると、観光名所のど真ん中にある三保園ホテルにも触手を伸ばしてきた。これを食い止めるのが高木の役目だった。地元の代表的な観光ホテルが、余所者《よそもの》に渡ることを良しとしない清水の財界は、孤軍奮闘している高木の手腕に期待を寄せて支援を約束してくれた。

先方の出方を先々に読み、裁判闘争に持ち込んで粘り強く抵抗すると買収意欲を喪失したようだ。相手は、清水駅近くに開いた出先機関を閉めて撤退した。高木が無事使命を成し遂げることができたのは地元財界の応援があったからだ。

帳面のあわない融資や人海作戦で、横井軍団との折衝に陰から協力してくれた財界人の面々に明治の博徒で名を馳せた「清水の次郎長」の熱い心意気を見た気がしていた。

こうして買収は食い止めたが、ホテルは買収した側もされた側も多くの人間が不幸になることを知った。紙幣の分量だけで相手の人格から生活基盤まで根こそぎなぎ倒してしまうような、非人間的な経済闘争に高木は辟易感を覚えた。

仕事が一段落すると高木に本社から帰還命令が下った。

教員時代に知り合った高木の妻愛子は、三保の小学校の教壇に立っていた。夜中に買収相手とみられる人物から嫌がらせの電話が入ったのは一度や二度ではない。背筋が凍りつくような、筆舌に尽くしがたい冷酷な相手との折衝の毎日を愛子は知っていた。

「お父さんは、もっと人の心が通じ合う仕事のほうが向いているわよね」

進退を迷う夫に、お茶を淹れながら愛子が掛けた言葉だ。

「近くに家を建てて住みましょうよ」

夫を思う心から出た言葉だが自分もこの地が気に入っていた。

その提案が高木にとっては渡りに船だった。

ホテルの前から見える勇壮な富士山の姿が、疲弊した体を休ませてくれた。冬でも雪が降ることもなく氷も張ることがない温暖な気候も気に入っていた。退職して清水を終の棲家にしたい。

本社に告げると三保園ホテルを守りながらでもいい、全国の経営不振に陥っているホテルの再建に尽力してほしい。命令ではなく高木の意向を取り入れてくれた折衷案のような申し入れだった。

高木が同意を示すと別府ホテル、姫路ホテル、天草シーサイドホテルと営業不振の案件が次々に高木のところに上がってきた。

高木は現地に出向き、経営会議に出席して陣頭指揮を執る毎日が待っていた。その一つとして出向いたのが高岡ホテルだった。

客足が著しく減少していた。見知らぬ地への期間の定まらない単身赴任。当然愛子は反対した。地元の財界に頼っても余所者として相手にされず出口は見つからなかった。高木は漁場の近い良港として知られる新湊の魚市場に行ってみることにした。

三十分ほど車を走らせた。朝の市場は近くで獲れた魚介類が豊富に並び、競りを終えた後の市場には、忙しさが一段落して緩やかな空気が流れていた。場内は魚臭さが鼻を突く。珍しさも手伝って魚介類を見まわしていた。市場関係者の腹を満たすための食堂だろう。

「兄ちゃん、ここに来たら魚介どんぶりを喰って帰らないと笑われるよ」

目的もなく歩く高木に暖簾から顔を出した男が声を掛けてきた。

「そうですか。じゃご馳走になっていきますよ」

高木が店に入ると海老と蟹身がてんこ盛りの丼がでてきた。

新鮮な蟹の味が口の中に広がった。とろける甘味が堪らなく旨い。こんなに旨いなら、これをホテルの売店に並べて売ってみたらどうだろうか。アイデアが閃いた。支払いをしながら自分の身分を名乗り話してみた。

「俺の親父なら乗るかもしれないな。行ってみたら」

市場の中で魚介類を並べている店だった。

「そりゃ面白いな。売り場があるんなら卸させてもらうよ」

面白い試みと商品の卸しを快諾してくれた。同じ富山でも高岡は内陸部で海産物が喜ばれた。もちろん、地元民だけでなく宿泊客にも好評だった。八百屋の店頭には季節の山菜が盛り沢山並んでいる。北アルプスの山中で取れたものという。

海産物が人気なら、山菜もお客さんが喜んでくれるはずだ。

地元の農協に掛け合うと二つ返事で承諾してくれた。

商品の売上はたいしたこともないが、魚市場関係者と農協関係者との人間関係が築けたことから、思わぬ再建の筋道が付いた。

仕入れ業者の関係者の祝い事や催し物にホテルを使ってくれるようになったからだ。

ホテルの儲けは宿泊客が主ではあるが、利幅の大きさは冠婚葬祭の宴会には勝てない。思いがけない集客に成功して再建の目途を立てた。こうして、全国のホテルの再建に携わる辣腕の高木に目を付けたのが清水市の観光課だった。

「高木さんの、経験豊富な宿泊施設再建の知恵をお貸し願えないものですか」

市の職員が揉み手で来た。市が運営する〝三保ユースホステル〟運営に力を貸してほしいという相談だった。

ユースホステルと言えば若者の宿だ。年代の違う若者たちの考えや生き方を聞けることも悪くない。愛子は反対したが引き受けることにした。三保園ホテルと兼任となるが一つの目論見が高木の中にあった。折戸湾沿岸に造船所や缶詰め工場が建ち並び、三保の周辺には従業員の家族が新住民として多く移り住んできた。

何事につけてもおっとりしている地元の子供と、余所から来た子供たちとの小さな諍いが絶えることがなかった。教壇に立つ愛子から学校の荒れ具合を聞いていた高木は心を痛めていた。なんとか子供たちの仲たがいを解く方法はないものか。

高木はユースホステルの活用を考えた。客も少なく従業員も手持ちぶさたにしている。上級生の子供たちをホステルに呼んで、一緒に住まわせて学校に通わせたらどうか。

そんなことを考えて学校に出向いた。

「どうでしょう、私が面倒を見ます。子供たちが同じ釜の飯を食べてお風呂に入る。互いが背中を流し合い一緒に宿題でもさせれば理解し合って仲良くできると思うんですが」

高木が校長先生に進言すると良い案だと言って理解を示した。

月曜日から木曜日まで週四日間、食事代だけ取って六年生の男子六十人ほどを住まわせることにした。枕を並べて眠る生活が始まると効果はてきめんだった。

「お前こんなの分からないの」

「うん、教えてよ」

食堂に集まって宿題を始めるとこんな会話が聞こえてきた。上級生が仲良くすると下級生も揉めることがなくなった。放課後のこの指導に「三保の子・セカンドスクール」と名前を付けた。

それで終わらないのが高木の懐の深さだ。

静岡大学に来ている留学生を呼ぶことを思いついた。

子供たちに母国の言葉や民謡を教えて欲しいと、地元のロータリークラブを通じて大学に申し込んだ。ここでも、失われつつある地域社会の交流として話はとんとん拍子で決まった。アフリカやヨーロッパの留学生がホステルに来ると保護者も珍しくて足を運ぶようになった。留学生と保護者との良好な関係もできた。

「本物の日本の食事を御馳走したい」

保護者からの提案で民泊として学生を引き受ける家庭もあった。

地域社会に根差した「三保の子・セカンドスクール」「ユースホステルで、子供たちと留学生とのコミュニティー」

こうしてテレビ番組に取り上げられると、〝三保ユースホステル〟が一躍脚光を浴びて客が押し寄せるようになった。

客足は増えたがそれでも満足することはない。

清水周辺には、徳川家康が「遺骨は久能山に埋葬すること」を遺命として託し、徳川秀忠が父の志をもって造営した久能山東照宮がある。

富士山を眺める観光スポットとして人気のある「日本平」と、天女伝説「羽衣」で有名な三保の松原もある。

近くの静岡には弥生時代の集落や水田が発掘された登呂遺跡もある。これらの観光ポイントが揃いながら、極端に観光客が減少している。

高木は観光協会が揃えた資料を参考に、来県する観光客減少の理由を調べてみた。一九六三年だ。パリのエッフェル塔を抜いて三百三十三メートルという、世界で一番の高さを売りにした「東京タワー」の完成に関係あると考えた。

ユースホステルの運営を始めると、高木は商工会議所の常任理事と清水市観光協会の副会長も任されることになっていた。

それまでの清水は、関東近県の修学旅行客や海のない山梨、長野県の海水浴客が黙っていても来てくれたが、それらの客が東京タワー見たさに東京に集中するようになったに違いないと。

高木は、市内の特産品に目を向けた。高岡に出向していた際の新湊の魚市場をヒントにしてのことだ。清水から静岡に向かう久能海岸の海岸線を車で走っていた。山の緩斜面をビニールハウスが段々畑となって山肌を覆っていた。車を停めると駿河湾の海面に反射した日光が畑まで届いてハウスを照らしている。

石垣イチゴが、天然の温室となる畑で栽培されている。

緩やかな斜面のイチゴ畑を登ってみた。西日を浴びたハウスの中に、イチゴが宝石を散りばめたように赤い実を付けて光っている。前方に広がる青い海。裾野を広げた富士山の遠景。見事な眺めだ。

枯れ草が敷き詰められている道を下りて農家を訪ねた。

五十歳を少し超えたばかりだろうか、額に皺を深く刻んだ家主が縁側に座っていた。お盆に急須と湯呑茶碗を載せた女性が玄関から出てきた。午後の休憩時間だったようだ。

イチゴ畑を褒めると意外な言葉が返ってきた。

「見ている分には、綺麗で旨そうに見えるら。でも、ここまで育て出荷するのは大変な仕事なんだよ。今は良いけど、あと何年も続けられないよ」

そう言ってお茶を勧められた。

「若いもんは、賃金の高い東京に出ていってしまったから残された俺らが畑を作っているけど、斜面を上り下りするイチゴ農家の仕事は重労働で年寄りには向かないよ。今はまだどうにかこなしているけどあと五、六年も経つと無理だろうな」

そう言って力なくイチゴ畑の方に視線を移した。

近辺の農家も同じ悩みを抱えているという。

そんな裏側があったとは知らなかった。

毎日畑で働く夫婦の話を聞いていると、何かの手を打たないと自然の恩恵を受けて育つイチゴ畑が終わってしまうのではと危機感を覚えた。高木は、赤く実ったイチゴを摘まんで口に入れた。採りたてのイチゴは果物屋の店頭に並ぶ物と違い、これまで味わったことのない新鮮な甘みと酸っぱさを伴っていた。生産農家が出荷したイチゴが八百屋の店頭に並ぶのは、早くても出荷してから何日かは経っているはずだ。

採りたての味を客に味わってもらう。新鮮さを商品にすれば商売になる。高木の頭に閃いたのは、イチゴ畑に客を呼び自分たちの手で摘まんで食べさせる。入園料と土産に持ち帰る量の料金を貰う。

思いついた構想を話すと、

「そんなことができるんですか。もし可能なら、摘む手間も出荷する手間も省けるからこんなにいいことはないですよ」

夫婦はそう言って目を輝かせた。

三保園ホテルが経営難に陥り買収の手が伸びたのも、客足の低調が招いた結果だった。買収側との交渉で高木の頭に常にあったのは、どうしたら客足を伸ばすことができるかだ。

観光課の会議で、自分が見てきたイチゴ農家の実情と自分の閃いた案を話すとスタッフは大乗り気で賛成した。早速動き出した。手始めに、ポスターを作り観光客の集まる久能山や日本平にチラシを置くことにした。ポスターに使う標語の「石垣イチゴ狩り」を考案したのも高木だ。ホテル業務に携わっていたときに知った、旅行雑誌の記者に連絡を入れた。石垣イチゴと、その場で食べられるお客さんの手による〝捥《も》ぎ取りのツアー〟を組んでみたらどうだろう。

その案を相談すると特集を組みたいと言って取材に来た。

目の前に広がる風景とイチゴの味に、

「これならお客さんは喜びますよ、間違いなしです」

その月刊誌が発売されると、たちまち評判となって車連れの客がイチゴ畑にやってきた。地元の交通公社に話を持ち込むと、冬場で客の誘致材料に困っていると言いこれも喜ばれた。

「観光の後の、好きなだけ食べられる石垣イチゴ狩り」

このキャッチフレーズで全国の支店に呼び掛けると言う。

観光だけでなく食べる楽しみも含まれる。客の反応も速かった。

三年目の正月が明けると「清水の石垣イチゴ狩り」の人気で観光客が定着してきた。今では全国津々浦々何処にでもある「蜜柑狩り」「梨狩り」「林檎狩り」など、客が生産地の農家に行って直接収穫物を自分の手で取って持ち帰る「〇〇狩り」と言われている商法を実践させたのは自分だと胸を張る。


ユースホステルの仕事は、客の到着を待って翌朝送り出す。

そんな変化のない日常を送っていた高木の元に、新湊のサッカー協会から一本の電話が入ったのは一九八五年の春先だ。

「高木さん、清水でも色々と活躍しているようですね。一つ頼みがあって電話したんですよ。清水の少年サッカーチームを新湊に呼んで試合をしてほしいんですが力をお貸し願えませんかね」

高岡のホテルで世話になった新湊の魚市場の男からだった。

親分肌で面倒見の良い高木でも、サッカーに関してはズブの素人だ。それでも、たかが子供のサッカーの対戦依頼と高を括って後先を考えずに依頼を引き受けた。観光協会の役職にも名を連ねているし、市の各方面に多少の顔が利くとの自負もあった。サッカー協会に出向いて頭を下げればどうにかなるだろうと、そんな軽い気持ちだった。清水銀座商店街の角にある建物の協会のドアを押した。

ジャージを正装としているようで、背広やジャケットを身につけている者はいない。背広の高木は自分が場違いの所に入り込んだような気後れを感じた。

「何か用事でも？」

長髪の男が背中を向けたまま訊いてきた。

「清水ＦＣと試合をしたいというチームがありまして」

一通りの説明をした。

「ＦＣのスケジュールに関しては、僕たちが決めているんですよ。富山ですか、遠いし無理ですね。なんといっても対戦希望チームが多すぎて、少なくとも半年先まではいっぱいなんですよ」

書類に目を落とし、高木の顔を見ようともしないから取りつく島もない。このまま帰ったら子供のお使いになってしまう。男の手の空くのを待つことにした。気配に気が付いたのか壁に下がる黒板を指差した。協会の日程と合わせて清水ＦＣのスケジュールが書き込まれている。

子供たちが休みの土、日曜日の欄は乱雑な字で遠征先と対戦チームの名前が書き込まれている。かなり遠方の地名も入っている。正面の壁には鷹の刺繍や王冠の描かれた優勝旗が三脚に支えられて何本も並んでいる。飾り棚にはガラス製や金、銀製の祝杯の形に彩られた大小のトロフィーが天井の蛍光灯に照らされて鈍く光っている。

清水ＦＣの強さが詰まった空間になっている。

高木には誰も気に止める者がいない。

あまりの居心地の悪さに仕方なく退散した。

子供のサッカーチームというのに、どうして全国からこんなに対戦を望まれるのか。どう考えても合点がいかない。引き受けた以上、何の策も講じず駄目でしたと断ることは自分の沽券に関わる。そんなみっともない真似はできない。翌朝、宿泊客を送り出して玄関に立っているとパートの主婦が廊下の拭き掃除を始めた。髪を茶色に染めたカーリーヘアの平松だ。平松には小学生の子供がいると聞いていた。協会の青二才に袖にされたままの腹立たしさが収まらない。愚痴を言える相手が欲しかった。

「清水の少年サッカーって強いみたいだね」

協会に行ったことは隠しておいた。

「あら、社長さんも子供のサッカーに興味があるんですか。うちの子がこの春からＦＣに選ばれて、私は試合があるたびに応援に行っているんですよ。嬉しくて嬉しくて」

振り向いた目が輝いていた。

「うちの子供のチームは、六年生が三十二人いて代表に選ばれているのはうちの子だけなの。主人が高校時代に野球をしていて運動神経がいいものだから息子にもそのＤＮＡが移ったみたいで」

自慢話になっている。それだけじゃなかった。自分も育成会で組んでいる女子のサッカーチームに入っているという。

「その頭は、ヘディングするためにかけたわけ」

「あら、失礼ね」

ぷいっと横を向かれた。しょうがない、高木は冷蔵庫からアイスクリームを出した。

「ごめんごめん、ちょっと子供たちのサッカーの話を聞かせてくれないかな」

アイスクリームを受け取った平松は機嫌を直してくれた。

協会に相手にされなかった様子を話すと一笑された。

「サッカー仲間は部外者に対しては冷たいのよ。だって、何も知らない素人に一から説明するのって面倒くさいでしょ」

アイスクリームをスプーンで掬って嬉しそうに口に運ぶ。

清水FCは、全国のサッカー少年とサッカーに携わる指導者の憧れの的となっている。一九八四年までの少年サッカー界で最も権威のあるといわれている「全日本少年サッカー大会」(七六年までは、全日本サッカー少年団大会)を見ると清水FCは十一年連続出場している。この大会は県大会で優勝しないと参加できず、強豪チームが犇《ひし》めくの静岡ではこの難関の突破から始まる。

十一回の出場で、その間七回の優勝と二位、三位が一回ずつという成績を残している。こうして常に上位に顔を出す〝常勝軍団〟である。その強さも力任せの試合運びや運に任せての強さではなく、選手個々の技術がどのチームよりも高い。説明する平松の胸が反り返る。

「練習試合を受けるとしても、子供たちは貴重な時間を潰すわけですから、対戦するにもそれだけ価値のあるチームに絞ることになるんですよ。例えば、地方の大きな大会で優勝しているとか指導者の名前の通っているチームとかね」

高木の顔を覗き込みながら口を動かす。

「完全な売り手市場になっているということだ」

「そうなの、ちょっとやそっとじゃＦＣと対戦できないんですよ」

そこまで言うと廊下に這いつくばって拭き掃除を再開した。

翌日、頼みもしないのに平松はサッカー専門誌を持ってきた。

広げると少年サッカーの特集が組まれていた。

そこには、清水の少年サッカーの環境作りの徹底さと指導者の育成の素晴らしさが取り上げられて、こんな事が書かれていた。

「清水の選手には確かな技術と戦術眼が備わっている。それはサッカーだけではなく、日常の生活指導までが行き届いているからこそできる芸当で、指導者はそれに満足することなく新しい指導者の育成をも手掛けている。市内のチームは技術指導が一貫しているため、試合中に選手が変わっても同じ戦術を理解しているために、自分が何を求められているかを知ってプレーできる。選手を支える保護者の協力関係も組織され、選手たちはこれ以上はないといえる環境でサッカーに打ち込むことができている」

明治時代の博徒「清水の次郎長」と「三保の松原」くらいしか全国に知られていない田舎町のチームが、これほど高い評価を受けていることに高木は驚いたが興味も湧いてきた。

ページから顔を上げると平松と目線が合った。

どうだと言わんばかりの顔をしている。

「あなたの子供さんがいるチームの練習を見てみたいなぁ」

ここは素直な気持ちでお願いしてみた。

平松が大きくない胸を強調するように反り返った。

「練習日は土曜日と日曜日。グラウンドに来たら私の名前を言えば分かりますから」

そう言って練習に使用している小学校の名前を教えてくれた。経営者と使用人の立場が逆転したような口答えに高木は苦笑した。言われた通り、日曜日の客を送り出し朝の十一時過ぎに指定された市内の小学校に行った。グリーンのユニフォームを着た子供たちがグラウンドでボールを蹴っていた。校門周辺は、保護者のものと思われる車がびっしりと駐車して、グラウンドではジャージ姿の保護者とみられる大人が練習を見つめていた。パス回しから一対一、二対三のボールの奪い合いが終わると、攻撃とディフェンスの陣形の作り方を地面に絵を描いて教えている。

監督らしき男は細身の体で高倉健に似た渋い顔をしている。

「次は五年生、六年生の混合で紅白戦だ」

子供たちを十一人に分けると、片方が黄色いビブスを付けた。

高倉健似がホイッスルを吹く。試合が始まった。ボールを持ったチームの選手は、碁盤の目のように等間隔でお互いの距離を守りながらパスコースを作って敵陣に攻め込む。

守る側は、一人が抜かれると次の子が的確なカバーリングに走って縦パスを封じる陣形をつくる。子供のサッカーにありがちな団子状態でボールを取り合う姿はどこにもない。

見事な動きで攻撃側とディフェンダーが鬩《せめ》ぎ合う。

子供たちの動きは、素人目にも技術の巧みさが見て取れる。

「あら、社長さん来ていたんですか」

後ろから声を掛けられた。右手に大きな水筒を持った平松だった。

「今、審判をしているのが家の旦那なの」

高倉健似が旦那とは意外だったが、そんなことは顔に出せない。

「彼、カッコいいでしょ」

図々しい質問だ。無難に頷くしかない。ビブスを付けて攻撃の指揮を取っているのが代表に選ばれている六年生の長男という。なるほど、ボール扱いの余裕が他の子供とは一味違う。我が子を自慢したい気持ちが分かった。試合が終わると旦那を紹介された。

「このチームは、市内のリーグ戦では常に上位にいるんですよ。戦術をしっかり教え込まないと守りに入った時に守備の穴が空いてしまう。そこを丁寧に教えているんです」

清水では由緒あるスポーツ少年団だと自慢する。

「チームの勝敗に関係なく、個人技を重要視するチームもあるんですが子供たちは勝つ味を覚えてこそ自信が生まれるわけでしょ。だからうちはフォーメーションを徹底して教えているんですよ」

高木は頷くしかない。そう言って子供の輪に加わった。

平松が旦那の説明を始めた。港に入港する船の修理を引き受ける会社の溶接工という。酒好きで腹が少し出ているが、高校時代野球をしていたという体は引き締まってジャージが似合っている。

子供たちの真剣な練習態度と、それを見つめる保護者の熱意に高木は圧倒された。何も知らず軽々しく引き受けてしまった自分が迂闊だったことを思い知った。試合を途中まで見ていたが、いたたまれなくなりグラウンドを離れた。断るには言い訳が必要だ。ハンドルを握り断る口実を考えたが名案が浮かばない。嘘を塗り固めてでっち上げることがこんなに大変だとは知らなかった。

家に着くと、ブラウン管にプロ野球の中継が映っていた。

「今日はどこに出かけていたんですか」

愛子に聞かれたが答える気にもなれない。

電話が鳴ったのはその時だ。受話器を取ると新湊からだった。

「いかがなものですか？」

間をおかずに聞いてきた。

「うちとしては、祭りの前夜祭に子供たちへのプレゼントとして考えているんです。市議会で選手たちの招聘のため八十万円を捻出することが決まりまして。無理とは重々分かっていますが引き続き強力なプッシュで折衝をお願いしたくて……」

断るタイミングを外されてしまった。

清水のサッカー協会理事長の堀田哲爾は、市役所のスポーツ担当課長で静岡県サッカー協会理事長も兼ねている。

役所職員としての仕事もあり、県内の主要なサッカーの大会の責任者としての指揮を執り、全国大会の試合運営まで顔を出している。幾つもの要職を兼任して多忙を極めている理事長だ。

とはいえこうなったら理事長に直談判するしかないだろう。

ビジネスの修羅場に幾度となく身を置いてきた高木は、ここぞというときの肝の据わりには自分でも自信があった。新聞記者がよく使う夜討ち朝駆けを真似て、出勤前の堀田邸に出向くことにした。朝七時。出掛けに愛子が淹れてくれた朝茶に茶柱が立っていた。ハンドルを握り七ツ新屋にある堀田邸に向かった。

玄関の見える道路の反対側で待ち構えていた。時計の針は八時十分前だった。堀田が黒い鞄を手に提げて玄関が開いた。

肩幅の広い体に四角い顔が太い首に支えられている。短髪に細縁の眼鏡を掛けた堀田は寝不足なのか目が細くて力がない。

「すいません、こんなところまで押し掛けてしまって」

頭を下げながら名刺を出した。

「こういったことは協会の方に来ていただかないと」

「いえ、何回かお伺いしているんですけどお忙しいようでなかなかお会いできなくて。失礼とは思ったんですが」

新湊から依頼された招聘の条件を説明した。

観光協会副会長の肩書が目に止まったのかしばらく目を閉じた。

「そうですか。そこまでしていただけるんですか。だったらいいですよ、引き受けましょう。子供たちも行ったことのない所に行けるのは勉強にもなりますしね」

堀田の目が名刺から高木の顔に向けられた。

「本当ですか。先方に伝えてもいいんですね」

「日程も問題ないと思いますが、協会には僕から言っておきますから」

それだけ言うと、ガレージに置かれた黒塗りのクラウンのドアを開けた。後部座席にはサッカーボールが沢山積まれていた。

走り去る車を見送り胸を撫で下ろした。

自宅に戻り新湊サッカー協会に連絡を入れた。

高木の報告に、受話器の向こうの相手が頭を下げている様子が分かるほど恐縮した声だった。

バスを仕立て、小学校の教諭で清水FCの監督を務める小花公生が、二十人の選手を引率して富山に向かうことになり高木も同行した。

これが今回の遠征までの道のりだった。

「本当にありがとうございました。この地方はサッカーがあまり盛んではなく、子供たちも頑張って練習しているんですが、これと言った目標が持てなくて、指導者も暗中模索で教えているんです。今回の二試合の様子はビデオに撮らせてもらいました。子供たちにビデオを見せ、全国レベルの選手たちのプレーを参考にしてこれから練習に励むことができます。本当にありがとうございました」

相手チームの監督が帽子を取って頭を下げた。

「高木さんのおかげで私の顔が立ちましたよ。来年の協会の新年会が決まったら教えて下さい。口に合うような旨い魚介類を送らせて頂きますから」

協会の幹部が小花と高木に深々と頭を下げた。

バスに大きな発砲スチロールの箱が積み込まれた。

ズワイガニの入った土産だった。子供たちはご機嫌だった。

鰺や桜えび、興津鯛と魚の宝庫ともいえる駿河湾を庭にして育ってはいるが、新聞紙に包まれ赤い甲羅を付けたズワイガニは珍しくて仕方がない、と言った顔で眺めている。

「こんなお土産をくれる遠征なら、いつでも来たいよな」

「このお土産、お母さん喜ぶだろうな」

グラウンドに出ると無敵な強さを発揮する子供たちも、ズワイガニを見てはしゃいでいる姿は、どこにでもいるやんちゃな小学生だ。

焼菓子や柚子の入ったクッキーも土産に持たせてくれた。

帰りも北陸本線から新幹線への乗り換えと長旅だ。

「試合に勝って帰ると、お母さんが喜んでくれるんだよ」

菓子を頬張りながらゴールキーパーが嬉しそうだ。

十番の背番号を付けた子供が得意気に顎を上げた。

「清水でやる試合には、お母さんもお父さんもいつも見に来てくれるよ。僕がＦＣに選ばれたことで、お父さんは会社で胸を張れるんだって喜んでくれるんだ」

日に焼けた顔が逞しい。

「今回みたいに、ご馳走とお土産が貰える遠征なら毎週でも行きたいよな。だけど、いつものようにお母さんに旅費とかを出してもらう遠征だと悪くて」

隣に座っている子供の言葉が耳に挟まった。

「そうなんですよ、選手を持っている保護者はみんな協力的で遠征にも嫌な顔はしないんですが、金銭的には選手たちに相当の負担を掛けているんですよね。月に何回かある遠征は、先方からの申し出がない限り選手個人の負担で賄わざるを得ないものですから」

小花が子供たちの声を代弁するように言った。

ホテルの経営や買収騒動で何億、何十億という机上の数字を目の前にして生きてきた高木には、家庭の主婦が子供のために工面する何千円という単位の金額を考えたことがなかった。

もっとも、自分が小学生だったころは母親に五円の小遣いを貰うのも気が引けてなかなか言い出せなかったことを思い出した。

監督の言葉は選手が抱えている現実問題だろう。それだけではない。高学歴社会で誰もが大学進学を狙っている。他の子供が進学塾に通っている間にチームの方針で遠征に出ると、勉強の時間が取られてしまう。親は子供の将来が心配にならないのだろうか。

子供たちがバッグからノートを出している。

「先生、この公式が分からないんです」

教科書を広げた生徒が小花の前に進み出た。

「どこだ、見せてみろ」

それまでは監督と呼ばれていた指導者が、先生に早変わりして算数の公式を教えている。子供たちを見ていると見知らぬ土地に来たというのに浮わついた態度を見せる者が一人もいない。それればかりか勉強を始めている。清水ＦＣの教育がそこまで行き届いていることは後で知った。

暗闇を切り裂くようにして鉄路を疾走する夜汽車。車内の暗い明かりの中で宿題をする先生と子供の姿は、グラウンドでの雄姿と裏腹に不憫にさえ感じられた。窓の外に大きな月が輝いていた。

列車は米原に向かって小刻みに揺れながら走り続けている。

強豪チームならではの問題点がそこにあることを知った。

走馬灯のように流れる街中の明かりを眺めていると、高木の頭にある名案が浮かんだ。こんなに練習試合を望まれているなら、わざわざ出かけることはない。相手を呼べばいいじゃないか。そうすれば旅費も要らない、勉強時間も割かれることがない。

清水で大規模なサッカー大会を開いたらどうか。

清水に人が集まれば街興しにもなり一石二鳥だ。

高木は思わず両手を叩いた。

清水に戻ると、高木は市内で鈴木総業を経営し観光協会専務理事を務める鈴木保《たもつ》に電話を入れた。細面の顔に太い眉毛を蓄えた鈴木は石橋を叩いて渡るような慎重さを持ち、ややもすると高木とは正反対の性格を発揮することもある。

陸軍の少尉まで務めた軍人で、復員後に運動靴の底に敷くクッションのゴムを発明して会社を軌道に乗せた経営者で、清水の財界では一目置かれている実力者だ。

観光協会で同等の重責を務める鈴木は、この案件の良き理解者になってくれるのではないかと踏んでの相談だった。

「子供のサッカーを使えば、清水の街の活性化に繋がると思うんだけどどんなものかな」

会社の経理部から数字の説明を受けていた鈴木には、子供のサッカーを使っての街興しと言われても唐突すぎて話の筋道が繋がらない。話の筋道を整理しようとするが高木の話は止まらない。自分の構想を一方的に捲くし立てる高木は、いくら説明しても乗ってこない鈴木に痺れを切らして駅前のホテルを指定した。

電話が一方的に切れた。鈴木はこなさなければならない仕事が残っていた。チェッと舌打ちすると壁のジャケットを手にした。

「この街の子供たちのサッカー技術は日本一なんだよ。不景気風が吹き荒れる清水で、これを街興しに使わない手はないだろう」

ホテルに着いた鈴木が、腰を下す間もなく高木が話し始めた。

「どうしたんですか、突然」

鈴木が高木を落ち着かせようとコーヒーを注文した。

高木は遠征した富山での一部始終を話した。

鈴木も子供のサッカーには疎かった。当たり前である。会社の決算時期を迎えて頭がパンクしそうな鈴木にとって、サッカーは単なる子供の遊び事でしかない。運ばれてきたコーヒーを一口啜った。

「清水のチームと試合をしたいと希望するチームが全国に沢山いる。そのチームを呼んで大会を開くんだよ」

新湊に遠征するまでの経緯と試合の内容と結果を聞くと、高木が言わんとしていることがおぼろげに分かってきたようだ。しかし自分が何を求められているのかは皆目見当がつかない。

コーヒーカップを両掌で包みながら間合いを取った。

高木は、大きな大会にすることが肝心だと繰り返した。

スポーツ大会。選手の宿泊。鈴木は高木が話すこの二つのキーワードが気になった。鈴木には、高校球児の聖地とされている甲子園球場の近くで旅館を経営する陸軍時代の仲間がいた。

関西に出向く際、その仲間の宿に世話になって日本の先行きを語り合う仲だ。その時、鈴木はこんな事を聞いたと言う。

「毎年、甲子園に出場する高校野球チームを引き受けていることは自慢はできるんやけど、甲子園球児を受け入れるのはリスクが大き過ぎてどこも手を焼いているんや」

仲間の説明だと、厳しい予選を勝ち抜いてきたチームは必ず何試合かを勝ち続ける予定で予約を入れてくる。勝ち続けてくれるなら問題ないが、初戦で負けるとその日のうちに予約を取り消して帰る支度に入る。負けて力を落としているチームにキャンセル料は請求しにくい。仲間から聞いていた通りの言葉で説明した。

口泡を突き出して説明する高木の勢いを止めるには十分な説明になっていた。高木はソファーに背を預けて煙草に火を点けると忙しなく吸い込むと煙を中空に吐き出した。何回か繰り返すと灰皿に押し付けるように煙草の吸殻を置いた。吸い口を見ると複雑に変形している。高木が煙草に八つ当たりしているのが分かる。

宿舎側がそのリスクを回避するにはどうしたらいいのか。

論点がそこに移った。

参加チームを、勝っても負けても最終日まで試合をさせる形式ならそのリスクは回避できる。それができないとなると、街興しどころか予約を取って泊める側のリスクが大き過ぎる。

鈴木を階上のバーに誘ったが、高木には打開策があるわけではない。高木は行き場を失っていた。カウンターに座ったもののジレンマが募って貧乏ゆすりが始まっていた。

「この街の子供たちって、そんなにすごいんだ」

体を揺らせる高木を気の毒に思ったのか鈴木が助け船を出した。

高木は、新湊で見た猫に射止められた鼠ほどにチーム力の差があることを再度話した。その強さを武器にして使いこなさない手はないだろう。そう言って持論を押し通すだけだった。

近々会って再考することを約束して別れた。


この朝も、窓拭きに勤しむ平松の頭は雀の巣のように大きく膨らみ鼻唄が出ている。何か良いことでもあったのだろう。

ご機嫌だ。結論の出なかった問題点を話してみた。

「私、難しいことは分からないからうちの旦那に聞いてみたらどうですか。きっといい案があるはずですよ」

サッカーの話になると俄然張り切る平松を見ていると、仕事でもそれくらい頑張ってほしいと思うが、それは胸に納めて平松の言う通り旦那に相談に乗ってもらうことにした。

その夜電話が入り、明日の夜、仕事を終えてから来るという。

高倉健似は約束の時間に、白い三本線の入った紺のジャージ姿で現れた。よく見るとドイツのスポーツメーカー、アディダスの高級品だ。伸びやかで弾力のありそうな体型に似合っている。

「先日はどうも。そうそう、うちの女房がいつもお世話になっています」

畏まった挨拶をする。港のドッグで修理工として働く男の木訥さが言葉に溢れている。グラウンドでは子供たちの的確な指示を出している男のもう一つの顔だろう。

「社長さんは、大きな大会を企画していると女房に聞いてきましたけど」

短刀直入に入ってきた。

「そうなんですよ。勝っても負けても大会期間中参加チームを帰さないで済むように試合を組むということが可能かどうかをお聞きしたくて」

高倉健似の顔がほころんだ。

「それなら簡単ですよ。負けたら終わりになるノックアウト形式のトーナメントをやめて、勝っても負けても最後まで試合が組めるリーグ戦にすればいいんですよ」

そう言うと、スポーツバッグから冊子を出して開いた。そこには縦と横の枠内に四チームの同じ名前が入っている。リーグ戦の勝敗表だ。チーム名が違う同じ組み合わせ表が四つ並んでいる。

「これは、来週うちが付き合いのある近県の十五チームを呼んで十六チームで開催するリーグ戦の星取り表なんです」

年間この規模のリーグ戦を五、六回組んで子供たちに試合勘を学ばせているという。

「リーグ戦の場合は四チームの枠が二グループで八チームあると成り立つんです。規模の大きさに従って、この八の数字を倍々にしていけばいいんですよ。八の次は十六ですよね。次が三十二で、六十四、百二十八、二百五十六という具合いになるわけですよ。五日間の大会を想定なさっていると聞きましたから、そうなると二百五十六が無難じゃないですか。ま、これだけチーム数が集まればのことですがね」

とてつもない数字に高木は混乱したが、それを悟られたくなかった。コーヒーを従業員に言いつけた。

「百とか二百とか言われてもピンときませんが、毎日試合を組める方法があることは分かりました。やるからには大きな大会にしたいですね」

運ばれてきたコーヒーに口を付けるとこんなことを言った。

「代表の選手たちは、色々なチームに招かれて試合をするチャンスがあるんですが選ばれない選手たちにはそのチャンスがない。もし全国のチームが集まる大会が開かれれば、どの選手にも平等なチャンスがあたえられますから僕たちは嬉しいですね」

〝平等〟という言葉が高木の耳の中に心地よく残った。

缶ビールを一本ずつ飲んだところで高倉健似は帰った。

鈴木に電話でその旨を告げた。

「そうだな。選ばれた子たちだけというより、誰もがチャンスを手にすることができる大会には意味がある」

鈴木も、ホテルで顔を突き合わせたときと違い乗り気な言葉を挟んできた。こうなれば勇気百倍だ。

高木は、富山遠征のお礼のついでに協会に堀田を訪ねた。

電話中の堀田はソファーに掛けるよう勧めてくれた。

「その節はありがとうございました。子供たちの試合運びは見事の一言でした。相手チームの監督さんから、本当に小学生ばかりですかと驚かれたんです」

「いやぁ、そんなこともないと思いますよ。私が言えるのは、鉄は熱いうちに打てということですよ。子供たちに早くから確かな技術を教えると伸び代が大きいんですよね」

新湊で見た子供たちの躍動感あふれるプレーが目に浮かんだ。

「サッカーは自分の体調管理、仲間への気遣い、先を読む目などを必要としますから、人間が生きていく上で必要なことを全部学ぶことができるんです」

厳しい目をしているがふっと崩す顔に優しい眼差しがある。

堀田は、サッカーを媒介して子供たちの教育を考えていた。

話が一区切りしたところで切り出した。

「全国からこれだけ注目されているんですから、対戦を希望しているチームを招いて大きな大会を開いたらどうでしょう。出掛けるとなると子供さんの遠征費も大変でしょうし」

トレードマークの細い目が小さく頷いた。

「人が集まれば街興しにもなると思うんです。そうなると、我々旅館組合も助かるんですが」

旅館業者としての立場の言葉を挟んだところで、横を向いた堀田の顔が戸惑いの表情に変わった。

自分たちの商売で来たと喝破したような顔つきだ。

「すいません、出なければならない用事がありまして」

腕時計を見ると立ち上がった。

「今日はありがとうございました。話を聞いていただいて」

「え、ええすいません、最後までお相手できなくて」

堀田が多忙な立場にあることは知っていた。止めることもできず黙って背中を見送った。それからは、電話で在籍を確認して出向いても堀田の姿はなかった。年が明けても同じ状態が続いたままだ。

ここで簡単に引き下がらないのが高木の真骨頂だ。

どうしたら堀田と膝を突き合わせて直談判ができるか。

三保真崎海水浴場の海開きは毎年六月の最終日曜日にある。海開きは、観光客誘致の面でも市にとっても重要な行事だ。

海岸に榊を並べた台を用意し、海の安全を祈念するお祓いが神主の手によって行われることを高木は毎年見て知っていた。スポーツ推進担当課長の堀田はこの行事に出席するはず。そう読んだ高木は鈴木を誘って待ち構えることにした。

その日は朝から晴れわたっていた。三保の松原は、梅雨の合間に顔を見せた青空に富士山がくっきりと浮かんでいる。海岸線には小さな波が打ち寄せていた。打ち寄せる波の砕け具合が小さくなると夏の到来だと地元民は言う。

二人で波打ち際にいると、肩幅の広い骨格のがっしりした市職員の制服に身を包んだ堀田が松林の向こうから姿を見せた。

計算通りだった。神主が祠を持ってお祓いをし、海の神様への安全祈願を始めると出席している関係者が頭を下げる。堀田は知ってか知らずか高木と鈴木の方を向くことがなかった。

儀式が済んで人の輪が解けた。

沖合を通過する船を眺めている堀田に話し掛けた。

「この前説明しました、夏休みを利用しての大会の件ですがどんなものでしょうか」

振り向いた堀田は訝しげに背広姿の二人を見た。三人の視線が絡み合った。海面に反射する日差しが眩しい。

堀田が視線を逃れるように砂浜に目を落とした。

「我々としては、清水に一人でも多くのお客さんが欲しいんです。それだけではなく、サッカーを教育の一環として指導している協会であれば、選ばれた選手だけでなくどの少年たちにも平等なチャンスを与えてあげてはいかがなものかと思いまして。この大会を開くことは、その平等が実践できる場になると思いますしそれが正しい教育ではないのかと思うんですが」

「それはどういうことですか」

堀田が顔を上げた。

「富山への遠征で、子供たちのプレーをじっくり見てきました。代表チームは鍛え抜かれた素晴らしい選手ばかりでした。堀田さんが清水のサッカー環境をここまで作り上げたことには敬意を表します。一つ聞いてほしいのは、どのお子さんにも同じチャンスを与えてあげることも大切じゃないかと」

一瞬目を瞑ると堀田は視線を交わすことなく天に向けた。

高木は教師として教壇に立ったことがある。子供たちは何事にも、同じ条件下で同じことをしてみたがることを知っていた。

「強い弱いに関係なく、全国どこの地区からでも来たいチームが参加できる大会を作る。それをすることで子供たちに平等なチャンスを与えて、そこから子供たちが何かを学んで帰っていく。サッカーを教育の一環として捉えるなら間違ってはいないと思うんですがどうでしょうか」

言葉の中に堀田の琴線に触れるところがあったのか。う～んと唸って考え込んだ。暑い日差しが三人の横顔に当たっている。珍しく蜩《ひぐらし》の鳴き声が聞こえてきた。視線を避けるようにして目を開けると松林に向かって歩きだした。声の無い背中は何を考えているのか分からない。掛ける言葉も浮かばず見送った。

高木の脇に下に汗が染みだしていた。

日差しは厚みを増すばかりだった。

「う～んとは言っただけで、駄目とは言わなかったよな。彼の言葉をOKと取っても間違いじゃないだろう」

常に慎重派の鈴木が言った。待っていても前には進まない。

勝負の決め手は相手の迷っている隙を見逃さないことだろう。

鈴木が言いたいのはそこだろうと高木は理解した。

決めたとなると鈴木の動きは速かった。旅館組合に登録している経営者を集めるとその案を説明していた。チーム数は決まっていないが、高木から聞いた二百五十六チームの数字を説明した。

保護者と選手を入れると一チームで三十人にはなるだろう。

常に数字が頭を占めている経営者の計算は速い。

「ということは、安く見積もっても六千人が来る計算になるな。それじゃ俺たちの組合加盟社だけでは捌き切れない数だなぁ」

悲鳴に近い言葉は、明らかに自分たちの胸算用を弾いている。

「この地域は十一月から三月と八月のお盆明けから九月一杯がとにかく暇だからなぁ。この間に、多くの子供たちが集まる大会を開けば我々の業界も助かるよな」

大会の期日まで口にした。


清水経済界の落ち込みは激しく、精彩を欠いていた。それに呼応するように、市内の宿泊所関連の景気も目を覆うばかりの惨状だった。清水に支店を置いていた日本交通公社（ＪＴＢ）が、観光客の激減でこれまでの支店から営業所扱いになると通達してきた。

地元の財界を牽引する鈴与株式会社の会長・鈴木与平は交通公社協定旅館連合中部支部連合会の副会長を務める、清水の財界の重鎮だ。全国規模の企業が、清水から次々に撤退して行くことに危機感を抱いた鈴木与平は、中部地区の統括的立場にある日本交通公社中部支社に出向いた。

人口二十四万人の清水に対し、二十万人の岩手の盛岡には支店が置かれていることを持ち出し、

「これまで通りの、支店扱いでお願いできないものか」

こう言って頭を下げたが先方の言い分はこうだ。

「観光客の減少で清水支店は売り上げのほうがどうも……。支店として置き続けるには先々の見通しがないと」

痛いところを突いてきた。

交通公社の言う先々の見通しとは、協定を結んでいる清水の宿に客を送り込めるかどうかだっ

た。周りを見渡しても応える材料が見当たらず、退散するしかなかった。

清水には、明治の時代から脈々と続いてきた産業があった。

明治二十九年、政府から貿易港として認可されると清水港は地場産業の蜜柑やお茶の輸出港として賑わった。

大正五年には、これらの物資を運搬するための貨物支線の鉄道が清水駅から三保まで引かれた。後に折戸駅、清水埠頭駅、巴川口駅、三保駅が新設され清水港線として旅客営業も開始された。

大正十二年、M7・9という関東大震災に襲われた東京の街は木造建築の住宅に火が回り、一夜にして見渡す限りの焼け野原と変わり果て夥しい人命が奪われた。

住宅再建のため大量の建築資材を必要とした。木材の供給が国内産だけでは間に合わず、インドネシアやフィリピンなど東南アジア各国からのラワンなどの輸入材に頼ることになった。

その時の木材の輸入は、東京に近い貿易港として清水港が選ばれて荷揚げされた。折戸湾には貯木場が設けられ、柱材や合板加工したベニヤ板などが製材所で加工されて三保の駅から貨物車で東京へと運搬された。

輸入を一手に引き受けたのが三井物産で、清水に支店を置いて以後、国内の外材の需給窓口として役目を果たしてきた。

国内のバブルが弾けると、住宅の需要が一気に冷え込み、支店の維持もままならなくなった三井物産が撤退していった。

市内に十社ほどあった木材加工場も工場封鎖に追い込まれた。

清水には造船所が八社あった。清水の造船の需要は鮪漁船と鰹漁船で、国内のシェアの六割を受注していた。

話は逸れるが、鮪や鰹漁船は餌になる鰯を〝生き餌〟と言って生きたまま漁場まで運び、一本釣りする場所でこの〝生き餌〟を海に投げ込んで魚を呼び寄せる。

漁船の船底の水槽に〝生き餌〟をいれて運ぶわけだが、このとき船の舳先の角度と舳先に刻む筋の入れ方で、船体に当たる波の強さと量が決まるようだ。

いい按配に波が船体に当たると、その波によって〝生き餌〟の入っている水槽を冷やすことができる。この微妙な舳先の角度と刻み込む筋の入れ方を間違うと、船底が冷えず運んだ餌が死んで使い物にならなくなる。漁船は無事〝生き餌〟を釣り場まで運べるか否かによって漁の成功が左右される。

長年、漁船を作り続けてきた清水には、舳先職人といわれる熟練工がいて清水の造船技術を支えてきた。近年になると、近海での漁が少なくなり大型漁船での遠洋漁業へと切り替わり、小型船の受注が減ってしまった。

今では造船所が四社と半分に減少した。

清水港は鮪漁船の港としても栄えてきた。なぜなら、清水港は、南アフリカやインド洋、地中海で捕った鮪船が清水港に入船すると、一艘買いをしてくれるという安心感があるからだ。

歴代、清水港には鮪の目利きと呼ばれる職人がいた。

鮪職人は、鮪の頭から尻尾まで通る二メートルほどの表面に溝の掘られた特殊な針を持っていた。その針をしっぽから頭に向けて差し込む。引き抜いた針の溝についてくる魚の身の脂の乗り具合を的確に判断する目を持っていた。職人の目が正しければ、入港した鮪を正価な価格で売り渡すことができるので、操業者は安心して取引ができる。

他の港ではなかなかできない一艘買いを可能にしたのは、貿易港として、入船した船から下す魚を加工して輸出できた事も一因だろう。缶詰加工だ。一九六〇年、市内にマグロと蜜柑を合わせ缶詰工場が四十三軒あった。缶詰工場が操業すると缶の製造、砂糖会社、食用油工場などが周辺に集まってきた。

その缶詰工場が、東南アジアの低賃金の人件費に押されたこともあり廃業が続出し、今では三軒にまで減ってしまった。

鮪の扱い高も減ったことで、東京銀行や日商岩井も清水から撤退していった。工業製品の運搬や食品の運搬の減った清水港線は、草サッカーの話が持ち上がる前年の八四年に廃線となって今は跡形もない。こんな背景が鈴木与平の心を動かした。

清水に戻ると鈴木与平は高木にダイヤルを回した。再建屋として修羅場を潜ってきた、ホテルマンの高木ならどう考えるかを聞いてみたかったからだ。

名古屋でのやり取りを聞いた高木は、自分たちの構想にある〝少年サッカー大会〟の開催がその条件を一挙に解決できるイベントになるはずだと考えた。

高木は鈴木保と入舟町にある鈴与の本社に出向いた。

「清水の少年サッカーは全国大会で結果を残し、全国的に有名でいろいろな地方に招待されるんですが、子供たちには勉強があって忙しく要望にこたえられないで苦慮しているんです。交通公社の協力をあおいで、全国から清水のチームと試合したいという子供たちを集めたらどうでしょうか」

「えっ、この街の子供たちが」

高木は、新湊への遠征の経緯を詳しく熱心に話した。

「そりゃあ面白いよ。いい考えだ」

そう言って机を叩いた。

鈴木保は企業が営業実績を表す数字を、事業の判定基準にすることは知っている。相手の説得理由に、最大限大きな数字の二百五十六チームの数字を出すことを提案した。選手と指導者、随行する保護者も合わせると一チーム三十人以上になる。これだけのチームが集まると、少なく見積もっても六千人が清水にやって来る勘定になる。五日間滞在させると宿泊客は延べ三万泊が期待できる。

それればかりではない。市内の観光や土産品、飲食代、交通費を含めると二億五千万円は下らない額が清水に落ちることになる。

二人はこうした詳細な数字を出した。

「すごいことになりそうだ。子供たちの力がこんな数字で街に反映されるとなればこれ以上嬉しいことはない。街を上げてのお祭り騒ぎになるのは間違いないなぁ」

そう言って鈴木与平は二人の肩を叩いた。

早速この案を持って鈴木与平は交通公社を再訪した。

担当者は、集客数と清水FCの戦績が書き込まれている書類を黙って見入っていた。会議室の窓辺に大きな薔薇の花が備前焼の一輪ざしに活けられていた。イングランド代表ラグビーチームの胸を飾っている、深紅の薔薇のエンブレムに似ていた。

「いかがなものでしょうか」

担当者が企画書を見て考え込んでいる。

「薔薇の花は、見ている者を優雅な気持ちにしてくれますなぁ」

鈴木与平は、味気ない会議室の空気に柔らかい空気を吹き込んでいる薔薇を褒める余裕を持っていた。

「なるほど、すごい企画ですね。六千人の人が集まって街に落ちる金が二億五千万円。この大会が実現できるようでしたら凄いことになりますよ」

そう言って何回も頷いた。

「分かりました。早急に稟議に掛けますから。これは期待してくださって結構です」

ホクホク顔で玄関まで送ってくれた。

前回の訪問とは全く違い、恰好な言質までも付け足してくれた。

過日、社内の稟議を通ったという答えを持った交通公社の担当者が鈴与を訪ねてきた。

「面白いですね、やりましょう」

相手は腰を浮かして言った。

鈴木与平からの返事を受けた高木は、鈴木保と駅前のホテルのロビーで待ち合わせをした。

「良かったな」

顔を合わせるなり二人は堅く握手を交わした。

〝草サッカー大会〟の計画が動き出した。

市内の財界と、全国に支店を持つ交通公社の賛同が得られ外堀が埋められた。電話で清水サッカー協会理事長の堀田哲爾に流れの推移を説明した。

「分かりました。お待ちしています」

初めて堀田からの色よい返事が出た。協会事務所に行くと堀田が待ち構えるようにソファーに座っていた。

「僕も、先日高木さんからの言葉が頭の中に残っていましてね。子供たちにとっても有意義な大会になるはずです。財界と交通公社の協力が得られたとあれば是非乗りたい企画です」

「そうですか。一致団結すればできないことはないですから」

和やかな空気が漂った。

二百五十六チームを前提として話が進んだ。

堀田の計算は速かった。八チーム毎のリーグ戦で、十六チームを一つのカップ戦にして、二百五十六となれば三十二会場が必要になる。二百五十六チームが、三十二会場に分かれて十六のミニタイトルのリーグ戦を戦う。五日間戦い続けるとなると千二十五試合を行うことになる。

市内の学校と市が管理するグラウンドを使えば無理な数字ではないと言い切った。一会場に三人一組の審判員二組と試合の記録員が二人一組で二組が必要ということで審判百九十二人と記録員百二十八人を算出した。五日間の延べ人数は審判と記録員合わせて千五百八十人という膨大な数になる
「市内の七つある高校生のサッカー部員に審判を頼み、中学のサッカー部員に記録員を依頼すると問題はないですね」

メモ帳に、自分でしか分からない数字を書き込み説明する。

この男の頭の中はどんな構造をしているのか。

高木は鈴木と顔を見合わせた。

「協会を通して、これらは自分が手配しますよ」

そう言うと豪快に笑った。

高木は、その姿を見て大会開催の成功を確信した。

「そうと決まれば早速動きましょう」

堀田の腰がソファーから浮いていた。大会に合わせた交通機関や市の広報を有効に使うには市役所を味方に付ける必要がある。地方都市では市長の権限は絶対だ。

公の大会にするには、市を上げてのバックアップの約束を取り付けておく必要があると言い切る。

堀田は市長の宮城島弘正の元に走った。宮城島は二期八年間市長を務めてきた稲名嘉男を、昨年(一九八五年)任期終了に伴う市長選で破り就任した。清水の第十三代市長だ。

四十三歳という若さで市長になった宮城島は、三保の生まれで父親がアメリカのロサンゼルスに移民として渡っている。静岡工業高校卒業後、地元の小糸製作所に入社した。そこで労組の書記長を務めた後、七五年、三十三歳で県議に初当選した。県議を三期連続で務め、その間民社党県連書記長、県議会環境企業委員長を歴任していた。

市の産業界の冷え込んでいるさまを見ていた宮城島は、選挙の公約に経済の活性化を掲げて当選している。細身ではあるが力士のようにがっしりした体格と太く伸びる眉毛。口元を歪めながら吐き出させる野太い言葉は妙に説得力がある。

県議会議員時代から、議員バッジに胡坐をかくことなく市内の視察を怠らずで歩いていた。サッカーのルールもままならないのに、清水ＦＣの活躍もそれなりに網羅していた。堀田もその行動力に頭を下げた。

三保の松原と隣り合わせに育った宮城島は、両親の口からこんな言葉を聞いていた。

「松林が奇麗だといっても、一回見れば二回見る気にはならないずら。いずれ、観光客が少なくなるのは目に見えているわな」

いつ来るとも分からない観光客を待つより、こちらから動いて人を呼び込む。宮城島の耳に、堀田の説明は新たな企業誘致のように聞こえた。

労組出身の宮城島は、机上で数字をこねくり回す架空の空論ではなく実数を持って説明する堀田の言葉が心地よく聞こえる。

スポーツには健康、体力、コミュニケーションを作りだす大切な要素が含まれている。汗を流し合う者同士の団結力は強い。

人の和で物事に取り組めば、どんな難儀でも打開できる。

堀田の説明は、労働組合活動で培った宮城島の人生哲学にそのまま当て嵌まっていた。

「やるんなら、日本一の大きなものにしようじゃないか」

これは宮城島の言葉だ。二人は力強く手を握り合った。

稲名前市長が音頭を取って始めた、三保にある羽衣の松をバックに舞台を拵えて演ずる「羽衣《はごろも》薪能《たきぎのう》」も宮城島は推進役を務め今も脈々と続いている。

話しが飛ぶが、八七年の四月、堀田は宮城島の計らいで市教育委員会から離れ、新たに作られたポスト・スポーツ都市推進専門官に任命された。スポーツ全般の普及活動とイベントの企画立案だが、草サッカー大会の準備と成功に向けての責任者という側面があった。

清水の草サッカー大会を全国規模にするには、日本サッカー協会を巻き込むのが近道だ。宮城島は、堀田が日本協会とのパイプを持っていることに着目した人事でもあった。

第一回大会で、日本サッカー協会を後援として持ってくることに成功し二回大会からは主催に変わっている。日本サッカー協会主催となれば、これこそ日本一の大会としての認知を獲得したことになる。宮城島の人事の賜物といえるだろう。

宮城島は、スポーツの大切さを子供だけに当て嵌めてはいなかった。九一年、「スポーツ健康都市宣言」を掲げた。生涯を通してスポーツを楽しむ。身近なスポーツ仲間を作る。力を合わせてスポーツのできる場所作りをする。この三本柱を基本方針として、誰もがスポーツを楽しめる基盤となる施設作りを進めた市長だ。

堀田は組織運営のための資金作り、大会進行のためのボランティアの確保、大会宣伝のためのマスコミ選び、この三点に的を絞って動き始めた。高木には朝日新聞記者の知り合いがいた。

朝日新聞の社長が、大会が開かれた年の正月年頭の挨拶で、

「我が社は、サッカーにおいては負けてはいけないライバル社に遅れをとっている」

との挨拶をしていたことをその記者から聞いていた。

社長が言うライバル社とは読売新聞だ。読売新聞は、次世代の人気スポーツとしてサッカーに

いち早く目を向けて、プロサッカーチーム「ヴェルディ川崎」を立ち上げ、日本リーグの常勝軍団に作り上げていた。強豪チームを持つ強みで、系列の日本テレビはサッカー番組の放映権を有利に推し進めていた。

朝日新聞は、高校野球においては甲子園大会を主催しているがサッカーに関しては完全に出遅れていた。その現状を指していることは明白だった。堀田も、自分が指導していた少年サッカーチームの取材に来た朝日新聞記者の知り合いがいた。

高木から、朝日新聞社がサッカーに対して多少の焦りを持っているという社内事情を聞いた堀田は、旧知の記者を通して朝日新聞に企画を持ち込んだ。

日本の少年サッカー界を牽引している、と言っても言い過ぎではない清水ＦＣの、国内で行われている主要大会での戦績と清水のサッカー情報を細かく説明した。

四年前の一九八二年、全国のサッカー関係者を驚かせる出来事があった。日本サッカー協会が公認する六種の全ての大会で静岡県のチームが優勝を果たしていた。

優勝チームの内訳は、清水ＦＣ（全日本少年大会）、観山中学（全国中学生大会）、清水東高（高校選手権）、静岡県選抜（島根国体少年の部）、清水第八スポーツクラブ（全日本女子選手権）、ヤマハ発動機（天皇杯）だ。

この快挙に、日本サッカー協会は静岡県サッカー協会に対して異例の特別表彰を行った。堀田はこれらの資料をもとに説明した。

「この大会を、サッカーの甲子園にしてみませんか」

相手を擽《くすぐ》る言葉を投げ掛けると、宝物の山を見つけたような顔になり稟議に掛けてみると約束してくれた。返事は早速来た。

朝日新聞が後援の条件として出してきたのは〝日本一大きな大会〟であることだった。その申し出に堀田は即答した。

「二百五十六チームでどうでしょう。リーグ戦形式の大会ですとこの数がちょうどいいんです」

この数字は薮から棒に出した数字ではない。市内には二十四の少年団チームが活動し、どのチームも近隣県のチームとの交流戦やリーグ戦を定期的に行っている。声を掛けると、各チームともかなりのチーム数を集める力を持っている。そんな既成事実も付け加えて説明した。

交通公社が全国の支店に声をかけて大会の参加チームを募る。新聞社が、参加チーム募集の告知をしてくれるようなら、間違いなく大会は成功する。ここまでの説明で理解を示した。

大会名を決める段になると、少年サッカーの頭に「草」を入れるか入れないかで議論が交わされた。朝日新聞が提供した最初の優勝旗は、早とちりもあって「全国少年サッカー大会」とあり『草』の字は入っていなかった。これに対し、協会関係者から意見が出た。

「この大会は一部エリートだけの大会ではなく、誰もが参加できる大会という主旨を考えると、草を入れるべきだ」

朝日新聞社内では、

「大会の上に『草』がつくと三流大会みたいになる。三流の大会を新聞社が紙面を割いて後援するというのはどんなものか」

立場上の説明だった。

「この大会は、草でいいんじゃないですか。強い弱いは関係なくどこのチームも参加できる大会なんですから。草は水をかけ肥料をやることで大きくなり花を咲かせる。ここに集まってくる子供たちにも、サッカーを通じて立派な大人としての花を咲かせてほしい。そんな願いを込めた大会になればいいでしょう」

堀田の意見に誰もが賛成した。

「清水カップ全国少年草サッカー大会」と名称が決まった。

早速、連絡事務局が発足し高木は大会事務局長となった。

新聞社が応援する。交通公社の後押しが決まっている。これだけの下準備が揃うと地元のテレビ局も動き出した。試合を中継する約束が取れた。地元企業も清水に支店を置いている企業も大会スポンサーとして名乗り出た。高木の胸は高鳴るばかりだ。

市内には八十を数える宿泊施設がある。六千人もの客の収容となると、宿泊先の選定もまとまらない。高木と鈴木がこんなコンセンサスを提案して収拾に動いた。

「料金を一定の値段にすることが絶対条件だ。チーム間の格差が出ると安いチームは喜ぶが高いチームからは批判が出る。民宿から観光ホテルまで色々なランクはあるが、何回か来ていただくうちにまんべんなく宿を代える措置でチームの責任者に説明する」

多少の無理は承知していたが、前もって二人が何軒かの旅館とホテル関係者に手回しをしていたおかげで、反対意見もなく全会一致で決まった。料金は一泊六千円。この料金は弁当と宿泊したチームのグラウンドまでの送り迎えを含んだものとした。

大会の開催期間は、旅館組合の要望から閑散期の八月二十三日から二十七日の五日間に決まった。高木は鈴木と連日協会に顔を出して陣頭指揮を執っていた。

当日の、会場整理と各チームへの飲み物の提供などの細かな世話をしてくれるボランティアの手配も、各チームの育成会が自主的に立ち上がった。カーリーヘアの平松から育成会の動きが高木に逐一報告された。

「自治会の集会場に集まるんで、堀田先生と社長も一緒に来てくれませんか」

平松が鼻を膨らませながら言った。

二人が指定された江尻町にある会場に出向くと、三十人ほどの保護者が集まっていた。最前列に平松夫妻の顔が並んでいた。

「今晩は。今日はお忙しいところをお集まりいただいてありがとうございます」

高木が立ち上がって型通りの挨拶をした。

「社長、そんなに堅苦しい話はいいから」

カーリーヘアがそう言って遮ると高倉健が立ち上がった。

「社長さん、これは清水の誇るべきお祭りになるわけですからどんなことがあっても成功させましょうよ。大会はこの期間しかないけれど仕事はいつでもできます。各育成会で話し合って、担当になった会場の運営は手分けして支障のないようにします。そこは心配しないでください。来てくれた選手たちには、また来年も来たいと思えるような大会にすることが、サッカーのまち清水の誇りになるんですから」

熱っぽい口調で語りかけると大きな拍手が沸いた。

「そうだよ、試合会場の進行は俺たちに任せてよ」

口々にそう言って会場が静まらない。ここでも、清水の侠客・次郎長を彷彿させる、私利私欲を捨てた熱い血が育成会保護者の間に流れていることを知らされた。

交通公社の全国各地の支店が動いてくれた。新聞紙面に大会の概要が載った。効果は覿面《てきめん》だった。協会は、参加要項の問い合わせと参加申し込みの電話が終日鳴りっぱなしになった。

南は沖縄から北は北海道のチームまで、全国三十の都道府県からの参加申し込みがあり、大会二カ月前の六月には目標参加チーム数が集まった。

それどころか、大会の存在を知った全国の強豪チームから申し込みが相次ぎ三百チームを超えていた。応募チーム数を心配し、落ち着かない顔で大会事務局に顔を出していた高木も、それが徒労であることを知った。

「事務局長、申し込みが多過ぎて断るのに困っているんですよ。局長なら苦情処理の電話はお手の物なんでしょ」

事務局の女の子に差し入れの最中を手渡そうとすると、こんな冗談が返された。嫌みに聞こえるどころか嬉しい悲鳴に聞こえた。

当初心配した、大会運営のための資金も大型スポンサーが付き地元企業の協賛金も集まった。

堀田の指導力は絶大なものがあった。出場チームが決まると、大会事務局がＡ４判の「第一回清水カップ全国少年草サッカー大会」と書かれた百六十四ページのプログラムを作成した。五十ページも企業の広告ページがカラーで入っている立派なものだ。協会の懐は思いのほか潤った。

事務所のソファーに座って入金のあった通帳を眺めながら堀田がこんな事を呟いた。

「この資金を子供たちのために活用しない手はないよな。日本のこれからのサッカー界を担っていく人材育成として、優勝チームに海外遠征を経験させてはどうかなぁ」

常に二歩三歩先を読む堀田らしい発想だ。

もちろん、誰も反対する関係者はいなかった。

そうなると交通公社の出番だ。遠征先の詰めに入った。

大会が近づくと、宿泊先の旅館を指定された参加チームの責任者からこんな問題が舞い込んだ。

「この旅館は全室クーラーが入っているんでしょうね。施設の差で子供の体調が左右されないようお願いします」

受話器を抱えた女の子が答えられずにしどろもどろしている。

高木が受話器を取った。

「確かにクーラーが付いていない部屋もあります。しかし、清水は東京と違って夜は海風もありかなり過ごしやすい気候です。とにかく大きな大会ですので、その辺りのご理解をいただけたらと」

そう言って頭を下げる。

「出来る限り、クーラーの取り付けをお願いするように動きます。そのあたりはご理解ください」

最後にこう付け加えることも忘れなかった。

気を配るのは選手たちの摂る昼食のお弁当だ。弁当まで手の回らない宿は、弁当業者に依頼することになる。食中毒を出すと大会の評価が厳しくなる。配送を含めて食中毒を出さない態勢作りのため業者を集め徹底した。

炎天下の試合となればユニフォームは汗と泥だらけになる。一チーム三十人、三チームを受け入れる旅館の場合、九十人分のユニフォームや下着類の洗濯を毎日こなさなければならない。

これだけの量の洗濯をこなせる設備が整っているのか。

問題が次から次へと浮かび上がってくる。

旅館組合は、洗濯機を求め神奈川県のレンタル会社に当たったが無理とのことだった。ここでも育成会が立ち上がった。

試合会場ごとに、育成会の家庭の洗濯機を使い回しする態勢で臨むことになった。大会期間中は保護者が仕事を休み会場整理と洗濯の当番制を決めて対処する態勢も整えられた。

全試合の対戦表作成は、清水ＦＣの監督を歴任しＦＣのエンブレムもデザインした小花公生が当たった。その後、清水ＦＣの監督となり市内の小学校で教鞭を執る塚本哲男も参加した。

「組み合わせそのものは難しいことはないんです。気を配るのは全国から集まった参加チームは、清水のチームとの対戦を楽しみに来ているわけですから、各グループに清水のチームを配分することでした」

とは塚本の弁だ。

大会前の八月十日、朝日新聞朝刊にこんな記事が載った。

「ぶつかれ若きイレブン。23日から、なんと１０２５試合。市民を上げて熱い応援」

大会を迎えた市民の熱気は一気に高まった。

「清水の子供たちの強さを見せるには、親が選手たちの体調管理をしっかりするところから始まるんですからね」

何かといえば飲み会になる育成会の集まり。この席でも、カーリーヘアが立ち上がって熱い思いを仲間に語り掛けていた。

大会期間中は地元の交通機関の理解があり、市内を走るバスに関してはフリーパスで乗れるといったサービスも始められた。

大会前日。JR清水駅の正面に「歓迎　全国少年少女草サッカー大会」と書かれた、サッカーボールを蹴るイラスト入りの横断幕が掲げられた。駅前のロータリーにはチーム名の書かれた紙をサイドウインドウに貼ったマイクロバスが列をなして並んでいた。

西日が照りつける夕方、高木は改札口でその横断幕を眺めていた。チーム名と宿泊先を書いたボードを持つ宿泊施設の従業員が、改札口に肩を並べて立っている。電車が到着すると、色とりどりのユニフォームに身を包んだ子供たちがホームに溢れる。

「押すんじゃないよ。全員が降りるまで電車は発車しないから」

チーム引率者の声が響き渡る。

「ロータリーに、お泊り先の宿のバスが迎えに来ています」

駅員が口に手を当てアナウンスするが、喧騒に負けてなかなか聴き取れない。十五分間隔で上下線の電車が到着するたびにこの騒ぎが繰り返される。迷った子供がいないかと、ホームで点呼を取るチームもある。

それぞれのマイクロバスに子供たちが乗り込む。

「港祭りのときでもこんなに人出はないですからね。私がここに来て以来の混雑ぶりですよ」

駅長が高木の隣に立っていた。

百チーム以上、三千人を下らない子供と保護者とが清水駅のホームに降り立っていた。

大会に備え、清水入りしている各チームの指導者を集め、試合進行上の注意やルールの確認などを伝える監督会議が開かれたのは「三保園ホテル」だ。

「遠路はるばる来ていただけるわけで、感謝の意を込めて少しでも心の籠ったもてなしをしてみたいんだがどうでしょう」

ボランティアを含めた清水のサッカー関係者の、献身的な協力姿勢を目の当たりに見ていた高木は、かつて、自分が身を挺して営業権を守ったホテルでの開催を協会に申し入れた。

三百人を超える関係者が、ホテル三階の宴会場に顔を揃えるとなればこんな贅沢な前夜祭はない。堀田の顔は緩んだ。

三保園ホテルは晴れていると富士山を一望できる。

夜になると闇に包まれ叶わないが、沖を通過する船の光が港町清水を演出してくれるはずだ。

当日、外は雨模様でその楽しみも削がれたが自チームのペナントを手にした関係者が続々と集まってきた。

大会運営上の説明とルールの確認をすると懇親会に移った。

主催者側と参加チームの代表とが、テーブルごとにビールグラスを傾け健闘を誓い合っている。

この場が、各チームの指導者の出会いの場となり、大会後も交流を深めることが少年サッカーの繁栄に繋がる。清水サッカー協会はそこまで考えていた。

監督会議は思い通りの展開で進んでいる。

高木は、ビール瓶を手にしてホスト役に徹し会場を廻りビールを注いで廻った。

一方、平松夫妻は清水駅前の銀座商店街の一角にある居酒屋で育成会仲間と祝杯をあげていた。

「どうせなら、俺も審判したかったよなぁ」

そう言って高倉健似がホイッスルを吹く真似をした。

「あんたは駐車場の整理担当。余計なこと考えちゃ駄目よ」

「うるせいなぁ、お前には言われたくないよ。馬鹿野郎ッ」

平松夫妻の内輪もめに仲間が割って入る。

「間違っても会場じゃ夫婦喧嘩しないでよ。そんなことすると清水の人間が下品に見えちゃうかしらな」


「分かっているわよ、そんなこと」

カーリーヘアがぷいっと横を向いた。

「ちゃんと現場を仕切ってくれなくちゃ。あんたがいないと大会が始まらないんだからお願いしますよ」

現金なものだ。仲間が頭を下げると笑顔が戻っていた。

また乾杯のやり直しで酒盛りが続いていた。

新湊から高木の元に遠征の話が持ち込まれてから、二年と三カ月が経っていた。


開会式当日。

自宅の縁側に立つと、これまで続いていた晴天が嘘のように朝から雨が降っていた。久能山の山肌も霞んで見える。

「今日が雨で、決勝戦に晴れたらいいですよね」

恨めしげに雨空を見上げる高木の背中に愛子の声が届いた。

高木は、この日のために用意したジャージに袖を通すと、酔いの残っている頭を回しながら鏡の前に立った。学生時代の体操着を着て以来だが、無駄な贅肉の付いていない体に自分でも可笑しくなるくらいに似合っている、と一人ごちて家を出た。

清水港からの潮の匂いが、風に乗って清水総合運動場陸上競技場のフィールドにも運ばれてくる。色とりどりのユニフォームを着た選手たちが集まっている。雨の中でも、黒く日焼けした選手たちはこれから始まる戦いを前にどの顔も緊張していた。

ボールが高木の足元に転がってきた。

止めて拾い上げると追いかけてきた少年に渡した。

「どこから来たんだね」

「埼玉です。昨日着きました」

白い歯を見せて表情を緩めた。

試合の行われる市内の十三会場で、それぞれの開会式が開かれている。開会式は十時から始まった。行進曲が流れると各チームが名前入りのボードを持ってグラウンドに一列に並ぶ。雨脚が強くなった。高木は雨をこんなに憎んだことがなかった。

「サッカーの甲子園にしよう」

鈴木と語り合ったホテルのバーを思い出した。

「良かったな、いよいよ始まりだ」

「あとは、事故がなく無事に終わってくれることを祈るだけだ」

隣に鈴木保が立っていた。

国旗の掲揚に合わせて「君が代」が流れる。

高木は新湊への遠征を思い出しながら日の丸を眺めていた。

「何があっても十回は続けないといけないな」

高木は鈴木の耳元に囁いた。

「日本一の大会に参加していただいてありがとうございます。清水に来た以上、一人でも多くの人が清水を知ってもらうことが大会の意義でもあります。参加した諸君もぜひ気軽に地元の人に話し掛け接していただきたいと思います」

壇上に上がった堀田が選手たちに語り掛けた。

高木も大会事務局長として挨拶の順番が回ってきた。

「皆さん、清水に来てくださってありがとう。勝っても負けても良いじゃありませんか。この大会が思い出に残るよう楽しんで帰ってください」

挨拶を終えた高木は目頭を熱くしていた。

試合開始のホイッスルが鳴った。

引き締まった子供たちの顔がグラウンドを走り回る。

歯を食いしばり、必死にボールを追いかける選手の顔から雨交じりの汗が滴り落ちる。高木は、自分の子供時代を懐かしく思い出していた。育成会のボランティアが、スポンサー元から配られたスポーツドリンクを両チームのベンチに運んでいる。

グラウンドでは、黒い審判服を着た高校生の主審と線審の二人が手際の良いジャッジで試合を進める。

今ではJリーグの各チームが、新人選手に練習試合での笛を吹かせるようにしている。それは、審判をすることで客観的に選手の動きを見せることを主眼としてのことだ。

清水ではこんな昔から、

「試合を捌かせると、両チームの選手のポジションニングや空いたスペースの使い方が見ることができるから、自分がプレーするよりサッカーの勉強ができるんだ」

審判をさせるメリットを考え、市内の高校サッカー部の生徒を起用していた。これも堀田の発案だった。

本部席のテントの中では、二人が厳しい目をして試合の流れを見つめている。記録係を任せられているのは市内の中学校サッカー部の部員だ。

その日の試合が終わると、試合会場ごとの記録が集計される。

待ち受けている本部の記録係員が、集まった試合結果を整理すると翌日の対戦表の作成にかかる。各チームの宿舎に出来あがった対戦表を配る。これでその日の作業がようやく終了だ。

こうした、市民を上げての大会運営が選手たちの躍動感あるプレーを生み出している。

二十七日の最終日。空は朝から晴れ渡り、高木家の庭先に瑠璃色の小さな花弁の露草が夏の光を受けて咲いていた。

五日間の大会は千二十五試合を無事戦い終え、準決勝と決勝戦の三試合を残すのみとなった。

連日、市内のグラウンドを廻っていた高木の顔は選手たちと同じように黒光りしていた。

「お父さんのこんなに嬉しそうな顔を見たのは、会社を退職するって決めた日以来ですね」

朝茶を茶卓に置いた愛子が高木の顔を覗き込んだ。

「今日のお茶は、柱が立っていないな」

「そんなに毎日立っていたら、有難味も珍しさも無くなってしまうでしょう」

「言われてみると、そうだな」

「朝ご飯を早く済ませないと、時間がないですよ」

「俺も、こんなに充実した時間を持てたのは何年かぶりかなって考えていたんだ」

梅干しに手を伸ばした。

「この街の人たちを見ていると、誰もが明治時代の次郎長親分のように熱いものを持っているんだ。いい街だよ」

そう言って立ち上がると、ジャージを脱いで亜麻色の夏のスーツに着替えた。晴れの優勝チームが決まる試合を正装で迎えたかったからだ。清水総合運動場陸上競技場に着くと大会に参加している選手や指導者が集まっていた。突然背中を突く者がいた。

「ずるいじゃん、社長さん自分だけ目立って」

半袖に短パンのカーリーヘアが、陽に焼けた顔をほころばせながら立っていた。

「そんな訳じゃないよ」

「いいんですよ、照れなくても。社長さん嬉しいんでしょ」

言葉を返す前に人混みに逃げ込んでしまった。

準決勝二試合は、町田鶴川サッカークラブ対清水フットボールクラブ。京都城陽スポーツ団対清水ＦＣライオンズとなった。

これはミニカップ戦を戦い、上位チームによるトーナメントで勝ち上がってきた四チームだ。町田鶴川サッカークラブ対清水フットボールクラブは、四対〇で清水フットボールクラブが勝ち、一方の京都城陽スポーツ団対清水ＦＣライオンズは二対〇で清水ＦＣライオンズが勝った。

決勝戦は、清水フットボールクラブと清水ＦＣライオンズの戦いとなった。このチームは、清水ＦＣを構成する清水選抜チームの中で割り振られ作られたチームでいわば兄弟対決だ。

清水ＦＣの中から選ばれた精鋭二十二人の戦いは、全国から集まったサッカー少年たちにとってはこれ以上望めない組み合わせだ。

開始前から、各チームの選手や保護者がグラウンドに詰め掛けていた。ホイッスルが鳴ると同時に、互いのチームが網の目のような陣形を作ってボールを奪い合う。

静と動。高さと速さ。長短のパスを折り混ぜた攻撃で双方が鬩《せめ》ぎ合う。ミ〜ンミ〜ンミ〜ンと、熱さを倍加するように啼き続ける蝉の音に混じって保護者の応援の声が響く。

「基礎がしっかりしているのはもちろんだが、どの選手もサッカーをよく知っているから自分の果たすべき役柄をわきまえている」

これは、選手に囲まれた保護者と観戦している関西から来た指導者の解説だ。両チームが高い技術で渡り合った決勝戦にふさわしい試合となった。

息もつかせぬ熱戦となった試合は一対〇で清水ＦＣライオンズが勝ち初代チャンピオンになった。清水ＦＣライオンズに渡された銀製の優勝カップは、子供の胸にずっしりと重たく大きなものだった。

表彰式の最後に、優勝チームにシンガポールへの遠征旅行が用意されていることが発表された。

「えっ、俺達外国旅行に行けるんだ」

本部席の正面に並んでいた清水ＦＣライオンズのメンバーが、口々に叫びながら飛び上がって喜んでいる。

会場に集まっていた選手たちからも拍手が沸き起こった。

その夜、高木は鈴木保と駅前のホテルのバーにいた。

「大会も大成功だったな。俺の心配も取り越し苦労で旅館組合の幹部も忙し過ぎると言って悲鳴を上げていたよ」

鈴木が珍しくグラスを当ててきた。

「そんなことはないよ。保ちゃんのおかげでこの試合形式が決まったんだから」

「駅に帰るチームを見送りに行ったんだ。どこのチームもほくほく顔で来年も来ます。よろしくお願いしますと言われたよ」

「十年だぞッ、十年は続けなくちゃな」

「当たり前だよ。お前こそ頼むぞっ」

そう言って肩を叩き合った。

翌日の朝日新聞にこんな記事が載った。

「友情はぐくみフィナーレ。心結んだ２５６チーム、健闘互いにたたえ合う」

大会の事後処理を終えた高木が、何日かぶりにホステルに顔を出した。日焼け顔の平松が短パンにＴシャツ姿で庭の掃き掃除をしていた。

「社長さん、おはようございます」

「うん、滞りなく終えられたのもあなたたちのおかげさ。ありがとうさんよ」

「おかげさまで、うちの子が新年早々外国旅行に行けることになりまして。それもこれも社長さんのおかげです」

　こう言って頭を下げられた。

「優勝したチームに息子さんがいたんだ」

「あら、社長さん忘れているの。うちの子がＦＣに入っていると言ったでしょ」

「あ、そうだったね。ごめんごめん。そりゃおめでとうさん」

「私も嬉しいんだけど、外国旅行と言えば小遣いも余分に持たせてやらないといけないみたいで」

「そりゃそうだ。国内旅行とは違うからな」

「そうですよね。社長さん、私ここの仕事気に入っているの。これからも末長くお願いしますね」

　にっこりとほほ笑まれた。

「お、おおそうだな。これからもお願いするよ」

　それだけ言うと客の出払ったホステルに駆け込んだ。

　明けた八八年一月の冬休み、清水ＦＣライオンズの選手たちは遠征先のシンガポールに向けて飛び立った。

　蒸し暑い国への初めての遠征では、現地の日本人学校チーム、ミロ・サッカー・スクールと戦った。

　二試合とも圧倒的強さで押し込んだ。チームは海を越えても王者の貫録を十分に発揮して戦いを終え帰国した。

大会を成功裏に終えたことで自信を持った協会は、第二回大会から女子チームの参加を決め「全国少年少女草サッカー大会」と大会名称を改めた。全国から女子の参加チームを募り初年度は十六チームによる予選のリーグ戦を戦い、上位チームによる決勝トーナメントで優勝チームを決めた。第一回大会はＦＣすすき野レディース（神奈川）と戦った吹田市立豊津第二小学校女子サッカー部（大阪）が頂点に立った。

十回大会から女子は三十二チームとなり、男子と合わせて計二百八十八チームという大規模な大会として三十年経った今も変わることなく続いている。

# 第四話　出遅れた少年団 代表の挑戦

「丸いサッカーボールは、僕の人生に魔法の小槌のような思いもしない大切なものを与えてくれたんです」

船越スポーツ少年団の代表を務める鈴木隆《たかし》が言う〝魔法の小槌〟（サッカーボール）とは、サッカー少年だった長男の健一《けんいち》がもたらしてくれたものだ。

三十年前、健一は小学三年生でサッカーを習い始めた。隆はこれがきっかけで少年サッカーと係わりを持つことになった。子供たちの面倒をみるようになると、サッカーを通して多くの人々との出会いが生まれサッカーに関連する世界で活躍する人生を歩むようになった。

健一が通っていた清水市立船越小学校は、桜の名所として知られる船越堤公園の麓にある。二〇一五年八月十四日、この小学校の校庭で「第二十九回清水カップ　全国少年少女草サッカー大会」の「ゆうかり・船越サクラカップリーグ戦」の開会式が開かれていた。

真夏の太陽に陽炎《かげろう》が立つ小学校のグラウンドに赤や緑、黄色の色鮮やかなユニフォームを着た十六チームの選手たちが並んでいる。

どの顔も日焼けして逞しい。

「選手宣誓。今日この日を迎えるにあたり、お母さんお父さんそして役員の方々の協力があったことに感謝します。僕たちは、この一年間一生懸命練習してきた成果を出して、ここに集まった仲間たちと共に正々堂々と戦うことを誓います」

船越小学校「船越サッカースポーツ少年団」のキャプテン川村透依《とうい》が、右手を青空に突き上げ参加チームを代表して力強い選手宣誓をした。

二十五年前から少年団の代表を務める鈴木隆は、車で十分程のところにある巴川クリニックのベッドに横になってこの時を迎えていた。糖尿病の進行から患っていた腎臓が機能を失い、二年前から週三回の病院通いで人口透析を受ける体になっている。

「透依は試合ではいいプレーをするけど、気が小さいところがあるからちゃんと最後まで宣誓を言い終えることができるかな」

父親のような気持ちで透依の宣誓を心配していると、子供たちのサッカーに関わることになってからのこの三十年間に起きた様々な思い出が蘇ってきた。初めてパスポートを所持して国境を越えたサハリン遠征ではチームから七人の代表が選ばれて活躍した。

メキシコ遠征では、岩山にサボテンが群生し地平線の向こうまで続く砂漠の荒野が続いていた。清水では一番遅れて生まれたスポーツ少年団だけに、どんなに頑張っても勝利を手繰り寄せることのできなかった子供たちがチーム結成から十年経つと四年、五年、六年生と三学年が市内の大会で勝ち抜いて県大会までコマを進めるまでになった。

ベッドに横になり透析の針が刺さった右腕を眺めていると、あの時の選手たちの誇らしげな顔が走馬灯のように浮かんできた。

午前十時から始めた四時間の透析を終えると、隆はその足で船越小学校に車を飛ばした。カップ戦初日の対戦相手は「アクアジュニアフットボール春日井A」と「寒川少年サッカークラブC」「Ｔｏｍ　Ｆｏｏｔｂａｌｌ　Ｃｌｕｂ　ゴンタ」との三戦だ。

「船越サッカースポーツ少年団」は二試合を終え、最後の試合「Ｔｏｍ　Ｆｏｏｔｂａｌｌ　Ｃｌｕｂ　ゴンタ」と対戦中だった。

透依の父親でもある育成会会長の川村真弘《まさひろ》が役員席に座っていた。

「どうだ、決勝トーナメントに進めそうか」

川村は試合を終えた二チームとの試合スコアを黙って渡した。「アクアジュニアフットボール春日井A」〇対一〇、「寒川少年サッカークラブC」一対四。ぼろ負けのスコアだった。

最後のこの一戦は、終盤に「船越サッカースポーツ少年団」が一点を挙げかろうじて逃げ切り一勝二敗となったが、決勝リーグ進出の道が閉ざされた。選手たちが力ない顔で引き揚げてきた。

「みんな良く戦ったな。明日もあるんだから、自分たちのどこが足りなかったかを考えようじゃないか」

隆が労うように語りかける。

その時、隆の携帯がポケットで鳴った。

「厚木の大神田です。申し訳ないんですが大会に出場できなくなってしまったんです。今からのキャンセルは厳しいと思うんですがどうですか。よろしくお願いします」

それだけ言うと切れてしまった。時計の文字盤が映し出された液晶画面を見つめながら隆は車に戻った。

「鈴木です。社長、もう大会パンフレットは刷り終えました？」

「まだだよ。今晩かかろうと思っているところだけど」

「良かった。チームの変更があるんで印刷を一日待っていただけませんかね」

「それは構わないけど」

再び車に戻ると手帳を広げた。住所録を捲ると井出進《いですすむ》の電話番号をプッシュした。井出は隣の小学校にある「駒越小サッカー少年団」の会長を務めている。三回目の発信音で応答があった。

「九月第二の土、日おたくのチーム空いているかな」

「大丈夫と思うけど、どうして?」

井出のダミ声が聞こえた。

「フリフォーレス杯で、出場予定のチームが減って代わりを探さなくちゃいけなくなって」

「大丈夫だけど、どこのチームが来るの」

「横浜、埼玉、岐阜、山梨からだよ。三十二集まるんだ」

「分かった、登録メンバーは明日届ける。それでいいかな」

隆は、毎年九月の第二土、日曜日を使い近県のチームを集めて小学三年生の大会「フリフォーレス杯」を開いている。草サッカー大会は清水サッカー協会と街を挙げてのものだが、この大会は五年前から隆が一人で立ち上げたものだ。

何をしても体に力が入らない。体調に異変を感じて病院に行くと医者から腎臓が機能を失って透析が必要なことが告げられた。週三回の病院通いは、逃げることのできない重病だと落ち込んだ。

この大会を合わせ四つの大会の実行委員長を務める立場にある。

大会を終わらせることを考えたが、主治医に相談すると、

「気弱なことを言わないでください。規則正しく通院して、生活を節制すれば健康人と変わらない生活ができるんですから」

その言葉が萎えた力を奮い立たせてくれて継続を決めた。

九月に開催する大会は六月から準備にかかる。前年の参加チームに打診して、欠場があると付き合いのあるチームに折衝して大会が成り立つ三十二チームを確保しなければならない。

参加チームが決まったところで選手名簿を集めて大会用パンフレットを作る。途中でチーム変更があると、今回のように選手名を入れ替えなければならない。今年は九月の十二、十三日で市内の小学校のグラウンドを使ってのカップ戦だ。

「お忙しい中、今日お集まりいただいた指導者そして選手の皆さんにお礼を申し上げます。二日間の戦いが始まるわけですが、選手の皆さんはチームメートを敬い相手選手を敬う心を持って正々堂々と戦ってください。正しい心には健全な精神が宿ります。皆さんはサッカーを通して何事にも負けない強い人間になってください」

開会式で挨拶した隆の言葉だ。

初日の戦いを終えた夜、清水駅の裏手にある清水テルサビル七階のレストランで参加チームの監督会議兼親睦会が開かれた。

この会議は、大会に集まった指導者たちが楽しみにしているバイキング形式の食事会で各チームの交流の場にもなっている。

「隆さん、体の方は大丈夫ですか」

隆の人柄と面倒見の良さに惹かれて始まった大会だけに、指導者は隆の座るテーブルに体調を心配して集まる。

「大丈夫。この通りぴんぴんしているよ。そんなことより来年も子供を連れて来てよ」

「大丈夫ですよ。子供たちもこの大会を楽しみにしていますから」

この日の試合展開を語り合うグループ。日本代表の戦術に意見を交わし合う指導者たち。誰もがサッカー好きだ。

会場から道路を挟んだ向こうは清水港だ。停泊する貨物船の光がぼんやりと溶けるように暗い海面を照らしている。

隆のサッカーとの関わりは、今年で三十回を迎える「草サッカー大会」の歴史そのものだ。三十年前、二十一歳で結婚した隆には小学五年生になる長男の健一と二年生の麻衣子がいた。スポーツ好きの健一は自分の通う船越小学校の隣にある岡小学校のサッカースポーツ少年団に三年前から入って活動していた。清水では船越小学校だけがサッカースポーツ少年団がなかったからだ。

「ボールを蹴ると花壇が荒らされてしまうし、スパイクで走り回るとグラウンドがぐちゃぐちゃになってしまう」

周囲の学校では、日が暮れても夜間照明を使ってボールを追いかける子供たちがいるというのに、ここでは校長が頑なに反対し続けてきたため健一は仕方なく岡小学校の少年団に入っていた。休日になると、母親の瑠美子は岡小学校で我が子がボールを追いかけている姿を見るのを楽しみにしている。

隆は子供の遊びには目もくれない。天気がいいと気儘に清水港の埠頭に出掛けて釣り糸を垂れ、夕方になると咽喉の渇きを癒すように飲食店の暖簾を押す。そんな亭主だ。

半年前、船越小学校も保護者の要望でようやくサッカーが解禁され少年団ができたが隆は気にも留めていなかった。

八百本以上といわれている船越堤公園のソメイヨシノが散り、花見客の姿が消えて北風が柔らかな春の風に変わっていた。釣り日和だ。瑠美子が岡小学校に出掛けるのを横目にいつもの釣り場に向かった。正面に雪を被って悠然と聳《そび》える富士山を眺めながら釣り糸を垂れていた。突然、竿が強く撓《しな》った。両手で竿を握り引いたり放したりしながらようやく釣り上げた。五十センチを超えた真鯛が鱗を桜色に光らせていた。

これまで三十センチくらいの鯛や鯵は上がっていたがこれだけのサイズは初めてだった。魚篭《びく》には収まらない。大きすぎて自分で捌く自信もない。近所の鮨屋に持ち込んだ。

「いい型だねぇ」

「捌いてくれる。俺が喰った残りは店で使ってよ」

「それでいいの。悪いねぇ、今やるから待っててよ」

テレビのニュースを見ていると、有田焼の皿に盛られた鯛の薄造りがカウンターに置かれた。箸を出そうとしたとき硝子戸が勢いよく開いた。坂倉孝治《さかくらこうじ》が二人の男を連れていた。

「あれ、隆さんだ」

意外そうな顔で見た。三人ともジャージ姿だ。坂倉には健一と同級生の広昭《ひろあき》がいて、新しくできた「船越スポーツ少年団」に入ったとは聞いていた。サッカーの練習を終えての帰りだろう。

どの顔も健康的に日焼けして光っている。細身で仲代達矢似の坂倉は、中学から始めたサッカーを高校でも続けていたスポーツマンだ。親戚には、静岡大学の堀田哲爾の先輩にあたり小学校教諭でサッカー協会の役員を務める隆と同性の鈴木石根《せきね》がいた。

三保に住む坂倉は、折戸湾の渡し船に乗って清水工業高校に通学していたが時化《しけ》で船の運航が止まることもあり一年生の後半から市内に住む石根宅に下宿していた。そんな訳でサッカーに対しての造詣が深い。

「隆さん紹介するよ。隣の駒越で少年団長をしている井出《いで》さんと、うちの団の長嶋さん」

長嶋明は、船越小学校に出向いて因業な校長に掛けあい首を縦に振らせた男という。短髪で鼻筋の通った顔は演歌歌手の橋幸夫に似ているが目の鋭さが意思の強さを表している。

小さく頭を下げると名刺を出した。「船越サッカースポーツ少年団副会長」と書かれている。井出も財布から名刺を出した。

「駒越小サッカースポーツ少年団会長」と角ばった活字の名刺だ。

「よろしくお願いします」

隆も慌てて頭を下げた。井出は中肉中背で角張った精悍な顔をしている。挨拶を終えた隆はカウンターに体を向けると鯛をポン酢に付けて口に入れた。熱燗が鯛の甘みを引き出して美味い。

「大将、俺のとこにも隆さんが食っている刺身を頂戴よ」

そう言って坂倉が薄造りに顔を近づけた。

「この鯛は隆さんが釣ってきたものだから……」

「えっ、鈴木さんはそんなに釣り上手いんですか」

井出が隆の顔を見た。

「清水に住んでいたら釣りくらいするでしょう。自分で釣った新鮮な魚を喰ったら魚屋に並んでいるものなんか口にできないよ」

「釣りは釣りでも隆さんは、岡釣りのほうが専門だと思ってたけど」

　坂倉が言った。

「まぁ、そっちも得意なことは得意だけど」

　坂倉が隆の顔を覗き込んだ。

「そりゃあ分かるけど、隆さんそんな食道楽だっけ」

「美味い物の見極めができるくらいの舌を持たなきゃ」

　隆が背筋を伸ばして胸を張った。

「大将この二人にお裾分けで出してやってよ」

「あいよ」

「ほんとにいいの。ご馳走さん、持つべきは友だねぇ」

　三人は、隆の座るカウンターの後ろの小上がりに腰を下ろした。

　隆は熱燗で薄造りを楽しんでいる。

「坂倉さんとこ、今度始まる夏の草サッカー大会はどうするの」

「出るつもりではいるけど、チームプレー云々というレベルにないから正直なとこ迷うんだよね」

　三人の会話は、夏に開催が決まった草サッカー大会だった。

「うん、この鯛は美味い。ところで、隆さん健一君をうちのチームに入れてくれないかな」

　背中で声がした。隆は聞こえないふりをしていた。

　坂倉は、話し掛けても反応しない隆の前に立った。

「サッカー経験のある子を、一人でも欲しいんだよね」

坂倉が隆に頭を下げるのは、三年前からボールを蹴っている健一を自分たちが立ち上げたチームの戦力として欲しいというものだ。

「それはできないよ。岡小の指導者にはこれまで長い間お世話になってきたんだから」

〝人生義に感ず〟を人生訓とする隆は、筋の通らないことには昔から耳を貸さない。

「無理な話じゃないと思うんだけど。船越に少年団がなかったから岡小に入れただけで通っている学校に団ができたんだから鞍替えするって普通じゃない」

「とにかく、できない相談には乗れないよ」

面倒なことが嫌いな隆は立ち上がった。

隆と坂倉は同じアパートの二階と三階に住み仕事上の付き合いもある。隆は自動車の修理工場で板金工として働いている。坂倉は父親の代から折戸湾で造船所を経営していたが小型船舶の不況で廃業し、運送会社に入ってトラックの運転手をしている。

車の修理が必要になると隆の工場に持ち込んでいた。

この問題さえ除けば気の合う酒飲み仲間だ。

坂倉が隆をチームに健一を誘うのは違う目論見があるからだ。

この頃、夜になるとマフラーを改造した単車でバリバリバリと雷のような排気音を轟かせて走り回る若者たちがいた。暴走族だ。夜になると港の埠頭に集まり日本平の急カーブの続く坂道でハンドル捌きを競い合っていた。暴走族は、世間から騒音公害をまき散らす鼻摘まみ者として敬遠されていた。清水駅前のロータリーで、暴走族の頭《かしら》と呼ばれている長髪の男が単車に跨って時間を持て余すようにたむろしていた。そこに、パンチパーマでサングラス姿の隆が通りかかった。

隆を見た頭は、単車から飛び降りると直立不動で頭を下げた。

「押忍！」

「おお、元気でやってるか」

「はい」

小柄で肩を怒らせているわけでもない隆に向かって、頭は借りてきた猫のようにおとなしい。その現場を坂倉は遠巻きに見ていた。

隆の何がそれをさせるのか。思い当たる節はあった。仕事の現場で、上司の指示も自分の意に沿わない作業には頑に抵抗する気の強さを見ていた。筋を曲げない男の矜持が暴走族を従わせる力となっているのか――。隆の〝背中で人を引っ張る〟そんな力が新しく立ち上げた少年団の運営に必要と考えた。坂倉は、前日に健一と会っていた。

学校帰りの健一を見かけた坂倉はトラックを停めた。隆を説得するには健一の意向を確かめておく必要があると考えたからだ。

「健一、うちの広昭とサッカー一緒にする気ないのか」

トラックの窓から顔を出して訊いた。

「あ、伯父さん、俺やりたいよ。船越のチームに入りたいけどお父さんが……。坂倉の小父さん、お父さんにそのことを言ってよ」

健一はそう答えた。それだけ聞けば十分だ。

坂倉は、仕事を終えると自宅から一升瓶を持って隆の部屋に向かった。階段の横に植えられている蜜柑の木が白くて小さな花を付けてアパートの廊下の裸電球に照らされていた。隆の部屋の前に来るとテレビの音が聞こえた。ドアを開けると隆はテレビを見ていた。

坂倉の女房は歩いて十分ほどの大沢町で居酒屋「乃んでれ」を経営している。夜になると一人置いておかれる坂倉は、時折こうして鈴木宅のドアを叩く。

「入ってもいい。一杯やろうよ」

ブラウン管に巨人・阪神戦が映っていた。

「あれ、瑠美ちゃんは」

「かあさん、麻衣子を連れて仕事仲間のところに出掛けたよ」

座布団を出してくれた。酒瓶をテーブルに置くと隆がコップを出した。巨人の四番打者、王貞治がホームランを打ったようだ、客席が沸き上がっている。互いにコップに酒を注いだ。

「今年も巨人がぶっちぎりで優勝だろうね」

「なんたって金満球団だから優勝しなきゃおかしいよな」

菊正宗が空っ腹に沁みる。

「腹減ってない、黒はんぺんあるから焼こうか」

「あったら嬉しいねぇ」

隆が立ち上がって冷蔵庫を開けた。フライパンを持ちだしてガスに火を点けた。フライパンを振る。隆のどこに暴走族を従える力があるのか。そんなことを考えながらコップ酒を呷《あお》った。

空っ腹は酒の廻りが早い。

「この前の話だけどさ、健一君に訊いたんだ。健一君船越に入りたいって言ってるよ。うちに入れて隆さんも一緒にサッカーやらない」

隆の背中に向かって言った。隆の手が止まった。

「えっ、健一がそんなこと言ってるのか」

「そうだよ。昨日会って聞いたんだ」

まるで打ち合わせ通りのようなタイミングでドアが開いた。

坊ちゃん刈りの健一がジャージ姿でボールを抱えて入ってきた。

坂倉を見た健一は小さく頭を下げた。

「いいとこに来た。お前本当に船越に入りたいのか」

「うん。今も船越でボール蹴ってきたんだ。学校の友達と遊んでいるほうが楽しいんだもん」

「ほら、こう言ってるじゃん」

焼けたはんぺんをテーブルに置いた。坂倉はワサビを付けた。

「うん、美味い、いけるね」

もう一杯注いだ。

「健一君もこう言っているんだから」

「そうかぁ、だったらそっちの方がいいのかな」

「お父さん、俺、船越でサッカーしたいよ」

「分かった。お前の気持ち次第だ、任せるよ」

健一の船越入りが決まった。

「そうなったら、隆さんも当然育成会に入るよね」

坂倉はタイミングを逃さなかった。育成会入りは父親チームに入ってサッカーを始めることだ。

隆は中学、高校とやんちゃ仲間との遊びのほうを取って運動部の部活に入ったことがなかった。

飲みかけのコップから目を離さない隆を健一が見つめる。

「十番の背番号をくれるんなら入ってもいいけど」

サッカー選手の十番は、そのチームの顔ともいえる中心選手が付ける番号で瑠美子と健一の会話によく出ていたから知っていた。

受け入れられるはずがないと踏んでの要求だった。

「いいよ、好きな番号を付ければいいじゃん」

あっさりと受け入れた。隆は肩透かしを食った気分になった。

「健一君、よかったな。来週からはお父ちゃんと一緒にボールを蹴るんだぞ」

「大丈夫かなぁ」

半信半疑の健一が目尻に皺を浮かべる隆を見る。

「分かった、じゃ入るよ」

健一に目くばせすると小さく頷いた。坂倉は隆に乾杯を催促した。

翌日の夕方、隆の姿が清水銀座のスポーツ用品店「ゴール」にあった。何事にも恰好から入らないと気に入らない隆は、サッカー用のジャージを買いに来ていた。「ａｄｉｄａｓ」の、肩とズボンの横に白い三本のラインが入った紺の長袖を選んでいた。

五月のゴールデンウィーク前のことだ。


昨晩の飲み過ぎが祟って、隆は二日酔いの頭を叩きながら熱いコーヒーを啜っていた。健一は九時から始まるサッカーの練習に出掛けた後で、瑠美子の焼いてくれるトーストを待っている。新調したジャージを出して袖を通すと瑠美子が驚いた顔をした。

　麻衣子も動きを止めた。

「お父さん、それどうしたの」

「少年団に入ったんだよ。坂倉さんが酒持ってきて飲まされたんだ」

「飲まされたんじゃなくて、飲んだんでしょ」

「ま、そう言われるとそうだけど……。気が付いたら首を縦に振らされちゃってよ。騙されたんだけど一度首を振ったから行かないわけにはいかないじゃん」

　そう言いながらボールも用意していた。二人が顔を見合わせた。

「じゃ、行ってくるよ」

　ジャージにサッカーボールを持つ姿が自分ながら滑稽に見えた。

　隆は、息子が入学してからの五年間で小学校に足を運んだのはこの日が初めてだ。校庭に顔を出すと、子供たちがボールを奪い合いながら駆け回っている。緑のユニフォームに混ざって一人だけ黄色い岡小学校のユニフォームを着ている健一が目についた。

　長嶋の姿もあった。知っている保護者の顔も何人か見えた。

「よし、今度はボール出しとシュート練習だ。健一君、ボール出しを手伝ってよ」

「はい」

　長嶋の足から放たれたボールが、健一の足に弾かれて走り込む子供たちの前に転がる。

「ボールの速さに合わせて走り込まないと」

そう言って健一が指示を出している。隆はこんなに積極的な健一を見たことがなかった。桜の堤に囲まれた校庭の空気が急に緩んだ気がした。

子育ては瑠美子に任せっ放しで口出しをしなかった。子育てが嫌いなわけではない。自分の気性の激しさを知っているから、中途半端に口を出して自分の意に沿わないと子供を無闇に怒鳴り散らしてしまうだろう自分が怖かったのだ。

健一のボール捌きは、他の子供たちの中では群を抜いている。

走りながらのパス回しも、相手のスピードに合わせた優しいボールを出している。子供の世界での健一の立ち位置がそこに見えた。

子供たちの動きとコーチの配分を見ていると、学年ごとに分かれて練習をしているようだ。坂倉が気付いてくれた。

「おっ来たね。みんな集合だ」

子供たちが集まった。

「今日からみんなの面倒を見てくれることになった、健一君のお父さん。コーチをお願いしてあるから」

いつの間にかコーチになっている。

同級生の広昭と並ぶ健一の顔が嬉しそうに輝いている。

「これから、鈴木コーチには五年生の会長になってもらうから」

今度は会長だ。隆は何も分からず頭を下げたが口を挟める雰囲気にない。横に並んでいた長嶋が耳打ちした。

「この前の鯛の刺身美味かったですよ」

練習が始まると、坂倉に押されてグラウンドに出てセンタリングのボールを蹴ってみた。足の芯に当たらない。

それでも子供たちよりは強いボールが蹴れたのがせめてもの救いだった。体を動かしたのは何年振りだろう。

「この汗が、酒の味を一段と美味くしてくれるんですよ」

長嶋に肩を叩かれた。責任感の強い隆は、練習を終えると駅前の本屋に車を飛ばした。コーチと呼ばれる以上、サッカーを少しでも覚えたかったからだ。週刊誌を買うことはあったが専門書など買ったことがない。『サッカー入門』と書かれた本をレジに置いた。

家に戻ると自室に籠って早速入門書を開いた。走りながらの三角パス、胸のストッピング、インサイド、アウトサイドキックの軸足の使い方、スローイングの投げ方とヘディングの合わせ方、ヘディングは強く遠くに飛ばすには体の反動を使う。闇雲に頭に当てるだけではないようだ。事細かな基礎編に何回も目を通した。

読んでいると自分で試してみたくなる。

「健一、お父さんにヘディングの練習させてくれないか」

テレビを見ていた健一が怪訝な顔で振り返った。ボールを持って階段を下りた。近くの公園の街灯の下で健一にボールを投げてもらう。体を反らせ反発力を付けて打つ。何回か繰り返すうちにボールを投げる健一の胸にすっぽりと収まるようになった。

「お父さん、上手いよ」

息子に褒められた。照れながら右手を上げた。サッカーという同じフィールドに立つ息子の言葉を素直に聞くことができた。

グラウンドに出ると、早速子供たちにヘディングの手ほどきをした。頭に当てるだけの子供に、体を反らせ反動を使った打ち方をして見せる。子供たちがその通り頭にボールを当てる。弾かれたボールが勢いを付けてそれまでより遠くに飛んでいく。

「これで良いんでしょ」

「うまいうまい、それでいいんだ」

横目で見ていた健一の顔が嬉しそうに緩んでいる。

試合形式の練習は保護者も入っての紅白戦だ。隆も子供のチームに入ってボールを追いかける。ようやく追いついた。小さく止めてドリブルの態勢に入った。一歩蹴り出したところで後ろから足が伸びてボールを浚《さら》われた。ボールを浚ったのは健一の足だった。健一は巧みなドリブルでゴールに向かって突進する。左足を振り抜くとキーパーの逆を突いてゴールネットの右隅に突き刺さった。

仲間が駆け寄ってハイタッチをしている。

坂倉が健一をチームに欲しがったことがよく分かった。

子供の試合は二十分ハーフだが、二十分がこんなに長く感じられたことはなかった。

米屋の若奥さんが段ボールに入れた缶ビールを運んできた。プルタブを抜くと泡が噴き出した。

「あ～うめ～。これが楽しみで毎週来るんですよ」

長嶋が喉を鳴らしてビールを流し込む。隆も飲んだ。

「子供たちに、他流試合をさせてやりたいよね」

「実戦を積ませることが上手くなるためには一番の近道だもんね」

「先週、岡小に来ていた静岡のチームに頭を下げたんだけどまだ連絡が来ないんだよね」

「うちのチームじゃ無理なのかな」

坂倉と長嶋の会話を聞くと、余所のチームの指導者との交流がないため練習試合を組むにも相手が見つからないと言う。


隆が練習に参加を始めて一カ月が経っていた。

太腿も脹脛《ふくらはぎ》も筋肉痛になったがそれも徐々に消えていた。

健一と連れだってグラウンドに行くと坂倉が手招きしている。

「隆さんMサイズでいいよね。はい、約束通りの背番号の入ったユニフォームが来たから」

坂倉が広げたユニフォームは、子供たちと同じ緑で背中に十番の数字が入っていた。緑のストッキングも付いている。

早速ユニフォームに袖を通した。

「似合うよ。これでうちもメンバーが十三人になったから、育成会のリーグ戦に参入できるよ」

隆のユニフォーム姿を見て長嶋が嬉しそうに言った。

毎週ボールに触っていると体が自然と反応するようになった。

インステップキックも足の芯に当たるようになった。インフロントキックも足首で打てるようになった。子供たちに混じっての練習試合でも闘争本能がそうさせるのか、誰の動きも機敏になったが足をからませて倒れる者や止まれなくて衝突することが度々起きた。子供たちは呆れた顔で見ている。筋力が落ちているからこればかりはどうしようもない。

「無理をすると怪我に結びつくから、みんな気を付けてね」

坂倉の声がグラウンドに響いた。

この日も、酒屋の若奥さんからのビールの差し入れが届いた。

ビールを手にするとみんな和やかだ。

「そろそろボールにも慣れてきたから、育成会リーグ参加の登録をしようと思って」

坂倉が切り出した。

「ユニフォームを新調したんだから早く試合がしたいよな」

アルコールが入ると鼻息は荒い。団子状態のボールの奪い合いや、グラウンドに転がったみじめな姿も忘れてやる気満々だ。

坂倉がリーグ戦参加の登録に行くと試合日程を決める会合があることを知らされた。会合に顔を出すと、役員として議事進行していたのは高校時代のサッカー仲間だった。育成会リーグの参加チームが三十チームもあり、A、B、Cリーグと実力によって分かれていることも知った。船越はサッカー経験者が三人しかいない。リーグ戦初参加ということもありCリーグに登録を申し入れた。

登録メンバーの内容を聞いた役員が言った。

「三人の経験者が揃っているチームはそんなにないよ。これだけの戦力が揃っていたらCじゃ駄目。Aだよ」

ほとんどのチームはサッカー経験者がいないと言う。無理をしたくない。頭を下げてBリーグに登録した。リーグ戦は二週間後に始まる。

子供たちに混ざっての試合経験しかないチームだ。

「実戦の練習を少しした方がいいと思うから、月曜日の夜、都合のつく者で練習試合をしようと思うんだけど」

育成会リーグは、毎週水曜日の夜七時がキックオフと言う。

その時間を選んでの練習だった。坂倉の提案に反対する者はいない。十三人全員が顔を揃えた。走れない、ストップをかける筋力も衰えている。そんな面々の誰の顔も輝いている。父親たちが袖を通したユニフォーム姿が夜間照明に映えて逞しく見える。

六対六に分かれてミニゲームが始まった。ここでも、選手同士の衝突が起きた。幸いにして怪我人も出ずに一時間の練習を終えた。

「一時間後に『乃んでれ』に集合としますか」

坂倉が言った。風呂に入ってきたのだろう。暖簾を掻き分けるどの顔もさっぱりしていた。この店は、静岡名物のおでんから清水港に水揚げされた鮪の刺身とつまみは豊富で腹を空かせたメンバーにはピッタリだ。ビールで乾杯すると、話題はリーグ戦に集中した。

各自がポジションを口にするが坂倉は取り合わない。

レジからメモ用紙を持ち出すとピッチ半分の図を書いた。

選手同士の衝突を避けるため、攻撃も守りもサッカー経験のある三人が縦のラインに並ぶ。奪ったボールは個人で仕掛けず三人に集めて攻撃の起点にする。いかに怪我を避けるかを作戦上の最重要項目と説明した。隆に与えられたポジションは、ワントップで敵のゴール前から動かないストライカーだ。隆が目を輝かせる。

坂倉には確かな計算があった。走力のない隆が張り切り過ぎて肉離れでもされるのが怖いからだ。

「ボールが来たら、とにかくゴールに向かって蹴る」

隆はこう言い含められてリーグ戦を迎えることになった。


育成会チームのリーグ戦が始まった。ユニフォームにパンチパーマは違和感もあるが隆はそんなことはお構いなしだ。

「ここだよ、ここ」

坂倉がボールを持つと隆が両手を上げて要求する。坂倉が柔らかなボールを隆の前に転がす。隆がインサイドで合わせるとキーパーの逆を突いてボールはゴールネットを揺らした。

「お父さん、ナイスシュート」

瑠美子の声だった。二人の子供も駆け付けていた。

坂倉が隆に走り寄ってハイタッチを交わす。仲間が次々に集まってきた。育成会の父親リーグは二十五分ハーフだ。初戦は、約束事を守った戦いで怪我人も出さず四対二で勝って終えた。

坂倉が監督兼ゲームキャプテンを務めるチームは、リーグ戦七試合を消化した時点で四勝三敗と勝ち越し、隆は六点を挙げるエースストライカーとなっていた。スパイクもユニフォームもそれなりに年季が入ってグラウンドに馴染んでいる。

試合に勝っても負けても、興奮しているメンバーの血の気は簡単に収まらない。勝てば祝賀会、負けると反省会だと言って試合後は「乃んでれ」に集合する。

勝ち試合はゴールを決めた者がヒーローだ。

「三点目の俺のシュート。あれは芸術的だったよな」

この時の隆は雄弁だ。

清水の育成会の歴史は、こうして試合後に集まる保護者の飲み会から始まった。子供たちのサッカーが盛んになると保護者の応援が増える。試合結果に、俄か評論家となる保護者同士が口泡を飛ばして語り合う。子供の試合でも然りだ。

「おまえんとこの坊主は踏ん切りが悪いなぁ。打てるシュートを打たないんだから」

「馬鹿野郎、慎重で丁寧に戦況を見つめているんだよ」

熱く燃える保護者たちは、喧々諤々《けんけんがくがく》やり合っているうちにお天道さんが高くても一杯やりたくなる。

「どうだい、うちに来て一杯やらないか」

どちらともなく誘い合ってビール瓶が開く。アルコールが入れば怖いものなしだ。我がチームの問題点から始まった口論が、サッカー日本代表の話題に移ったりと話は尽きない。保護者たちは、この飲み会が楽しみでグラウンドに集まる。

「先週はお宅にお邪魔したから、今日は俺のところに来ないか」

誘い合っての自宅での飲み会が始まる。

「能書き垂れるんなら、俺達もチームを作って試合をやろうじゃないか。そうすれば子供たちの気持ちが少しは分かるだろ」

最初は、子供たちとボールを蹴るだけだったものがそれでは物足りなくなる。清水に育成会チームができたのはこんな流れからだ。

育成会の父親チームが、最初に戦ったのが一九七四年十月の市民体育大会だ。会場には保護者や子供も集まって盛り上がると、リーグ戦を作って試合を組む構想が持ち上がった。

サッカー協会は早速動いた。

この年の十二月から三カ月間のパパさんリーグこと「清水市サッカー少年団育成会親善交歓リーグ戦」をスタートさせた。

ママさんリーグ「清水市サッカー少年団育成会親善交歓リーグ戦」(後に「清水市サッカー少年団育成会親善交歓婦人フラミンゴ・サッカーリーグ」と名称変更)がスタートしたのは一年後だ。

折戸湾は、インドネシアなど東南アジアからの洋材の輸入基地として沿岸に製材所が数多く稼働していた。材木商をしていた隆の父親は斜陽化する木材に新機軸を求め浜松から商売の拠点を移すべく清水に家族で越してきた。隆が小学校三年のときだ。

当時の子供たちの遊びは、巴川で釣りをしたり近所の蜜柑畑に忍び込んでおやつを自分の手で獲得することだった。父親は、

「自分の食い扶持は自分で見つけろ」

放任主義で育てられた隆は、曲がったことの嫌いな性格で体が小さいにもかかわらず上級生が下級生に対して理不尽と思えるいじめが始まると喰ってかかった。当然暴力を振るわれるがそれ

でも怯むことがなかった。自分の信念に対しては曲げることを嫌い胆の据わった少年として仲間内では一目置かれる存在になっていた。

その性格が災いしたのは清水商業高校に進学した一年のときだ。

冬場になると太陽が差し込む後ろの席の窓際が温かいからといって人気だ。不公平をなくすためと、担任が席順のくじ引きを生徒にさせた。隆が引いたくじは、誰もが希望する後ろの窓際だった。

「隆、変わってくれよ」

仲間が羨ましがって隆のところに来た。

「やだね、普段の行いがこういうときに出るんだよ」

そういってふんぞり返るように座ったときだ。

「鈴木、お前まさか不正はしていないだろうな」

担任が問い詰めるように言った。

「不正ってなんですか。いい加減にしてくださいよ」

「本当か、いいから前に出てこい」

挑発する命令口調だった

「何ですか。俺に用があるんなら先生がこっちに来ればいいじゃないですか」

「何だ、その言い草は」

隆は担任の前に立った。理不尽な言いがかりに怒りで震えていた。

「お前、本当に不正していないか」

言い終わらないうちに握りしめた鉄拳を担任の頬に叩きこんだ。

不正呼ばわりされたことが許せなかった。

隆が担任に手を挙げたのは他にも理由があった。

野球部員が、同級生から恐喝して千円単位の金を巻き上げていることが校内で問題になっていた。隆はカウンセラーの先生に職員室に呼ばれた。

「お前も、恐喝に加わっていると言うじゃないか」

「誰がそんなことを言っているんですか」

「野球部の連中だよ」

身の覚えはない。痛くもない腹を探られた隆は腹を立てていた。

隆の取り調べを聞いていた担任が口を挟んだ。

「お前、やったことは素直に謝ればいいじゃないか」

隆には覚えのないことだった。調べもせず犯人にでっち上げようとする担任もカウンセラーも許せなかった。その鬱憤が破裂した。

隆の暴力に学年担任が駆け付け、その場で二週間の停学処分を言い渡された。売り言葉に買い言葉でカバンを持って教室を出た。

野球部の部室に行くと煙草の吸殻が山になっていた。

水泳部の部室には酒の瓶が置かれていた。

中途半端が嫌いな隆は、荒れている学校を見切って働く道を選んだ。材木商を営み顔の広い父親が働き場所を紹介してくれた。

遠州鉄道が経営する、浜松にあるレジャーセンター「パルパル」のメンズ・ウエアの売店に勤務することになった。

客足が伸びる休日祝日の仕事の忙しい日はいいが、ウィークデーの客の少ない日の売り場は隆にとって地獄のような時間だった。

上司は、売上が上がらない不機嫌さを新入りの隆にぶつけてきた。

「ほら、仕事がないんだから窓枠を拭け。それが終わったら床の掃除もだぞっ」

先輩の前で奴隷のように扱われた。この上司はロッカー室に誘い鉄拳を見舞ってやり、隆は退職した。当時流行していたインベーダーゲームやスマートボールの機械を「パルパル」の施設内に卸していた業者の男から声が掛かった。

「仕事辞めたんだって。だったらいい仕事があるよ。新台と引き換えに出る中古のゲーム機を置いてくれる店を見つけてくれないか。中古を店に設置できたら、売り上げを歩合で貰えるんだ。これがかなりの儲けになるんだよ」

街の小さな喫茶店は、ゲーム機を設置したくても卸業者が小口の注文を面倒くさがって相手にしてくれない。隆は行きつけの喫茶店の店主からそんな悩みを聞いていた。ゲーム機を欲しがる店側と中古品を持て余すメーカーとの橋渡しで機械を右から左に回すだけだ。

浜松から清水までの東海道沿線の繁華街を回り、設置を希望する店を探してゲーム機を卸す。ブームだけにゲーム機の備わっていない店を探して飛び込みのセールスをかけると、思いがけない台数の契約が取れた。時間が自由で存分に稼げる。

この資金を元手に、我が世の春とばかり遊びに現《うつつ》を抜かしていた。

パンチパーマもサングラスもこの時に覚えたファッションだ。

酒も博打も覚えた。その生活も父親の一言で変わる。

「今は良いだろうけど、若いうちに自分の手に職を付けておかないと一生を後悔することになるぞ」

父親は、材木を買いつけて売り抜く自分の商売を毛嫌いしていた。

「馬喰《ばくろ》う、地面師、山師なんてのは自分では何も創り出さない。手八丁口八丁他人の褌《ふんどし》で相撲を取るだけのブローカーだ。堅気のする商売じゃない。お前のしていることはブローカーそのものだからお前には俺の轍を踏ませたくないんだ」

自由気儘に育ててくれたが、隆が大事な曲がり角を迎えた時の父親の助言は幾度となく当たっていた。ここでも隆は素直に聞いた。

職を見つけて働きたいという隆に、父親は何社かの仕事先を探してくれた。隆は自分が組織としての行動に向いていないことを知っていた。大型自動車のボディーの加工や車に取り付ける工具箱を作る板金工の道を選んだ。

その会社は、社員八人の中小企業で同族会社だった。最初こそ、作る商品の図面の見方は親方に教わっていたが溶接の要領と図面の読み方を覚えると、自分で図面通りに素材を切り刻んで製品を作る。

誰に言葉を挟まれることなく自分のペースで仕事に取り組むことができるこの仕事が性に合っていた。

坂倉との出会いもこの仕事で、瑠美子との出会いもこのころだ。

隆の中学時代の同級生の親が旅館を経営していた。

旅館の一階が喫茶店でその同級生がママとして切り盛りしていた。

その日給料日だった隆が仕事帰りに寄った。店内の照明は程良く落ち、大人の匂いのする店構えが心地よく気に入っていた。給料袋が懐に入っている。ビールとウイスキーを一杯ひっかけてから帰るつもりでいた。そこに遊びに来ていたのが瑠美子だった。

静岡にある自動車会社の電子計算室に勤務しているOLで店のママとは幼友達だった。小柄で色白、髪が長く、目元が涼しげな綺麗な瞳をしていた。

「一日中、電子計算機の前に座っているから肩が凝るのよ」

ママにそう言いながら肩を右手で揉んでいた。

「大変ねぇ。瑠美ちゃん彼氏いないの」

「いないわよぅ。会社の子はどうしてもそういう気になれなくて……」

隆はウイスキーグラスを傾けながら聞いていた。小柄な彼女のことが隆は気に入った。二人の会話の合間を縫って隆が声を掛けた。

「寿司でも食いに行かない」

「瑠美ちゃん、お腹すいているんでしょ、行ってきなさいよ。鈴木君は中学時代の同級生なのよ」

ママが背中を押してくれた。

鮨屋は三軒隣だ。互いが会社帰りで腹をすかせていた。

大将の握りはシャリが小ぶりで駿河湾から上がった鯵が絶品だ。

三歳年上ということもその場で知った。経験豊富な隆の街で起きている与太話は、サラリーマンの同輩にはどんなに頑張ってもできる内容の話題ではない。瑠美子には、隆との会話の何もかもが新鮮に聞こえた。

三歳年上の瑠美子と居ると妙に気が休まることを知った。週末になると最初に合った喫茶店から鮨屋と二人のデートコースが決まっていた。自分の身を落ち着けて仕事に励みたい。そう考えた隆のプロポーズで結婚することになった。

隆二十一歳、瑠美子二十四歳だった。

隆を喜ばせたのは瑠美子のぶれない生き方だった。

瑠美子の両親は、堅実性のある職に付く相手を望んでいた。職を転々としている隆との結婚には当然のように反対した。

「私が選んだの。誰が何と言っても私は隆さんと結婚するの」

両親の前で宣言してくれた瑠美子が愛おしかった。

「これからは真面目に働いて瑠美子さんを幸せにしてみせます」

隆のこの言葉を受けた瑠美子の両親はようやく首を縦に振った。

結婚後も、社交的な隆は仲間に誘われると断ることをせず飲み歩いていた。瑠美子は、遊びこそが男の甲斐性と良い女房役に徹して口を挟むことはなかった。間もなく健一が生まれ麻衣子が生まれた。

実家の母親に子育てを頼み瑠美子は仕事を続けていた。

八月に開催される草サッカー大会が話題になっていた。

「チーム結成から一勝もしていないチームが出ると、清水のチーム全体に恥を塗ることになるからやめた方が……」

保護者の間ではこんな声が出ていた。

坂倉は、サッカーを通じて礼儀を知り生活態度の整った子供たちを作りたいと考えていた。

坂倉が協会にエントリーに行くと、募集定数は既に埋まったとつれない返事。向かうところ敵無しの清水ＦＣを頂点に置く清水のチームと試合をしたい。そう望む全国からの応募でいっぱいになったと言う。それでも申込書を置いて協会を出た。目標を失った坂倉も隆も練習に力が入らない。

そんな折、協会から連絡が入った。

「参加チームのキャンセルがでたんです。エントリーしますか」

こんなドタバタがあって、結成三カ月のチームの出場が決まった。

大会参加が決まった子供たちは喜んで、自主的に毎日練習をするようになった。坂倉も仕事の合間を縫ってグラウンドに姿を見せた。

「第一回清水カップ　全国少年草サッカー大会」の開会式が開かれたのは一九八七年八月二十三日だ。二百五十五チームが清水総合競技場で一列に勢ぞろいした光景は壮大だった。

船越サッカースポーツ少年団は、六年生が少なく五年生を入れてのチームで参加した。整列した隣のチームは「全国スポーツ少年団大会」で優勝経験のある茨城県の古河サッカー少年団だった。

このチームは、体力とパワーを前面に押し出し清水のサッカーとは違う戦術のチームで、後にこの大会の二回大会と四回大会で優勝した強豪チームだ。

選抜された精鋭揃いの古河サッカー少年団に対し、船越の選手たちは一回りも二回りも小さく見えた。この光景を目にした隆の胸に不安が大きくよぎった。開会式の途中で降り出した雨で選手たちは体育館に避難した。隣に集まってきたのが、マリンブルーのユニフォームの胸に三頭のライオンが縫い込まれたエンブレムを付けた清水FCのメンバーだった。優勝候補と注目され黙っていても存在感がある。船越の選手には手の届かない雲の上の存在だ。

全国のサッカー少年の憧れの的でもあるユニフォームを、テレビカメラが追いかける。執拗に追いかけるカメラが船越の選手たちを押しのける無礼な動きを続ける。見かねた隆がカメラの前に立った。

「いい加減にしろよ。お前ら何様のつもりだ」

隆の怒りの声にPRESSの腕章を付けた男が立ち塞がった。

「それがどうしたんだ。子供に迷惑をかけるようなことはするんじゃねぇよ」

隆は正面から対峙して一歩も引かない。恐れをなしたカメラクルーが引き揚げた。

結成三カ月の選手たちは、そんな開会式の雰囲気に飲み込まれたのか硬さの取れないまま試合に臨んだ。蛇に睨まれた蛙のように動きがぎこちない。予選リーグは六選全敗となってしまった。清水FCは下馬評の通り圧倒的強さで勝ち進み、決勝戦は清水勢同士の対決となった。こちらの船越は、参加二百五十五チームの最下位を決める十六位トーナメントに回った。同じ清水市内の和田島と対戦し〇対三で敗れて最下位となった。

五日間で八戦し全敗という結果だ。閉会式では、協会理事長の役職にある堀田の機転で敢闘賞としてボールが二個贈られた。

主将を務めた増田友和《ますだともかず》はボールを抱えて涙を流していた。

「チームができてから二十戦戦いましたが、まだ一度も勝ったことがありません。このボールが擦り切れるぐらい練習して僕が卒業するまでに十勝します」

突き抜けるように晴れ渡った空に向かって誓った。


清水の「スポーツ少年団」の歴史は古い。二十三年前の一九六三年「江尻サッカー少年団」が発足すると、市内にある二十三の小学校全部でチームが生まれた。それ以外でも一チームが協会に登録していた。各チームから選抜方式で選手を集めて強化を始めたのは六九年で「全清水」の名称で育成が始まり、後に「清水ＦＣ」と名前を変えた。

ＦＣで活躍する選手たちも普段は自分のチームで練習する。その練習を終えた後に週に何日かはＦＣの練習に合流する。ＦＣに招集されない選手も、ＦＣで鍛えられている選手と共に練習できるわけで、知らず知らずのうちにレベルが上がっていく。

船越小の創立は一九七七年で、ずっとサッカー少年団はなかった。他の少年団に遅れること二十年以上。ようやく立ち上げた船越サッカースポーツ少年団は清水の選手育成システムからも外れている。

このチームが全国規模の大会に出場しても勝てる道理がない。

当面の問題は、試合相手を探し一試合でも多くの試合をこなして試合勘を培うことだ。隆は試合相手を探すことから始めた。

勤務先の同僚が、隣町の富士でスポーツ少年団の代表をしていた。

それまでは、サッカーの話題になると背を向けていた隆がサッカーに関わりを持ち始めたことを話した。

「じゃ、俺の気持ちも分かるだろう。子供と係わりを持つとやっぱり勝たせてやりたくなるんだよな」

その言葉が胸に沁みた。練習試合を依頼してみた。

「グラウンドがあるならいいよ。子供を連れていくから」

二つ返事で引き受けてくれた。

草サッカー大会は六十位で終わったと言って残念がる。

「俺は十年もやっているんだ。それでようやくこの成績だよ。途中で指導者をやめようと思ったけど子供たちを見ているとそれができなくて。継続は力。子供たちを見ていてこれを教えられたよ」

同僚とこんなに親しみを覚えて話すことはこれまでなかった。約束の朝、船越小学校の前にマイクロバスが停まった。赤いユニフォームを着た子供たちが降りてきた。運転席に同僚が座っていた。

グラウンドに立つと相手選手がやけに大きく見える。走りながらのパス交換は、ワンタッチで相手の受けやすいスペースに正確にボールを流している。相当実力の違いがあった。試合が始まると一方的に押し込まれる展開で進んでいる。

「あのマイクロバスはどうしたんだ」

「ああ、あれはチームの代表の持ち物だよ。代表が市会議員で建設業をしているんだ。遠征のとき頼むと貸してくれるんだ。地元の実力者をチームに取りこんでおけば何かと便利でな」

納会や正月の初蹴りの挨拶も、然るべき人物を据えておくと保護者の安心感が違う。協会との会合も役所関係とのやり取りもそれなりの重鎮が控えていると睨みが効くとも教えてくれた。

子供たちが安心してサッカーに打ち込める環境を作るのも、育成会の役目と言う。風格漂う試合展開を見せた子供たちが帰りのバスに乗り込む姿を見て、隆は一人の男の顔を思い浮かべた。

市役所に出入りしている建設業者の井《い》柳《やなぎ》紘《こう》一郎《いちろう》だ。

地域のマラソン大会や秋に開かれる運動会には、会社の若い衆を連れて進行から雑用係まで引き受けてくれる面倒見のいい好々爺だ。サッカーの強豪高校と知られる清水商サッカー部の遠征には、近くで旅館「日本閣」を経営する西川《にしかわ》昭《しょう》策《さく》に話をつけて、マイクロバスを借り自分が運転してどこにでも選手を運んでいる。

恰幅のいい体にダブルの背広が似合い、七三に分けた髪と左右に緩く流れている八の字の眉毛が柔らかい雰囲気を持っている。運動会の挨拶もそつがなく貫録十分だ。懐具合も豊潤で、毎晩のように違う酒場に繰り出して飲む豪快さも持ち合わせている。

隆より一回り年上だが夕方になると電話がかかってくる。

「隆君、清水銀座にいるんだ。一杯付き合いなよ」

隆も嫌いな口ではない。家族と食卓を囲んでいても立ち上がる。

そんな隆を舎弟のように可愛がってくれる。

運動会のときだ。井柳の若い衆がトラック競技のスターターとして空に向かってピストルを撃ち鳴らしていた。ずど〜ん。轟音と共に硝煙の青い煙が吐き出される。競技者より目立つ役柄に、隆も一発撃ってみたくなった。

「社長、あの役は面白そうですね」

「撃ちたいのか。だったら代わってもらえよ」

それ以来、運動会になるとスターターは隆の役目になっていた。

井柳からの呼び出しを受けたのはそれから何日かしてからだ。

巴町《ともえちょう》の鮨屋にいると言う。瑠美子が用意した晩飯がテーブルに並ぶところだった。隆は瑠美子の前で両手を重ねて拝むと靴を履いた。

井柳は日本酒の熱燗でマグロのトロ身を摘んでいた。

隆が入っていくと駆け付け三杯といってビールを注がれた。

返しの酌をすると井柳が言った。

「隆君も感心だなぁ。子供にサッカーを教えているんだって」

井柳は知っていた。

「ええ、団ができたんですよ。うちにも坊主がいるものですから少しは手伝いができるかと思いまして」

「そりゃいいことだ。子供はこれからの日本を背負って立つ宝物だ。健康で元気な子に育てなきゃあなぁ」

豪快に笑った。

「市内に二十四ある少年団で学校の先生が絡んでいないのはうちだけなんですよ」

「そうかぁ、そりゃあ知らなかったなぁ」

　草サッカー大会の惨敗とリーグ戦の未勝利を話した。

「ということは、これ以上落ちようがないんだ。だったらこれからが楽しみだな」

　物は考えようだ。そう言ってビールを注いでくれた。

　先日の富士のチームとの練習試合を話した。

「社長、うちの代表に就任してくれませんか」

「俺が代表に……」

「社長がどんと控えてくれると、保護者も安心して子供を預けてくれると思うんですよ」

　井柳の頬が小さく緩んだ。

「俺なんかじゃ、何の役にも立たないよ」

「節目節目の集まりで挨拶でも頂けたら嬉しいんですが」

　頑なに断っていた井柳がビールを注いでくれた。

「分かった。できることは力になるよ」

　その足で家に戻ると坂倉に報告した。

「俺も井柳さんが適任者と思っていたんだよね。うちの団もこれで屋台骨ができた。後は子供の頑張りを待つだけだな」

　ここでも二人の乾杯が始まった。

　隆は、練習を終え子供たちを帰すと市内の小学校を回り始めた。

試合をしているグラウンドを見つけると車を停めて、相手チームの責任者を見つけて声を掛けることにした。

「船越サッカースポーツ少年団の鈴木です」

財布から出す名刺は長嶋を真似たもので「船越サッカースポーツ少年団　外渉担当」と刷ってある。

「子供たちに、新しいチームとの試合を組みたいものでして」

サングラスを外して頭を下げる。レンズに隠れていた目は丸くて優しい光を放っている。

「土日のグラウンドはいつでも使えます。宜しければ連絡ください」

毎週、営業マンのように名刺を配って頭を下げ続けた。

鈴木家の電話が鳴る。瑠美子から受話器を受け取る。

「鈴木さん、今度の日曜日に相手願えませんか」

配った名刺の相手からだ。努力が功を奏し試合の申し込みだ。

面白いもので電話がかかり始めると次々に問い合わせが入るようになった。自分が担当する五年だけでは試合が捌ききれなくなった。六年生にも声を掛けて浜松や神奈川まで出掛けることになった。マイクロバスは、井柳の口利きで「日本閣《にほんかく》」の車を借り坂倉の運転で出掛けた。コーチ間の軋轢が生じてきたのもこの時期だ。

「隆さん、六年には六年のスケジュールがあるんで、一方的に試合を組まれても困るんだよね」

意外な綻びが起きた。発足当時からのメンバーでない隆は黙って聞いていた。坂倉が会長として期待した結果が裏目に出てしまった。

六年生が卒業して健一たちが最上級生になった。

四月から始まる市内のリーグ戦も負け続けている。

とはいえ、鍛え続けられて一年間で戦力は確実にアップしていた。育成会リーグに出ている隆は、サッカーの臍《へそ》である選手たちの動きの質も分かるようになっていた。

二年目の草サッカー大会は、予選リーグで一勝して一九一位ではあったが一方的に押される展開は少なくなっていた。中盤でボールコントロールする健一の出すパスに何人かの選手が付いてこれるようになっていた。

これは、井柳を通して懇意になった西川昭策の力に負うところが大きい。清商がコーチとしてブラジルからジュリオ・エスピノーザを呼んでいた。エスピノーザは清水エスパルスの初代の監督になった人だ。

サッカー処の清水では、一九八二年度の全国高校選手権で清水東が優勝を飾ると三年後の八五年に清商が優勝している。

少年時代に清水FCの存在を知ったサッカー少年が高校生になると、清水でサッカーをしたいと言って全国から集まってきた。「日本閣」は、それらの選手の受け皿となり下宿生として迎え入れて面倒を見ていた。西川は清商のグラウンドに顔を出すと、折を見てはエスピノーザに声を掛けた。

「俺のところにはビールが山ほどある。飲みたかったらいつでも来なさい」

エスピノーザが来ると、西川は大きな鍋を出してすき焼きをご馳走した。遠く母国を離れての生活に西川の心遣いは細やかだ。エスピノーザが来ることを知ると坂倉や隆にも声が掛かる。鍋を囲んでサッカー談議が始まる。

日本語が片言しか喋れないエスピノーザは、日本語を覚える目的を持っていたから隆や坂倉との会話を楽しんでいた。

「日本の子供たちは機敏性は持っているが、教えるコーチの指示が細か過ぎて頭でっかちになっている。もっとシンプルに教えるべきだ。体は一つの注意事には集中できるが二つ以上になると注意が散漫になって逆効果になってしまうんだ。これ、もったいないね」

こう言って両手を広げた。

「良かったら、僕に練習を見させてくれないか」

エスピノーザは清水FCの面倒も見ていた。依頼した清水サッカー協会はプロの指導者として、それなりの報酬を払っていると聞いていた。

「願ってもないことだけど、我々はボランティア団体で払う資金がないですよ」

坂倉がこう言って残念がると、

「僕は皆さんと友達よ。友達の力になれるんなら喜んで協力したいんだ。でも報酬はタダではないよ」

ここでも坂倉は腰を引いた。西川はにこにこしながら眺めている。

「僕の欲しい報酬はワンレッスン、ビール一杯だ。それが駄目なら残念だが仕方がない」

また肩をすぼめて両手を広げた。もちろん駄目なはずがない。

エスピノーザの教えはシンプルだ。子供のパス交換を見ていた。

相手は外人コーチだ。緊張してお互いが丁寧に蹴り合う。すかさずエスピノーザから声が掛かった。

「そんなのは駄目よ」

子供たちの顔に緊張が走った。エスピノーザがボールを持った。

「見る、よく見なくちゃ」

自分のところにボールを収めるのは当然のこと。大切なのは受けたボールをどこに出すかで選手の評価が決まる。サッカーは見るスポーツだと言い、健一に自分の斜め前にボールを要求すると前に向かって走れと言った。健一がボールを蹴った。エスピノーザは、健一の走るコースを見ながら体を移動させる。追いついたボールに顔を下げることなくダイレクトで健一の前に蹴り返した。

「受けるボールを見ていては有効なパスコースを探せない。ボールの止め方や打ち方は自分の体で覚えるもの。自分がボールに触れると読んだときはその瞬間から自分が出せる有効なパスコースを探す。日本の指導者は止めること打つことから教えて、それを蔑《ないがしろ》にしている。それは逆なんだ」

坂倉も長嶋の目も真剣になる。

「ボールを見ないで足元でコントロールするのは慣れだ。はじめはうまく収まらなくてもそれをやり続けることが大切さ。視野の広い選手が試合で活躍する。試合で活躍できる選手を育てることが指導者の役目なんだ」

それ以来、時間を見つけてはグラウンドに顔を出してくれた。

片言の日本語がグラウンドに響く。

「見ろ、見ろ」

飲み物で「ミロ」が子供たちの間で流行《はや》っていた。子供たちはそれをもじって「ミロ」を連発するようになった。船越の子供たちは今でもチームの合言葉として〝見ろ〟が受け継がれている。

エスピノーザの指導は教わる側を退屈させない要領もわきまえていた。ゴールポストの横から走り込む自分にグラウンダーのボールを要求した。

広昭が強めのボールを蹴ると、エスピノーザは見事なダイビング・ヘッドでゴールに叩き込んだ。泥の付いたジャージを払う。

「フットボールには心(マインド)が表れる。マインドを持ってボールに触れることさ。そうすればボールもそれに応えてくれる。フットボールは人間と心が通じ合うスポーツなんだ」

哲学のような深い言葉が出てきた。

「自分が打つと決めたらまずはキーパーの位置を見ることさ」

ここでも「見る」を連発した。

「ブラジルの子供たちはボールを片時も離さない。寝る時もさ。自分の頭でフェイントが閃くとその場で起き上がって練習するんだ」

日常の過ごし方まで教えてくれた。ブラジルのプロコーチから手ほどきを受けたことで自信を持った子供たちは、練習試合になると的確に空いたスペースに走り込み味方からのパスを要求するようになった。

健一が卒業を迎えた。サッカーを通しての二年間の息子との付き合いが親子関係に強い絆を築いていた。隆の目を見て自分の意見を言う健一に、隆は素直に聞き入れて答えることができた。互いの立ち位置を認め合っての会話が成立していた。自分の子供が卒業すると、会長もコーチもそれを引き際として退団していく。

隆は自分の作った人脈をチームに生かしてあげたかった。

「継続は力だな」

職場の同僚が言っていた言葉が耳に残っている。それもあるが、自分の知らない世界に生きる人間との係わりが新鮮になっていた。

医者、弁護士、不動産屋、会社経営者、食料品店の店主、広告代理店員、マスコミ関係者と多種多様な指導者と巡り合う機会が増えていた。春休みも終わり健一も中学生になった。

巴川を渡る風が入江小学校の堤に植えられている桜の新緑を柔らかく揺らせている。坂倉が一升瓶を抱えて階段を上ってきた。

「今年は花見も行きそびれたから一杯どうかなぁ」

勝手に上がり込んで座り込んだ。二人が膝を突き合わせると当然のようにサッカー談議が始まる。

「お父さんが作った顔の広さで、こんなに試合が組めるようになったんだから、お父さん少年団辞めないで続けてほしいな」

酒を注ぎ合っていると健一がそう言った。瑠美子も麻衣子も笑って頷いた。隆にとって、育成リーグでストライカーのポジションを与えられ活躍できるのも心地よかった。

息子が望んでくれるなら。隆が団に残る気持ちを伝えると坂倉も顧問として残ると言った。二人は、チーム全体を統括する立場で活動することになった。

草サッカー大会は第三回大会が一四九位、翌年が一四五位と確実に順位を上げていた。結成から五年を迎えると、市内のチームと遜色ない戦いをするチームになっていた。

隆がその後、長年にわたって少年サッカーに携わる背中を押してくれたのが西川昭策だ。西川は清水の旅館組合の会長をしている。日本閣には、草サッカーが始まると五、六チームで選手を合わせて二百人近くが投宿する。

かつて清水駅周辺で手広く飲食店を経営していた西川は、人扱いも人心の掴み方も上手い。子供たちを大会に連れてきた指導者には、夜になるとテーブルに酒肴を並べて振る舞う。

「自分の時間を割いてまで子供たちの面倒をみてくれる指導者には、御苦労の意味を込めて酒の一杯も振る舞わないと失礼にあたるら」

この時の西川の語り口調は、清水訛りが混ざる。振る舞い酒に気を良くした指導者たちの酒盛りは深夜まで続く。

それを耳にした他の宿泊施設に泊っている指導者も集まってくる。所違えば話題も違う。話が盛り上がると互いが連絡先を交換し合う。指導者たちは心地のいい時間を過ごし、翌年の大会参加時には日本閣での宿泊を望むチームが増えてくる。商売繁盛の西川は、別館として三保の松原に近い国道沿いに新たな宿泊施設を構えた。

「全国のチームが切磋琢磨し合うことは、日本サッカーの将来に繋がるら」

西川はそう言って目を細めている。エスピノーザを交えての飲み会も頻繁に繰り返された。草サッカーで清水の少年サッカーの層の厚さを知った全国のチームは、合宿を張って練習試合がしたいと言い冬休みや春休みを利用して来清するようになった。

西川は隆と坂倉、井出を交えて対応策を練った。

「来てくれると言うお客さんを逃す手はない。試合会場と対戦チームを用意して迎え入れるべきだ」

練習相手が来てくれるなら遠征も必要なくなる。

受け入れるための組織を立ち上げることにした。「日の丸清水合宿の会」だ。連絡先を日本閣に決め、宿泊客の予約が入ると対戦チームとグラウンドを用意する。その役目を少年団の役員を務める三人が担うことになった。嬉しい悲鳴だ。「日の丸清水合宿の会」がシステムとして動き出すと、駒越も船越のチームも毎週のように試合に駆り出されることになった。

そんなある夜、隆に近所の鮨屋から電話が入った。

「駿河湾の河豚が入ったと言うものだから。ここで上がる秋河豚は、下関のものより身が柔らかくて美味いから一杯やろうと思って」

西川と井柳が並んで猪口《ちょこ》を持っていた。

「隆さんの頑張りで、清水に来てくれるチームも増えて嬉しい限りだよ」

そう言って西川に肩を叩かれた。

ヒレ酒が用意されていた。大将がマッチを擦って火を付けた。

河豚のヒレが浮かぶ酒の表面から青い炎が一瞬燃えた。

「隆君、今度春休みに神奈川のチームが四チーム来るというんだ。まばらに試合を組むより一定数のチームを揃えて大会を組んだらどうずら」

「いいことだ。草サッカーが成功しているんだから同じように運営してみれば面白いじゃないか。経験にもなるし」

「隆君がやってくれるんなら、優勝カップを用意してもいいよ」

西川が言った。酒の席だが二人に褒められると断る理由が見つからない。ヒレ酒は、河豚の香ばしい匂いがして口当たりが良い。

二杯目を一気に呷った。

「やります。任せてください」

ドンと胸を叩いた。酒が入ると気が大きくなるのも隆の長所でもあり短所でもある。草サッカー大会を真似て動けば問題はない。

高を括って準備を始めるとこれが大変だった。

大会パンフレットの冊子を作るには、参加チームと選手名簿を揃え井柳と西川に挨拶文を依頼することから始めた。

他校のグラウンドの交渉は始めてみると容易ではない。多少の謝礼も必要とした。印刷代に加えて選手の弁当、ボール代などを合わせると運営費はサラリーマンのポケット銭では上がらない。

育成会の協力を仰いで近所の商店、医院、町工場と営業に歩く。

肌理《きめ》の細かい営業努力でようやく目標額を達成できた。桜の名所として知られる船越堤公園にちなみ「船越さくらカップ」と名付けた八チーム参加の大会が春休みを利用して船出した。

船越、駒越の選手たちは黙っていてもやって来る対戦相手に御機嫌だ。大会も三回、四回と回数を重ねる毎にチーム数が増え、五回大会には三十二チームが参加するまでになった。最初は四年生大会として始めたが、各チームが代表を組んで参加するようになると四年生の括りを大会規定から外した。

三回目の大会で決勝戦に雨が降った。隆が急遽市役所のスポーツ振興課に掛け合い清水エスパルスのホームスタジアムになる「日本平運動公園球技場」の使用許可が取れた。翌年からは準決勝、決勝でこのスタジアムの使用が認められることになった。これも隆の折衝能力の賜物だ。

清水サッカー協会主催で一九七二年に始まった「清水チャンピオンシップ」は毎年十二月の冬休みに開かれている。これは全国各地のサッカー協会が統括する大会の優勝チームを集めて開く大会だ。

草サッカー大会で好成績を残したチームが多く参加する「船越さくらカップ」も、優勝チームが「清水チャンピオンシップ」に出場できることになった。サッカー協会統括の大会以外で出場枠を認められたのは唯一この大会だけだ。

五年遅れて女子の「鈴与ラブリーレディース杯女子さくらカップ」も旗揚げした。日本リーグに参戦する「鈴与ラブリーレディース」を持つ鈴与から優勝カップの贈呈を受けてスタートした。これも隆の尽力によるものだが、鈴与が女子サッカーから撤退しチームが解散すると、六年続いた女子の大会も中止になった。

大会が開かれると、参加チームが清水にやって来る。宿泊施設が利用され交通機関やチーム関係者の飲食代などを含めると、小規模とはいえ立派な街興しになっている。サッカー協会とは疎遠の存在だった隆だが、大会プロデューサーとして大会を成功させると協会会長の堀田が距離を縮めてきた。

「どこの少年団も責任者は先生だ。隆君のように民間人が携わっているチームは船越だけ。あと何年かすれば教師は退職したり現場を離れる。このまま続けていれば隆君が清水の少年サッカーを仕切ることになるぞ」

既に堀田のお墨付きを得るまでになっていた。


隆が初めて渡航用のパスポートを申請することになったのは一九九三年のゴールデンウィーク明けだ。

その前年、かつて日本領だった旧樺太のサハリン州から「日本船舶振興会・笹川スポーツ財団」の招聘で少年サッカーチームのスパルタック・ユジノサハリンスクが来日していた。

「日本の少年サッカーをリードする清水のチームと対戦したい」

来日したチームのアテンド役を務めていたのは、東京暁星小学校サッカー部監督の宮崎昇作で「日の丸清水合宿の会」に話が持ち込まれた。宮崎は、生徒を連れて何回か清水に遠征した折、日本閣に投宿していた。西川から相談を受けた隆と坂倉は即刻了承した。

九月に来日したチームは八日間の日本滞在で宮崎が監督を務める東京少年リーグ選抜と二試合を戦い横浜みなとみらい博物館、品川水族館、船の科学館、富士サファリパーク、ディズニーランドを回って観光を楽しんだ。

西川を先頭に隆たちは東京まで迎えに出向いて歓迎レセプションに出席した。日本閣に選手たちを迎えると、清水の観光名所となっている三保の松原から久能山へと案内した。

国境の向こうから来た選手たちとの出会い。帰国までの接待役を任された隆はこれを〝魔法の小槌〟が自分に与えてくれたチャンスと考えてもてなしに奔走した。

日本の美味しい果物を味わってほしい。細やかな気遣いの利く隆は果物市場に行った。ここでも力になってくれたのは少年団の顧問を務める井柳だ。

「林檎や蜜柑もいいだろうが、北極に近い街から来た子供たちだ。南国で採れるバナナはきっと御馳走のはずだ」

メロンやイチゴを選ぶ隆を尻目に、井柳はバナナを買い物籠に詰め込んで財布を開いた。

「俺達の子供の頃を思い出してみなよ。南洋から輸入されたバナナは珍しいもので病気にでもならないと口にできなかった高級品だったよな。首都のモスクワから遠いサハリンでは、交通事情を考えたらバナナは貴重品のはずだ」

帰りの車の中で井柳が言った。

日本閣に戻り居間で果物を広げると、子供たちの目の色が変わった。房から捥《も》ぎ取ったバナナを珍しそうに眺める。おもむろに皮を剥いて口にしたが二本、三本と食べようとしない。隆たちはビールの栓を抜いた。翌日のスケジュールを確認していると山盛りに積まれていたバナナは跡形もなく消えていた。不審に思っていると通訳で同行していたロシア人のスタッフがこう言った。

「珍しいものですから、弟や両親への土産に持って帰るんだと言ってるんですよ。良いでしょうか」

子供たちのバッグに収まっていた。井柳の予想は当たっていた。

「ほら、やっぱりそうだったよな」

井柳が隆の耳元で囁いた。

子供の頃、親戚の小父さんが病気で入院したとき母親がバナナを見舞いに持っていった光景を隆は思い出した。あの頃のバナナは貴重品だったことを。

試合会場に向かう選手たちを日本閣に迎えに行くと、玄関の上がり框《かまち》に試合用の履き物が並んでいた。隆は眼を疑った。

スパイクと呼べる物は三足だけで、それも底のポイントが擦り減っていた。他は運動靴でどれもが穿き古して爪先や周囲に穴の空いているものだった。

選手たちが姿を現すと、着ている赤いユニフォームは背番号こそ縫い付けてはあるが襟の付いた正規のユニフォームの選手は半分もいない。半袖のシャツは赤いが斑でどう見ても素人が染めたものと分かるような代物だ。

それに比べると船越の選手は、ホームとアウェーの二着のユニフォームを持ち、スパイクも靴底のポイントが減ると新しく買い替える選手がほとんどだ。お国柄が違う、と言えばそれまでだが余りにも粗末なものだった。

「船越サッカースポーツ少年団」との二試合の親善試合は、骨格が太く当たり負けしない選手の多いスパルタック・ユジノサハリンスクの二勝で終わった。

「サハリンの選手は、当たりが強烈で迫力を感じました」

船越の奥山祐二キャプテンの感想だ。

隆は日本閣に戻った選手から長身、中背、体の小さい選手三人を選んで新聞紙の上に立たせた。足のサイズを測るためで、マジックインキで新聞紙にそれぞれ印を付け、市内の安間宏が経営するスポーツショップ「ゴール」に向かった。

「この足のサイズのスパイクを二十足欲しいんだけど」

隆が測った足の大きさは、日本の子供だと中学生クラスのものだ。隆が少年サッカーの指導をしていることを知る店主が尋ねた。

「隆さん、今度は中学生の面倒まで見る気になったんですか」

呆れた顔で言った。

「そうじゃないよ。土産だよ」

隆が事情を説明した。

「えっ、ロシアって国はそんなに物が無いんだ」

そう言いながら店の裏にある倉庫に行った。大きな段ボールを運んできた。

「これは、形が古くなった売れ残りなんだ。古くても新しくてもボールを蹴る分には一緒だ。五百円で良いよ」

一足三千円はするスパイクだ。隆は財布から一万円出した。

「隆さんの話を聞いていると、ボランティアでその子供たちの面倒を見ているんだな。ご苦労なことだ。俺にも少しは手伝わせてよ」

なんと全部合わせて五百円で持っていけと言う。両手を合わせて頭を下げると、静岡に向かう南幹線を入ったところにあるユニクロに車を飛ばした。

子供用のTシャツを二十枚買って日本閣に引き返した。

スパイクを出された子供たちは、奪い合うように自分に合うサイズを見つけて穿いた。紐を締めると嬉し過ぎて部屋の中を走り回る。

そんな子供たちを西川は苦笑しながら眺めていた。

「どうせ日本に来たんだから、子供たちに日本の家庭の味を知ってもらうのもいい親善になるんじゃないですか」

隆と坂倉が民泊を提案した。二十人の選手たちを個別に選手たちの家庭に泊めることになった。

「それはいいことだ。肉じゃがでもカレーライスでもいい。普段と変わらない食事で迎えることが一番のご馳走になる。あまり余所行きの接待をしないようにしてください」

これは西川の言葉だ。

帰国の前日、清水サッカー協会の計らいで選手たちに「再開」を誓う言葉を刻んだボールが贈られた。船越堤公園に記念植樹として桜が植えられると「友情の木」と名付けられ「ここに永遠の絆を」と書かれた記念碑が建てられた。民間交流の真髄だろう。

選手に帯同していた指導者はサハリンの市議会議長だった。

「温かい心遣いに感謝します。来年にでも機会がありましたら是非サハリンにも来てください。サハリンには戦争が終わった後、帰れなかった多くの日本の人たちが暮らしています。その方たちとも会ってください。日本人の同胞はきっと喜ぶと思います」

議長は残留邦人のことを口にした。丁寧なお礼を言われたが隆はその言葉が気になった。もっともそんな機会はあるはずがないと諦めていた。

翌年、同財団が「サハリン親善少年サッカー交流」を計画し、前年戦った東京少年リーグ選抜と清水の少年チームの二チームを招きたいとの知らせが西川の元に届いた。

「隆君、どうかな。東西の壁が崩れてこれからはペレストロイカでロシアとの行き来も盛んになるら。こんなチャンスはないよ」

そう言って誘われた。隆は夢心地で同行を承諾した。

八月三日から十一日までの九日間、子供たちを連れたサハリン訪問が決まった。清水のチームは船越の選手を主体に編成された。

といっても小学生の海外遠征となれば容易ではない。

保護者への説明会は日本閣で開いた。

「日本の代表として海を渡るんです。こんな幸運は滅多にあることじゃありません。協力をよろしくお願いします」

こう言って理解を求めた。

子供が通う小学校にも許可を取る必要があった。

清水市立小学校校長殿　学級担当殿
拝啓
初夏の候、皆々様にはご壮健のこととお喜び申し上げます。
平素は何かと御指導を賜わり、厚く御礼申し上げます。
さて、この度私共船越スポーツ親善交流会におきまして、サッカーを通じてのサハリン親善交流会を企画いたしました。
今回の遠征希望者を募集いたしましたところ、二十名の選手の参加希望があり、約三カ月にわたり準備を進めてまいりまして、日程も本決まりとなりました。
付きましては貴校に在学の君の参加が決まりましたので、御了承頂きたくお願い申し上げます。
敬具
船越小サッカースポーツ親善交流会会長　鈴木隆

こんな文面を用意した。清水の小学生はサッカー協会主導で韓国、ドイツ、ブラジルと遠征の前例がある。「草サッカー大会」の優勝チームも毎年海外に遠征していることもあり学校の許可は下りた。

それからが大変だ。西川を除いた全員が初渡航ということでパスポートの申請から始まった。仕事を持つ隆と坂倉にはそれ以外の難題が待ち受けていた。その間仕事を休むことになるからだ。草サッカー大会は、市を挙げてのイベントで勤務先の経営者もやむなく休暇を認めるがサハリン遠征は違う。

民間としての遠征で期間が十日を要する。それ以外にも、少年サッカーに携わっていると一泊二日の遠征があり出勤日となる土曜日を休まなくてはならないことが度々出る。正直に休暇願を申請するが月に二回、三回と重なると気が引ける。隆も坂倉も苦肉の策で身内の冠婚葬祭を作っては休みを取っている。

そんなことは経営者も先刻承知だろう。

「弟の嫁のお母さんが亡くなったんで」

隆が頭を掻きながら申し出ると一言付け加えてくる。

「休みが妙に週末に集中してるな。鈴木の身内はそこまで計算して入院したり亡くなったりするんだ」

そんな嫌味を言われるがそれもしょうがない。

今回の遠征で休みを申し出ると、

「仕事とボランティア、どっちが大切なのか。少しは考えてくれないとなぁ」

了承する言葉の代わりにこう言われた。

坂倉も同じ談判を勤務先の上司としていた。

遠征先で試合の指揮を執ることになったのは、サッカー協会少年委員長で清水FCの指揮を執る塚本哲男だ。

「この旅行は観光じゃない。試合に行くんだから浮かれた気持ちになっては駄目だ。どこに行っても自分の最高のパフォーマンスができるように選手として自分を律しなさい」

食事の摂り方から睡眠時間、勉強時間の確保とグラウンド以外の日常生活を事細かに注意した。これは清水FCに招集された選手に対する指導要綱だ。

この遠征が決まると、隆はサハリン議長の言っていた残留邦人の話を思い出していた。戦後、帰るに帰れなかった残留邦人がいる。

子供たちの粗末なサッカー用具を考えると、現地の残留邦人がどんなに不自由な暮らしを強いられているのか。不憫でならなかった。

井柳にそのことを話した。

「そうなんだ。だったらできる限りの土産を用意しようじゃないか」

清水を発つ前日、隆は井柳と市内のスーパーマーケットにいた。シャンプー、リンス、石鹸など日常品を段ボールに五箱分購入した。

八月四日、函館発の笹川財団がチャーターしたアエロフロート機でユジノサハリンスクに向かった。函館を飛び立ち一時間半でユジノサハリンスク空港に到着した。距離にして六百キロだ。サハリンの北端と北海道の稚内とは五十キロほどしか離れていない。気温は二十度、快晴。天候は函館とほとんど変わらない。山の稜線、平原に茂る草木もほとんどが見慣れたものだ。

「コーチ、外国に来たといっても日本とちっとも変わらないね」

隆も肩透かしを食った気分でホテルに向かうバスからの景色を目に収めていた。

「本当に来てくれたんですね。嬉しいです」

待ち構えてくれた議長が肩を抱いて喜んでくれた。

民泊を経験した選手たちも待ち受けていてくれた。互いに持参したミサンガを交換し再開を喜び合う。サハリン側はさまざまな趣向を凝らして歓迎してくれた。民族衣装を着た少女からは花束を受け取り、市の文化センターでは民族衣装を着た少女たちが歓迎の意を表して迎えてくれた。

市内観光で訪れたビクトリー広場には戦車が展示され、子供たちは展示台に登ってその大きさに驚いていた。

移動のマイクロバスが川沿いに停まった。中型のダンプカーの荷台に付いているクレーンが動いて、川を堰き止めるように網が川に張られている。川床を見ると大きな魚が群れをなして下流から遡上してくると張られた網の中に魚の群れは次々に入っていく。

魚が網の中に詰まって暴れ始めると、クレーンから伸びるワイヤーのフックに網から伸びている綱を掛けて引き揚げる。大きな網に魚が満杯になっている。腹部を赤く染めている魚は産卵で遡上してきたサハリン鱒といい、荷台に落とされた鱒は近くの缶詰め工場に運ばれ味噌煮や水煮の缶詰めとしてモスクワに出荷されるという。

車が土煙を上げて走り回る大通りでは、中型貨物の荷台のボディーに「函館給食センター」と書かれた車や「キムラヤのパン」と書かれた車が走り過ぎる。威勢よくエンジン音を轟かせて走り回る車は、日本で廃車になったもので小樽港から運ばれたものと言う。

ホテルのトイレは便座が割れたり破損したりでまともに揃っているものはない。仕方なく、中腰のまま用を済ませる。

「国によって生活が違うんだ。こうして見ると、日本は清潔だよな」

トイレを躊躇している子供に隆が言う。

市役所の広報とラジオやテレビで情報を得たというその残留邦人が試合会場におにぎりを用意して迎えてくれた。議長の言う通りだった。腰を曲げ、顔に皺を深く刻み込んだ老婆ばかりだ。

「この人たちは、日本が戦争で負けたためシベリアに抑留され日本に帰れないままここに住んでいる日本人なんです」

地元のガイドの説明だ。それを聞く老婆は暗い目をして宙を泳がせていた。沢庵や鮭の具が入ったおにぎりを頬張る。

「私は、死ぬまでこんなに可愛い日本人の子供たちを見ることはないと諦めていたのに……」

子供たちを見て老婆が涙を流した。ガイドを通して持参した土産品を出した。日用品の入った箱を開くと宝物でも見るような眼で手に取って喜んでくれた。この人たちにとって戦争はまだ終わっていないのか――。

隆がポケットからライターを出した。坂倉はバッグからトランジスタ・ラジオを出して老婆の手に握らせた。両手で握りしめて頭を下げられた。掛ける言葉が見つからなかった。

試合当日、スタンドには老婆だけではなく薄くなった髪を白髪にした老人の姿もあった。並んで座る姿を見ていると連れ合いのようだ。おにぎりを持たせて寄越した前日は、従事している仕事を抜けられずやむなく奥さんに託したに違いない。

試合を楽しむというより、日本の子供の姿を必死になって瞼に焼き付ける。そんな眼差しでグラウンドから目を離さない。

移動のバスはパトカーの先導で赤信号も関係なしに突っ切る。日本で外国の政府要人が来日すると、黒塗りの車がパトカーを先導に信号でも停まることなく走り抜ける。隆は自分たちが国賓待遇を受けているようで嬉しかった。

朽ち果てた巨大な木造の建物が、柱を剥き出しにして雑木林の中に溶け込むように残骸を晒している。戦前に稼働していた王子製紙の工場跡という。

試合は、東京少年リーグ選抜と清水少年リーグ選抜が二試合ずつ戦い共に一勝一敗で終えた。試合後、教育委員会の役員が持つという別荘に招かれた。街中から少し離れたところに一面の野菜畑が広がっていた。畑の中に黒い屋根をした小さな小屋がぽつんと立っていた。小屋に寄り添うようにキャンピングカーの荷台が置かれていた。小屋の中は応接セットとキッチンが揃い正面の壁際にキャンピングカーの入口のドアがそのまま小屋の居間と繋がっていた。

ベッドルームになっているようだ。

畑にはトマトやナス、ピーマン、キュウリが実っていた。

「何でも好きな物を食べなさい」

野菜畑を指された。そう言われても何を食べていいのか分からない。一緒に来た相手の選手たちは、畑に入るとピーマンを捥《も》いでそのまま噛みついた。茄子を手にした子も美味そうに齧《かじ》りついている。

「君たちも食べなよ。これが美味しいんだ」

そう言った顔で勧めるが、子供たちは尻込みをして畑に入っていかない。長い厳冬の冬に閉ざされるサハリンでは、夏に実る野菜がご馳走でそのまま食べることがこの上ない贅沢と言う。

この年を皮切りに、隔年ごと清水とサハリンを訪問し合う少年サッカーの交流が始まった。


メキシコ遠征の話が持ち上がったのは一九九七年だ。

これは西川の発案だった。隆の中では新しく拓ける人間関係や未知の世界の経験が楽しくて仕方がない。西川を団長に坂倉、塚本、保護者も含めて二十六人が参加することになった。用意した子供たちのジャージの胸には清水と記されたロゴマークの下に日の丸が大きく刺繍されていた。

「この子供さんたち、もしかして日本代表ですか」

成田空港で、飛行機に乗り込む乗客に話しかけられた。

「少年サッカーで、メキシコに遠征するんです」

隆は胸を張って答えた。

この年からメキシコとの交流は十年続くことになった。

メキシコ遠征は七月で、隔年で八月にはサハリンへの遠征が待っている。それだけでは終わらない。八月のお盆を過ぎると草サッカー大会が開幕する。毎年、隆のスケジュールは子供とのサッカー漬けの日々が待っている。これは九九年のことだ。この年に限ったことはないが、八月の末日に出社した。給料支給日だった。

上司から手渡された給料袋を開けた。明細表には「全休」と記され支給額欄は「〇」となっていた。働かないから仕方がない。

それは分かっているが二児の子供を持つ一家の主だ。

自分が遠征に行っている時、一日として欠かさず働き続ける瑠美子の顔を思いだすと忸怩たる思いに駆られる。といってもどうにもならない。家に帰ったが空袋を瑠美子に手渡すわけにもいかず窓際に隠すように置いた。瑠美子は何も聞かないし言わない。食事が始まると高校生の健一が帰ってきた。玄関が開くと、空いている窓に向かって風が吹き抜けた。中身の無い給料袋が風に煽られて向日葵《ひまわり》の咲く花壇にゆっくりと舞い落ちた。隆が慌てて立ち上がった。

「何も入ってないから、べつに拾わなくてもいいでしょ」

箸を動かす瑠美子が言った。隆は立ち尽くした。

「今月は、どうしてやっていけばいいんですか」

健一が隆と瑠美子の顔を見た。瑠美子は桜えびのかき揚げをお皿から取って大根おろしを上に置いた。瑠美子の気持ちは分かり過ぎるほど分かる。こんな具合で、鈴木家の家計はサーカスの綱渡りのような危険を孕んでいた。隆だけではない。草サッカー大会が始まると育成会の役員は会社を休み大会の運営に当たる。

「子供たちが喜んでボールを追い、日に焼けた顔で勝った負けたと喜び合っている姿を見ると大人が仕事を休んだことなんか小さい問題なんだよね」

坂倉はこう言って笑う。船越も育成会の頑張りで子供たちは周辺の少年団と対等に戦う力を付けていた。

結成から十一年経った船越のチームは、五月の四年生大会「ヤオハンカップ」。十一月の六年生大会「NTT西日本カップ」。十二月にある五年生の大会「しずぎんカップ」と船越の子供たちは各学年で県大会に駒を進めるまでになった。


市内のサッカー少年たちの初蹴りは元旦から三日の間に行われる。

船越サッカースポーツ少年団の初蹴りは元旦だ。

八時になると子供と保護者が小学校のグラウンドに集まる。駿河湾から上がる初日が誰もの顔を満遍なく照らす。雪を被った富士山を眺め新年の挨拶を交し近くの伊勢神社に初詣に向かう。

残ったお母さんたちは、俄かつくりの竈《へっつい》に大きな鍋をかけて豚汁の用意にかかる。威勢よく燃える薪を囲み各自が持ち寄った餅を網で焼いて雑煮にする。体が温まったところで試合の開始だ。

初蹴りはホイッスルが鳴ると昼近くまでは続く。集まった保護者と団のOBと子供たちが雑煮を食べながら代わる代わるグラウンドに入ってボールを追うから試合は終わることがない。

二〇〇四年の初蹴りは少し違った光景が見られた。

「皆さんおめでとうございます」

大きな網に入ったサッカーボールを肩に担いで姿を見せたのが、前年ジュビロ磐田に入団した菊地直哉だ。父親と共に子供たちにサッカーボールを正月のプレゼントで持ってきてくれた。出された雑煮を頬張りボールを追いかける子供たちを眺めていた。

「俺もここでサッカーを始めたんですよね」

直哉に気付いた子供たちが寄ってきた。

「直哉さん、サインしてください」

自分のボールを出してサインをせがむ。隆と坂倉を見ると駆け寄って手を握った。隆には直哉の手の逞しさが何より嬉しかった。

自分たちが指導した子がJリーグで活躍する選手に育ってくれたからだ。直哉の二年先輩の浜口友希はアルビレックス新潟に入ったが一年で退団していた。

旧清水市は人口約二十三万人で静岡県では三番目の規模の街だ。二十三チームあるスポーツ少年団は、船越を除いた他の二十二チーム全てからJリーガーが生まれていた。

Jリーグ発足当初、清水エスパルスに入団した選手の真田雅則、小谷勝治、大榎克己、岩科信秀、太田貴光、長谷川健太、堀池巧などは清水の少年団で活躍した選手だ。

船越は後進の少年団ということもあるが、長年子供の指導を続けている隆は自分のチームからJリーガーを育ててみたいという夢を持っていた。それが叶い、市内の少年団として二十三番目にJリーガーを輩出した。

清水でJリーガーを期待するには、まず清水FCに選抜され各年代で活躍することが必要とされる。船越小はこれまで、何人かの選手が三年生で清水FCに招集されてはいたが技術的に伸び悩み小学校卒業まで在籍を続ける選手はいなかった。次男坊の直哉は、兄に連れられて入団した。足も速く非凡なセンスを持っていたが、自己アピールが苦手で五年生で初めてFCに招集された。五年生の監督は塚本哲男だった。

夏を前にBチームから抜けられない直哉に、隆はこんな話をした。

「塚本先生にスイカでも持っていけ。そうしてアピールしないと試合には出してもらえないぞ」

同じポジションの選手の怪我で出番が回ってきた。草サッカー大会で優勝し直哉は最優秀選手に選ばれた。清商に進んでから大瀧監督は直哉の器用さを買って、FWから下がり目の中盤まで臨機応変に使った。

清商一年の時、ジュニアユース時代に所属していた清水エスパルスの特別指定選手になった。三年時にはオランダの名門チーム、フェイエノールトの練習に参加、入団直前までいったが条件が合わずに破談し二〇〇三年ジュビロ磐田に入団。〇五年八月出場機会を求め新潟に期限付き移籍するが翌シーズンは磐田に復帰した。〇七年ドイツに渡り二部のイエナで一年半プレー。日本に戻ってからは大分、新潟に在籍、一三年から鳥栖で活躍し、先頃札幌へ期限付き移籍した。

船越から生まれた三人目のJリーガーは、先の「リオネジャネイロ五輪」最終予選兼アジアチャンピオンシップで活躍した、川崎フロンターレの大島僚太だ。僚太の同学年には同じレベルの選手が何人かいた。僚太は進学先に静岡学園を選んだ。

静岡学園と清商のサッカーは戦術が全く違う。個人技を優先する静岡学園に対し清商のサッカーは組織を重要視するスタイルだ。

僚太が三年の九月に川崎フロンターレ入りが決まったのに対し、清商に進んだチームメートは一人もJリーグ入りをしていない。

「僚太は自分のスタイルを伸ばすためのチーム選びをしていた。それもサッカー選手としての資質なんですよね」

と隆は言う。


少子化と言ってしまえばそれまでだが、少年団に加入する子供たちは年々少なくなっている。日本サッカー協会は四種（少学生）の試合に限り、三年前から従来の十一人制を八人制に切り替えた。

団員の減少を見据えてのものだ。船越も六年生が六人で学年の単独チームが組めない。船越に限らずどこの少年団も同じ現象に指導者は頭を抱えている。親が子供の練習に付き合うことを嫌い月謝を払うことで事が足りるクラブチームに子供を預けるようになってきたからだ。これが原因でトラブルも発生した。

少年団に入っている子供をクラブチームが声を掛けて移籍させる。怒った少年団がサッカー協会への登録を取り消さないため、二重登録を禁止している協会の決まりで、その子が草サッカー大会に出場できなくなった。隆はそんな揉め事を協会から相談されると、仲介役として出張り穏便に収めることに奔走した。サッカー協会は隆の交渉能力を認め「少年部・検討委員長」の肩書を用意した。

十年前になる。隆は市内で初めての試みとなる「チャイルド・クラス」（幼稚園児）を旗揚げした。この時期からサッカーの楽しさを教えると、小学校に上がっても自分のクラブに愛着を持って通い続けてくれる。子供が来れば両親も関わりを持つことになる。

少年団存続を考えての措置だ。五年前には、結成時から使い続けた「船越サッカースポーツ少年団」を「清水ヴァーモス」に変えた。

ヴァーモスはスペイン語で「よ～いドン」の意味を持つ。

これも隆なりの計算があった。船越の名前が付くと、地域外からの入団希望者が入りにくい。こうすると誰もが門を叩きやすい。

金銭云々を除いて、隆はスポーツを通じての親と子供の触れ合いの大切さを伝えたかった。それは、自分が経験した親子の強い絆を築くための最良の方法と考えたからだ。

五年前、五十五歳で長年勤務した仕事を退職すると少年サッカーの運営に情熱を注いでいる。少年団代表として団の運営に関わる傍ら自分の立ち上げた四つの大会の責任者として指揮を執る。

一月の三、四日と松の内が取れない時期に開催される「西川杯」は、十三年前から続いている五年生の大会で千葉、埼玉、大阪、東京などから三十六チームが参加する。この大会は「日の丸清水合宿」に対戦相手を依頼してきたチームを隆がまとめたものだ。

三月に開催される「竹千代杯」は、久能山東照宮の協力を取り付けての大会だ。久能山に徳川家康が眠る東照宮がある。

隆は西川からこんな相談をされた。

「隆君、家康没後四百年になる。これを記念して子供の大会はできないものかなぁ。旅館組合が協力して子供の宿泊費を二〇一二円で引き受けるから」

西川が出した宿泊費は大会の始まる年の数字で、大会が続くと年毎に一円ずつ値上げしていくというユニークな数字だ。

「習いごとを始めるには、小さい年齢から始めるほどに技が身に付く。小学一年生の大会にしたらどうか」

これも西川の発案だった。隆は東照宮の宮司に相談した。

「子供さんの教育に役立つというのでしたら、家康公も喜んでくれると思います。いいですよ」

子供たちが一一五九段の階段を歩いて久能山に上り、宮司の案内を受けて宮内を見学し必勝祈願をして翌日の試合に備える。優勝カップは西川が申し出た。金色のカップに徳川家伝来の葵の紋を刻んだ。

紋の使用許可は隆が宮司に掛け合って了解を取った。

参加チームは横浜、岡崎、浜松、静岡と家康のゆかりのある地から招聘して三回目を迎えた。

新六年生の大会として三月の春休みに開かれる「船越さくらカップ」は既に二十八回を迎えている。

東日本大震災に襲われた二〇一一年の四月第一土、日曜日に行われたさくらカップ。余りにも大きな災害に全国的に催し物などの自粛ムードが漂っていた。隆も開催か中止かを迷った。例年参加するチームからの問い合わせも来た。厚木の監督からこんな連絡が入った。

「隆さん、親戚が二人行方不明で捜索の手伝いで福島に来ているんですよ。どういう状況になるか分からないんで参加の返事をもう少し待ってほしいんですが」

この電話で隆は中止を決断した。翌朝だ。再び電話が入った。

「大会は開いてくださいよ。僕は行けませんけど、うちのチームは参加させます。東北の人たちに元気な姿を見せた方が亡くなっている人たちの供養にもなるし力も湧きますから」

この一言で隆は開催を決めて動き出した。例年通りのチーム数が集まり、指導者との親睦会の席でJリーガーのサイン入りボールを用意してオークションにかけると八万円の義援金が集まった。

被災地にいる厚木の監督を通じて送金することにした。

「隆さんありがとう。皆さんで使わせていただきます」

礼状が届いた。隆は祈る気持ちでブラウン管に映る行方不明者の捜索風景を見ていた。

九月に行われている「フリフォーレス杯」は三年生の大会だ。

「山崎煮豆屋」の社長、山崎寛治はかつて蒲原《かんばら》町長を務めていた。会社は煮豆を加工した商品を作っている。サッカー仲間が集まった酒盛りの席で、同席していた山崎に隆が掛けた言葉が発端だ。

「社長、子供の大会に商品を出してくれませんか」

「子供さんならうちの商品を喜んでくれるかな。分かった六百袋出しましょう」

気前のいい返事が来た。話の流れで隆がこんな提案をした。

「社長の会社の商品を冠にした大会でも開きませんか」

「それは面白い。やってくれるんなら協力しますよ」

〝フリフォーレス〟はスペイン語で「豆」だ。

こんな出会いから大会が始まった。

隆は年間を通じて一年、三年、五年、六年と各学年の大会を持つ統括責任者だ。忙しさは毎年師走から始まる。「西川杯」の参加チームへの最終確認作業があり「竹千代杯」「船越さくらカップ」の大会用の印刷物の制作に追われる。

週三回の病院通いが待っている隆の新年は、船越小学校での初蹴りからで、三日には「西川杯」が待っている。除夜の鐘を聞きながら、毎年大会で話す挨拶を考えるが最近の隆は違う。初蹴り前の伊勢神社に初詣した帰り道、静岡市役所に勤務する健一が聞いた。

「お父さん、今年の挨拶はどんなことを喋るの」

「子供たちの顔を見ていると自然に言葉が浮かんでくるんだよ。俺には難しいことは言えないから、なるようになるさ」

健一が頷いた。これは隆の今の人生訓でもある。

# 第五話　「なでしこ」の芽生え

東日本大震災で行方不明になった被災者の捜索状況を、連日のように重く沈んだ声で読み上げるアナウンサーの声が、この夜だけは違っていた。

「なでしこジャパン遂にやりました！　なでしこジャパン世界一、世界一です。なでしこジャパン、優勝です」

絶叫に近い歓喜に溢れた声が茶の間に響き渡った。

「ＦＩＦＡワールドカップ　ドイツ大会二〇一一」の決勝は二〇一一年七月十八日（日本時間）に行われた。日本対アメリカ戦は深夜三時四十五分キックオフ。澤穂希が、相手陣営の間隙を縫って前線にスルーパスを送ると、両サイドの宮間あやと大野忍が走り込んでゴールに襲いかかる。アメリカのパワーに対し日本は華麗なパスワークと豊富な運動量で互角の戦いを続けていた。

試合は終了間際の延長後半十二分、日本が宮間のコーナーキックから澤の値千金のゴールで二対二に追い付きＰＫ戦にもつれ込んだ。

アメリカのキッカー二人を、キーパーの海堀あゆみが体を張って止めると一人が枠を外し圧倒的優位な立場となった日本は、四人目のキッカー熊谷紗希が落ち着いてゴール左上に決めた。

「なでしこジャパン」が優勝した瞬間だ。

震災で傷ついた日本の心を背負った優勝だっただけに誰もが彼女たちの活躍を讃えて喜びに沸いた。

杉山勝四郎は、静岡市清水区西大曲町の自宅でこの熱戦をまんじりともしないで観ていた。俊敏さと確かな足技で立ち向かう「なでしこジャパン」の試合展開に、ブラウン管の前に陣取っていた勝四郎はにんまりと微笑み大きく頷いた。

勝四郎は女子サッカーの指導を始めて三十八年になる。走力とパスワーク。自分が思い描いている戦術を彼女たちが見せてくれた。

小柄だが肩幅が広く八十キロを超す体で、テーブルの湯呑茶碗を口に運んでいると三十年前のあの時の光景が思い出された。

一九八一年六月十三日、香港で開かれた「第四回アジア選手権大会」に参加した日本は、予選リーグB組の最終戦でインドネシアと対戦した。相手ディフェンダーに囲まれると姿が見えなくなってしまうフォワード半田悦子（現常葉学園橘高等学校女子サッカー部監督）が決勝点となるシュートを決め、日本はこの一点を守り抜き勝利を手中に収めた。

「監督、やりました」

試合終了のホイッスルがなると、半田は勝四郎の元に駆け寄りハイタッチを交わした。日本女子サッカーが、外国チームと戦い初めて上げた勝利であり、半田の得点も日本女子選手として初めてのものだっただけにこのときのことは脳裏に焼きついている。

勝四郎は自分が指導するチーム「清水第八ＳＣ」の監督で、半田はエースストライカーとして活躍する師弟関係にあった。

この大会で、日本は予選リーグ三試合のうち初戦ではチャイニーズタイペイに〇対一で敗れ、タイにも〇対二で敗れていた。最終戦がインドネシアとの戦いだった。

女子サッカーチームが初めて「日本代表」として海外に遠征して戦ったのはこの大会の四年前、

一九七七年八月だった。台湾・台北で開かれた「第二回アジア選手権大会」で、日の丸を背負って参加したのは東京の渋谷に本拠地を置く「ＦＣジンナン」だ。

一九七二年、日本サッカー協会（ＪＦＡ）の事務局で働く女性職員が「月刊サッカーマガジン（現在は週刊）」（ベースボール・マガジン社）五月号の「クラブ員募集」というコーナーにこんな告知を載せた。

「女子のサッカーチームを結成したいので希望者は連絡ください。また、女子の対戦チーム求む」

これを見て高校生、大学生、社会人と幅広い層からサッカーの好きな女性たちが集まった。ＦＣジンナンの初期からのメンバーで、長く活躍した岩田明美（元日本代表）は、大学時代からボールを蹴り始めたサッカー好きだった。

「クラブが立ち上がりましたが、決まった練習グラウンドがなくて荒川河川敷とか多摩川の河川敷や、知り合いの学校のグラウンドをお願いしたりと毎回違う場所にジプシーのように移動して練習していました」

練習は土・日、祝日を利用し、都内や関東近郊で開かれる大会に出場して腕を磨いていたチームで、日本代表ではあったが単独での参加だった。六チーム出場したこの大会は、三チームずつに分かれての予選リーグとなった。

二試合を戦ったＦＣジンナンは五日、インドネシアに〇対一で敗れると七日に行われた中華民国戦は〇対七と大敗を喫し、一点も奪えぬままの敗退となった。

一九七九年、国際サッカー連盟（ＦＩＦＡ）が「各国のサッカー協会は、女子のサッカーもその管轄下に置き普及と発展を図る」なる通達を出した。日本サッカー協会も重い腰を上げ、同年三月「日本女子サッカー連盟」が発足すると四月には協会五種登録扱いとなりチームの登録が開始された。

翌年の三月二十二日。東京は朝から大きな霙雪《みぞれ》が降り続いていた。人工芝が敷き詰められている東京・巣鴨の三菱養和グラウンドは、ところどころに薄っすらと雪が積もり底冷えのする寒さに襲われていた。その寒さの中をユニフォーム姿の乙女たちが集まり「第一回全日本女子サッカー選手権大会」を迎えていた。

それから九年後の八九年。昭和から平成に切り替わった年である。企業がスポンサーとなったプロリーグ「日本女子サッカーリーグ」が六チームでスタートしたが、「第一回全日本女子サッカー選手権大会」に参加した清水第八ＳＣの監督・勝四郎は大会前、予期せぬごたごたに巻き込まれ試合当日ベンチに入ることが許されなかった。

勝四郎と選手たちは、大会を二カ月後に控えフジテレビのクイズ番組『ズバリ！当てましょう』（土曜日十九時放映）の公開収録で静岡文化会館にいた。このクイズ番組で出場者を募集していることを知り、勝四郎が応募するとめでたく出場当確の連絡を受けた。

この番組は、出題として取り上げられた商品の値段を当てるもので、ズバリ正価を当てると百万円の賞金が出る。当たらなくとも正価に近い回答をすると、スポンサーとなっている家電メーカーから十万円前後の電化製品が貰えるという番組だ。

チームが遠征となれば、交通費や宿泊代がかかる。選手の経費の負担を少しでも軽くしたいとの親心からだ。

当日の会場に、選手たちは「清水第八、優勝頑張れ」と書かれた横断幕を用意して駆け付けていた。勝四郎はサッカーの練習のジャージ姿でテレビカメラに向かった。

司会の出門英と辺見マリが、客席に掲げられている横断幕とそれを持っている選手たちを見て勝四郎に話を振ってきた。

「もしかして、杉山さんは中学校の先生でいらっしゃるんですか」

「いやぁ、そうじゃないですよ。あれは私が指導しているサッカーチームの名前ですよ」

そう答えると辺見マリが不思議そうな顔をして訊いた。

「じゃ、職業は何をされているんですか」

「私は、父親が経営する鉄工所で働いています」

「そうなんですか。じゃあそこで応援している子供さんたちは」

「チームの選手たちですよ。この三月に、東京で女子サッカーの全日本選手権がありまして、それに出場するものですから遠征費用が稼げたら良いなと思って応募したんですよ」

「と言うことは、全日本選手権に出場するチームの監督さんと選手の方々ということですか」

「ええ、そうです」

勝四郎は得意気な顔で頷いた。出門英が驚いた顔で横断幕の方に目を向け、信じられない顔をしている。

番組が始まると、勝四郎は頻繁に回答者のランプを押し続けた。ズバリ賞は無理だったが近い回答を三問答え、七万円相当の電子レンジを獲得した。弟の義妹が結婚式を控えていたので電子レンジを譲ると、遠征に使うマイクロバスのレンタカー代に充てることができた。そこまではよかったが、勝四郎の元に大会本部からこんな電話が入った。

「この大会はアマチュアの大会なんです。プロとみなされる指導者は遠慮していただくことになりますので」

訊かれていることがチンプンカンプンだった。

「プロですか……。確かに私は鉄工所で働いていますけど」

「いえ、仕事のことじゃなく大会出場のための賞金稼ぎをしませんでしたか？」

勝四郎には何のことかわからなかった。

「私が何をしたと言うんですか」

「テレビに出演して、賞金稼ぎをなさりませんでした？」

〝あっ〟

咄嗟に声が出た。

放映された番組を大会関係者が見ていたのだ。

「当大会は、アマチュア規定に乗っ取って運営されているものです。テレビ出演をして賞金を稼いだとなると、アマチュア規定に背きますので当日の会場入りは遠慮ください」

強い口調で念を押すように言われた。

「分かりました」

こうしか答えられなかった。それにしても、日本一を決める大会というのにアマチュア規定を持ちだし、出場チームの事情を聴くこともなく参加を見合わせろと一方的に通達してきたサッカー協会の出方には腹が立って仕方がなかった。

練習に集まった選手たちに電話の内容を伝えると、どの顔にも不安な表情が浮かんだ。勝四郎は動揺することはなかった。

「俺は変装して行くから心配はするな。試合中の指示はコーチを経由して出すことにするから」

当日の勝四郎は、鬚を伸ばし鍔《つば》のある帽子を目深に被って会場入りすると全国の予選を勝ち抜いた八チームが集まっていた。女子サッカー初の公式戦ということもあり、テレビ局四社と新聞、週刊誌まで報道陣が押し掛けた。

八人制二十五分ハーフの試合でボールは四号球が使われた。グラウンドは男子の三分の二の広さでオフサイドもない試合だ。立っているだけで身震いしてくる悪天候の中で、初日は各チーム初戦となる四試合が行われた。選手たちは寒さから唇を紫にしてボールを追いかけていた。

「雪も避けそう……ボインが激突」

大会初日を報じた新聞の見出しにはこのように書かれていた。アスリートとしての真剣勝負見たさというより、髪を振り乱しながら戦う女の子たちのパフォーマンスはどんなものなのかとの興味本位で集まったというのが本音だろう。

胸のトラップも、両手を胸に付けてボールを弾き返している分にはハンドと見なさない。そんなルールの中で大会二日目には準決勝、決勝が行われた。

試合は経験豊富な選手を揃えるＦＣジンナン（東京代表）が予想通り、西山高校（関西第二代表・京都）を七対一で破った後、準決勝で清水第八ＳＣ（東海代表）を二対一で退け、決勝戦の高槻女子ＦＣ（関西代表）を二対一で破って初代のチャンピオンに輝いた。

翌年の三月二十一、二十二日に開催された二回大会も、清水第八ＳＣは地方での予選を勝ち抜き決勝大会に駒を進めていた。

勝四郎は、練習ボールを四号球に変え、滑りやすい人工芝の対策としてトラップ時の膝の使い方を柔らかくするように指導し準備万端整えて大会に臨んだ。初日は午後から雨が降り始め、土砂降りの中で準々決勝の四試合が行われた。

伏兵とみられていた清水第八ＳＣが、初戦の「養和レディース」（東京・サッカー協会推薦）を四対〇で下すと、準決勝で優勝候補と呼び声の高い高槻女子ＦＣ（大阪代表）に一対〇と辛勝して決勝に進み、前年優勝のＦＣジンナンとの対戦となった。朝方まで降っていた雨も上がり快晴の空の下で迎えた決勝は、大方の予想を覆して清水第八ＳＣが二対〇というスコアで勝ち優勝した。

「鍛えられた技術の上に激しい当たり、細かいパスワークでゴールを奪うサッカー」（サッカー専門誌記者）

と称えられた試合運びで頂点に立った。前回の覇者ＦＣジンナンは社会人や大学生の混じったチームで、伸び盛りの中高生を中心にした清水第八に比べ試合運びの巧みさを持つ代わりにエレガントさの部分がかえって勝敗を分ける要因になったといわれた。

大会を通して振り返ると、清水第八ＳＣは七得点、失点〇で優勝がフロックでないことを証明していた。

勝四郎は優勝監督としてマスコミに囲まれた。前年のマスコミの扱われ方を思うと、勝負は勝たなくちゃ駄目だとつくづく実感した。

「監督、優勝の感想を……」

「去年も、優勝を狙ってこの大会に臨んだんですが残念なことに三位に終わりましてね」

当たり前の顔で言った。

「大した自信ですね。普通は負けたらそういうことは言わないものじゃないですか」

代表質問の形で訊かれた。

「いや、本当にそう思っているから言っているんですよ」

獲得した優勝カップを珍しそうに眺める選手たちに、質問者が目を向けた。どの顔も幼さが残り中学生にも見える。

「じゃ、その理由なり裏付けを聞かせてください」

棘《とげ》が混じった質問に変わった。

「いいですよ。去年は、あの悪天候と雪で滑る人工芝のグラウンドが初めてだったものですから。それに、試合当日、ディフェンダーを任せている三人の高校生が就職の関係で急遽来られなくなっちゃったんです。この大会は小学生が使っている四号球でしょ。うちはいつも五号球で練習しているもんですからボールにも慣れなくて……。これで良いですか」

「ということは、来年の大会も優勝を期待してもいいということですか」

「はい、選手たちもそのつもりで練習してくれると思います」

勝四郎の言う五号球とは、男子が中学生から使うボールで四号球は小学生用のものだ。勝四郎の隣で、キャプテンの木岡二葉がインタビューを受けていた。

「君は中学生？」

「いや、高校一年です」

不躾《ぶしつけ》な記者の質問に木岡が不快感を示した。

「さ、渋滞に巻き込まれないうちに帰ろうか」

勝四郎は、木岡の肩を叩くとマイクロバスが停まる駐車場に向かって歩き出した。集まっていたマスコミ各社は二人の姿を黙って見送るだけだった。

日本一を決める試合に臨んだ選手たちは、当日の早朝五時起きで清水を発って巣鴨の試合会場に乗り込んでいた。

前日に試合会場の近くに宿を取り、体調を整えてから大会に臨みたかったが、清水第八SCは高校生と中学生が集まって運営されているチームなので、選手たちの宿泊代の負担を考えると勝四郎は選手の保護者にそれは言えなかった。疲れきっていた選手たちは、暖房が利いたバスが走り始めると座席の背もたれに体を預けて眠り始めた。


日本サッカー協会と日本女子サッカー連盟から、六月（一九八一年）に香港で開かれる「第四回アジア女子サッカー選手権大会」に出場する代表選手が発表されたのはそれから一週間後だった。選抜選手は十六名で「清水第八SC」からは七名の名前があった。当時全日本選手権は八人制だったので、七人選抜された清水の選手を中心に組まれたチームといってもいい。

京都・西山高等学校教諭の市原聖基が協会推薦で監督を務め優勝監督の勝四郎はコーチとして帯同した。

GK長谷千恵子（三菱養和・二十四歳）

久地博美（西山高・十八歳）
岩屋美保子（清水第八ＳＣ、東海大一高二年）
ＤＦ本間知恵子（清水第八ＳＣ、藤枝南女子高一年）
金田志保（清水第八ＳＣ、清水女子高一年）
岩田明美（ＦＣジンナン）
近藤修子（ＦＣジンナン）
白石益代（西山高）
ＭＦ島由理子（ＦＣジンナン）
清水万帆（神戸ＦＣ）
三島早苗（実践女子大ＯＧ）
木岡二葉（清水第八ＳＣ、清水西高一年）
本田美登里（清水第八ＳＣ、清水商高二年）
ＦＷ半田悦子（清水第八ＳＣ清水西高）
金田美保（清水第八ＳＣ、清水女子高二年）
石田順子（西山高）

勝四郎も選ばれた選手も初の外国旅行だった。パスポートの取得から旅支度まで何から何まで初めてだったが、勝四郎は思わぬ難題に直面することになる。高校生の海外遠征に生徒の在学する学校が難色を示したのだ。

選手たちが通う学校に説明と報告に行くと、

「前例がなく、事故でも起きたら学校側として責任が取れませんから」

校長がこう言って首を縦に振らない。勝四郎は選手たちが成し遂げた快挙に学校を挙げて喜び応援してくれると踏んでいたので拍子抜けしてしまった。何回頭を下げても返ってくる言葉は変わらなかった。この石頭ぶりには業を煮やしたが仕方がない。

校門を出たところで、顔見知りの先生が追いかけてきた。

「監督、せっかくの海外遠征のチャンスが行けないとなれば子供たちが可哀相でしょ。構うことはないですよ。選手の親が行かせたいと言えば学校は反対することができないんです。その線で押すことですよ」

そんな秘策を教えてくれた。再度校長室に行き保護者の意向であることを伝えると、苦虫を噛み潰したような顔で一度だけ頷いた。夢心地で準備を始めた海外遠征も、問題はそれだけでは終わらなかった。出発前に、協会の施設がある検見川（千葉県）で五日間の合宿があり練習をしてからの出発という。仕事を持つ勝四郎には三週間近い休みはどう考えても無理難題だった。父親と共に働く工場では、納期の迫った仕事が入っていた。仕事の合間を縫い、忙しく練習に向かう勝四郎に父親の方から切り出した。

「海の向こうに行くとなれば、直ぐに帰ってくることもできないんだろ。国が選んでくれたことだ。心配しないで行ってこいよ」

父親が背中を押してくれたことで、勝四郎は心置きなく出発できた。羽田空港から香港行きの飛行機に乗った。飛行機が滑走路から浮かび上がった瞬間、遠い国への遠征であることを実感した。

「高校では陸上部に入っていましたから、日本代表に選ばれた上に初めての外国旅行。目の前の出来事が夢のようで信じられなかったんです」

半田が当時を懐かしそうに話す。

「検見川で初めて顔合わせしたんですが、私は高校に入って三カ月しか経っていなかったし、清水の選手以外はみんな年上のお姉さんでした。もう姉さんに付いていくことだけで精一杯でした」

そう言いながらも、練習が始まると清水の選手たちの走力とボールコントロールは傑出していた。大型特殊自動車のタイヤをグラウンドに並べて、そのタイヤにボールを当て跳ね返るボールを次のタイヤに蹴って走る。

「タイヤに当てたボールはどこに跳ね返ってくるか分からないんです。そのボールを止めて次のタイヤに蹴り返す。これをするには、下半身の安定と膝の柔らかさがないとできないんです」

狭いスペースのグラウンドで勝四郎が考案した練習方法により選手は、足腰の柔らかさと足首の使い方を知らず知らずのうちに見に付けていた。

「大晦日に練習の打ち上げをすると、翌日の元旦には初蹴りがあるんです。そんなわけで練習は三百六十五日ありましたね」

的確なボールコントロールと走力があれば体格差は関係ない。

監督の市原聖基は、合宿でこの二つの要素を身に付けている清水の選手を中心とした布陣を組むことにしていた。

「私はワントップでした。中盤もバックスも清水の選手が中心で守りを固めていました」

半田は、当時の遠征を振り返ってこんなことを教えてくれた。

「日本で戦う試合は、観客が集まることはほとんどなかったんで親戚とか友達がどこにいるかは直ぐに分かるんです。ところが香港に行くと、一万人くらい入る大きなスタジアムが満員になっていたんです。びっくりしましたね。香港のサッカー熱の高さには驚きました」

アジア選手権の開催国を見ると分かるが、当時女子サッカーに香港もタイも中国も国策として取り組んでいた。初回の一九七五年は香港で開催され、一九七七年の二回大会は台湾で行われ三回目はインドで四回目が再び香港になり五回大会はタイで開催されている。

「香港も台湾も強かったですよ。私がワントップで前線に張っていたんですが、日本は防戦一方でほとんどボールが回ってきませんでした」

台湾とタイに一点差で敗れたが、実力の差はそれ以上のものがあったと半田は言う。それでも、前回のFCジンナンの戦いからするとかなりの接戦であったことが分かる。

勝四郎は、自チームの選手たちの活躍に指導方針と戦略が間違っていなかったことを改めて確認でき満足した。

「私は全日本で優勝したとき、ある意味で自分の目標を達成したんです。子供が好きなものですから、男女を含めて幼稚園児から小学生までの子供たちにサッカーを教えようと思っていたんです。この大会があったおかげで、後の全日本女子サッカーを引っ張ることになる半田や木岡、本田が誕生したわけですよ」

そう言う勝四郎も、遠征を経験したことで後の人生が大きく変わることになった。

「木岡は、この遠征後に学校でハンドボールの部活が待っていたんですよ。半田は陸上競技をしていたし、本田は高校に入学するとサッカー部のマネージャーをしていましてね」

日本代表として日の丸を背負った清水第八ＳＣのメンバーは、帰国後別のスポーツに進むことを考えていた。

「外国旅行が嬉しくて行ったんですが、陸上部を辞めるつもりはありませんでした。ところが、相手選手と健闘をたたえ合っていたときタイの選手もインドネシアの選手も、また会いましょうねって約束をしてくるんです。それがすごく嬉しくて。だったら次のアジア選手権に選ばれて、試合会場で会えるように頑張ろうと思うようになったんです」

これがサッカーを続けることになった半田の理由だ。一緒に遠征した仲間も同じ思いであった。

そうなると、勝四郎も引き下がるわけにはいかなくなってしまった。

その後の国際大会を見ると、三年後に中国の西安で開催された「西安招待試合」、一九八六年のインドネシアで行われた「スハルト大統領夫人杯」、イタリアの「イタリア国際大会」、同年の「第六回アジア大会」にも、香港に遠征した時の清水第八ＳＣのメンバーの名前がそのまま並んでいる。

香港での試合を終えた勝四郎は、選手たちと市内観光と洒落こむつもりでいたが、臨月を迎えお腹に双子の子供がいた妻、淳子から予期せぬ電話が入った。

「子供の出産が難しそうなの……。私どうしていいのか分からなくて」

そんな電話だった。勝四郎は急遽観光を取りやめ空港に向かった。

勝四郎の心配を余所に双子の赤ちゃんは無事産まれた。

勝四郎がサッカーとの関わりを持つことになったのは、人柄の良さが子供たちに受け入れられたからだ。

勝四郎の生まれ育った大曲町は、折戸《おりど》湾に注ぐ巴川《ともえがわ》から三百メートルほど北に入った住宅街の一角にある。入口に「杉山鉄工所」と書かれた看板が掛かり、勝四郎は額に汗を浮かべながら工場の中で鞴《ふいご》を漕いでいた。十五坪四方のスレート葺きの工場の中は、鉄パイプやL字鋼が床に所狭ましと置かれている。

「杉山鉄工所」は学校の用具修理や造船所、建設業者から出る仕事で成り立っている。

この日の勝四郎は、父親と組んで鉄塊を溶かして住宅の門扉に使う留め金を叩きだしていた。大きな鉄の塊を溶かすには大量のコークスを勢いよく燃やさなければならない。それには鞴から大量の空気を送り込む。火力が弱いと鉄を加工できるまでの温度まで上がらないからだ。

コークスが真っ赤に燃えると、線香花火のような火花がぱちぱちぱちと音を立てて飛び散る。鉄塊が加工可能まで赤く熱せられると、勝四郎が鉄火箸で鉄塊を挟んで台座の上に乗せる。ここで父親と勝四郎の役目を交代する。父親が鉄火箸を持って鉄塊の打ち下ろす場所を指示する。そこに勝四郎がハンマーを振り下ろす。

振り下ろしたハンマーが、逸れて間違ったところを打つと鉄塊が土間に転がり落ちてしまう。そんなことをしていると鉄が冷めてしまい鞴をまた漕がなければならない。

勝四郎は、職人気質の父親から教えを受けて仕事を覚えてきた。

兄たちは、離れたところにある作業場で造船所からの仕事や鉄骨を溶断機で切断する作業に従事している。

造船所の仕事は船の骨格を組む鉄筋の修正や部品の制作だ。注文が入ると造船所に出向いて組み合わせを手伝うこともある。建設業者からの仕事は、住宅建築に使う鉄筋構造の柱や梁《はり》を支える蝶番《ちょうつがい》の製造で、蝶番は柱のサイズに合わせて作る。屋根や軒先に使う鉄筋は大工の指示に従って溶接バーナーで切断する。

時には家庭の洗濯物干場の竿受けを作ることもある。家庭の盆栽棚や藤棚なども「杉山鉄工所」の仕事だ。入江小学校の最初のサッカーのゴールは自分が作ったんだと、勝四郎は自慢する。

男五人女四人。九人兄弟の四男坊に育った勝四郎は、兄弟と共に父親と鉄工所の仕事を手伝っている。

コークスが燃える工場の中は、冬といえども汗が吹き出すほどの高温で長い時間続けるときは塩を舐めながらの作業になる。

田舎の男兄弟は、総領《そうりょう》を頭に序列が出来上がっている。

総領が白と言えば黒いものでも白になる。弟たちが、どんなに不条理と思えることも総領の決めたことには決して口答えはできない。

総領は生まれた時から稼業を継ぐものと決められている。

「職人に学問はいらない」

との父親の考えから、長兄から順に勝四郎も中学を卒業すると鉄工所で働き始めた。

兄弟で一番いい体格をしている勝四郎は、外見とは裏腹に心の優しい青年だった。兄たちは、仕事が終わると清水駅周辺の歓楽街に繰り出すが勝四郎は近所の子供たちを集め町内の対抗試合があるドッチボールやポートボールを教えていた。夕方になると「杉山鉄工所」の入口に子供たちがやって来る。

「監督、ポートボール教えて」

その声を聞くと、

「ほら、先生、お前の生徒が来たぞ」

そう言って父親は勝四郎を仕事から解放してくれた。

「分かった、分かった。今いくぞ～」

勝四郎は仕事場の隅に置いてあるボールを抱えて工場を飛び出す。

そんな関係から、勝四郎は近所の子供たちに〝監督〟と呼ばれて慕われていた。近所の空き地で子供たちの遊び相手となり日暮れまでボールを追いかけている。清水という田舎町の緩やかな日常がそんなところにあった。運動好きな子供は土地柄、小学校に上がるとサッカーを始める子供が多かった。

街には青年団組織がある。男は学校を卒業して社会人になると二十五歳まで地域社会のしきたりとして青年団に入団する。勝四郎の三人の兄も入っていた。青年団の楽しみは夏の盆踊りとみなと祭りだ。

盆踊りは広場に櫓を組む。踊りの曲に合わせて叩く太鼓のばち捌きを先輩が後輩たちに手ほどきする。会場で配る団扇や手ぬぐいの用意をするのも青年団の役目だ。

みなと祭りが近づくと、仕事を終えた団員が近所の公民館に集まり神輿の準備から街頭に飾る短冊作りに精を出す。仲間が集まると、酒盛りとなって近況の自慢話や歓楽街の店で働く女の子たちの噂話で盛り上がる。

指導者の立場にある先輩の酒癖が悪いとこれが手に負えない。勝四郎の入っている大曲町青年団は酒好きなリーダーがいるため、町内の長老から「飲兵衛軍団」と揶揄されているから始末が悪い。

勝四郎が青年団に入った一九六〇年代は相撲が大人気だった。

四十四代横綱・栃錦と四十五代横綱・若乃花の二大横綱が「栃若時代」と騒がれて沸きに沸いていた。

「杉山鉄工所」も家族揃っての相撲好きで、大相撲のラジオ実況中継が始まると耳をそばだてるようにして聴いていた。

「はっけよい。のこった、のこった」

父親は栃錦が好きで、場所が始まり取り口を捌く立行司・木村庄之助の皺枯《しわがれ》れた声がラジオのスピーカーから流れると仕事の手を停めて聞き入っていた。

栃錦引退前の昭和三十四年五月場所千秋楽には、鍛冶場にいた父親は、アナウンサーの熱い実況をラジオに耳を付けて聴いていた。

若乃花を破った栃錦が全勝優勝を飾った。普段は物静かで滅多に感情を表に出さない父親だが、この時ばかりは飛び上がって喜んだ。

そんな相撲ブームから、子供たちの遊びでは空き地に土俵を真似た円を描いての取っ組み合いが盛んになっていた。

単車(バイク)が若者の間で流行したのは一九六〇年代後半である。マフラーを改造して、バリッバリッバリッと雷音のように凄まじい排気音を撒き散らして街中を我が物顔で走るカミナリ族が横行した。新宿駅西口地下通路から浄水場後の脇を通って新宿公園に繋がる片側三車線の広い道路に土曜日の夜になるとそれぞれの改造を施した単車が集まった。スタート地点から四百メートル先までの速さを競う「ゼロ四レース」と呼ばれる走行をマスコミが報じた。距離を決めてのスピード争いだ。全国のカミナリ族は、このスリリングな走行を真似てレースをするようになっていた。

清水でも、土曜日の夜になると清水港の埠頭を中心に爆音を響かせて走り回っていた。けたたましいスピードで暴走を繰り返すわけだから事故が起きないわけがない。新聞の三面記事にカミナリ族の死亡記事が頻繁に載るようになっていた。

この街には明治時代の侠客・清水の次郎長がいた。清水で生まれ育ち数々の武勇伝を残して一生を終えた。

杉山家の神棚には煙草の脂《やに》と竈《へっつい》の煤に包まれて変色した三冊の本が飾られていた。どれも次郎長を書いたものだ。

一八六八年十月四日、戊辰《ぼしん》戦争参戦のため東京湾を出ようとした幕臣派の咸臨丸は、運悪く暴風に遭い岩礁に接触して船体を破損してしまった。函館に向かうことが叶わず緊急処置で清水港に錨《いかり》をおろすことになった。

修理のため、銃砲などの武器を船から下ろしたところを敵の新政府軍の一団に襲われた。武器を持たない船乗員たちは白旗を上げて降参の意思を伝えたが、全員が日本刀で切り殺され折戸湾に投げ込まれるという凄惨な事件が起きた。

折戸湾が遺体で血の海と化した。悲惨な惨状を見た次郎長は、子分に命令し遺体を引き揚げさせると墓を作り塔頭《たっちゅう》を建て供養をした。

それを知った新政府軍が次郎長に詰め寄った。

「仏になってしまえば敵も味方もない」

次郎長は、刀を手にした男を前に一歩も引かずに対峙した。

勝四郎はその侠気《おとこぎ》に惹かれた。そればかりではない。日本の将来を見据えて自宅を改造して英語塾を開いたのも、子分を率いて富士の裾野を開墾し茶畑を作ったのも次郎長だ。勝四郎は、ぶれることなく任侠道を貫いた次郎長の生き方に興味を抱いていた。

「子分を守れない者は、一家を構える資格がない」

町内単位で看板を掲げる青年団も、次郎長の住んだ時代に例えるなら団長を頭とした強い絆で結ばれていなければならないはずだ。

これが勝四郎の考えだった。

近所の子供たちにポートボールを教え始めたのも、子供を持つ親からルールが分かる大人がいなくてはと懇願されたからだった。

二十五歳になった兄たちが青年団を引退すると、目の上のたんこぶが無くなったこともあり、自分が先頭に立って街を盛り上げたいと考えるようになった。

青年団は、その地域に根付く文化や古くからの仕来りを継承する。それを守ることが自分の役目と考えた。

勝四郎は二十四歳になると地域の青年たちを集め「清水第八総合スポーツ青年団」を結成する。

何でもありの文字通り総合スポーツ青年団だ。

「暴走族のメンバーで酒に溺れて行き場を失った若い連中に、エネルギーの発散場所を与えたかっただけなんですよ」

そう言って謙遜するが、人一倍頑強な体格と面倒見の良さから、誰にでも愛される硬骨漢である。

近くにちゃんこ料理店「相撲茶屋」（後の「日本閣」）があった。経営者の西川昭策は角界に通じており、板前は大相撲・時津風部屋にいて入幕が叶わず廃業した幕下の貞光《さだみつ》である。

勝四郎は西川に相談に行った。

「相撲の大会を開きたいんで、相撲部屋から力士を呼んでもらえませんか」

西川の手配で時津風部屋の幕下、丸山が街の祭りの相撲大会の会場に来てくれた。四股、蹲《そん》踞《きょ》、鉄砲、立ち会いと相撲の基本となる形を集まった相撲好きの前で丁寧に教えてくれた。

「はっけよい。のこった、のこった」

土俵に上がると、行事まで買って出て祭りを盛り上げた。

こうなれば勝四郎の人気は絶大で、入団希望者が増えて、スポーツ青年団は大所帯になった。

正月を迎えて勝四郎は〝一年の計は元旦にあり〟で、元旦の朝公民館の前に日の丸を掲げ「君が代」を歌うことにした。

駿河湾から顔を見せた初日が久能の山肌を照らしていた。

家々の軒並みに門松が飾られてお正月の気分が膨らんでいる。

カセットデッキから「君が代」が流れると、団員の手によって日の丸が青空に揺れながら上がった。初詣に向かう家族連れも一緒に口ずさんでいた。青年団の熱気ある歌声が北風を吹き飛ばして辺りに響き渡る。

勝四郎を先頭に、その夜は駅前の料理店で新年会をやった。

「先輩、おめでとうございます」

酒が苦手な勝四郎を除いて各々が酌をし合って乾杯をする。

お神酒の後の料理で腹を膨らませると、勝四郎が大きなビニールの袋から映写機を出してテーブルの上にセットした。

「何が始まるんですか」

元カミナリ族のリーダーをしていた好治が訊いてきた。

「正月だから、ハワイに上がる初日の景色でも見せてやろうと思ってな」

そう言いながらフィルムをセットした。勝四郎が用意したのはブルーフィルムであった。団員たちが喜んだのは言うまでもない。

新年早々の出初式では、放水に参加したがホースから吹きだす水力に振り回されて死にかかった経験もある。

国が主導し、青少年教養育成機関として学校単位で動き出したのが青年学級で、清水でも「清水第八青年学級」が組織され活動を始めていた。第八中学の校長先生から任命され、勝四郎が部長に就任した。年間を通じ行事の中で勝四郎はいかんなく行動力を発揮した。

演劇、歌、踊りと計画を立て学校の教室や校庭に集まって仲間たちと盛り上げた。この時の小道具で使うレコードは自前だった。

「夏の盆踊りで、演歌に合わせて踊るのもいいけど、踊るなら男女が手を取り合って踊れるフォークダンスを取り入れてみたらどうか。男女の出会いの場を作ることも必要だ」

フォークダンスがあることを知ったその日は、学校の中庭が一杯になるほどに好評だった。

丁度この時期、入江小学校に江尻小学校から堀田哲爾が転任してきた。堀田は「清水をサッカー王国にするんだ」と言って静岡大学から江尻小学校に着任すると、サッカーチームを立ち上げ指導者として先頭に立っている男だ。堀田は江尻小学校でも男女を問わず子供たちにサッカーを教え始めた。「清水市少年サッカーリーグ」が立ち上がったのもこの年で堀田が先頭に立っていた。

勝四郎が教えるポートボールに夢中になっていた女の子たちも、サッカーのリーグ戦が始まると男の子たちとボールを蹴り合うようになった。市内の小学校のグラウンドは土、日曜日になるとサッカーボールを追う子供たちで溢れていた。サッカーは、試合が始まると誰もが主役となって走り回っている。勝四郎は、額に汗を滴らせて走り回る子供たちを見ていると羨ましさを感じた。

青年団は二十五歳で引退しなければならない。仲間とこれまでのように一つの目標を共有していたい。そんな思いから青年団を母体としたサッカー部を作ることを考えた。

中学時代の後輩が、市内のサッカーの社会人リーグに入っていることは聞いていた。連絡を取って訪ねると練習から帰ったところだと言ってジャージ姿で出てきた。

「いいと思うよ。協会に登録してリーグに加盟すれば誰だって試合ができるんだから」

簡単に言われたが、チームを組むといってもずぶの素人である。

ルールも知らなければ練習方法も分からない。

何事にも中途半端が嫌いな勝四郎は、銀座通りにある書店で『サッカーの教え方　学び方』（岩谷時夫著）という本を買った。

まずはサッカーとは何かを知ることから始めた。

インステップキック＝遠く、強く、柔らかく味方のいるところに。

インサイドキック、アウトサイドキック＝近く、正確に。

トウキック＝相手と競りながら、相手と接触直前に蹴る。

ヘディング＝高く、角度、方向、強さの変化を考えて。

ドリブル＝自分の走る速さを考えた上で、常に自分の足が届き支配できる範疇にボールを置くこと、とある。

フェイント＝相手を欺く動作を言い、いろいろなフェイントの技術の習得を必要とするが、大切なのは基本技術の習得からだと書かれている。子供たちがいとも簡単に足首で地面にボールを落とさず蹴り続けている動作をリフティングと呼ぶことも知った。

勝四郎は、本を置いて家の壁を相手にボールを蹴ってみた。

これがなかなか思い通りに行かなかった。難しいと思えば思うほど探究心が湧いてくる。一つのボールを全員で追いかけるスポーツだけに、青年団の団結力を高めるには好都合だ。

「サッカーチームを作ろうと思うんだけど、どうかなぁ」

仲間の集まった公民館でサッカーの本を広げた。

「みんなも分かっていると思うけど、サッカーは審判の笛が鳴ると全員が主役だ。体力に自信がある俺たちに向いていると思うんだがな」

「俺も、子供たちの試合を見てそうだと思っていたんだ。みんなでやるべぇ」

「おぅ、いいじゃん。やるべぇ」

青年たちはにこやかに方言で答えた。好治はカミナリ族のリーダーだった男で、好治を含めて十名が集まった。カミナリ族のイメージを払拭するためにも新しい青年団を立ち上げたらどうかと意見が一致した。チーム名を決めるのに喧々《けんけん》諤々《がくがく》、団員たちがいろいろな名前を口にした。

「第八総合スポーツ青年団」

近所の中学校の名前を取ったものだが、それ以上に数字の八の字が富士山のように裾広がりで将来を予言しているように思えた。

一九六七年七月四日。大安の日、十人の部員で「第八スポーツ青年団サッカー部」がめでたく結成された。勝四郎は早速、後輩に教わった要領で清水サッカー協会にチームの登録を済ませた。

「規約や試合の組み方の説明があるんで、月末に開かれる総会に出席して各チームの責任者と顔合わせをしたところで承認されると思いますよ」

二週間後の夜、サッカー協会で監督会議が開かれた。

市内には二十四チームが登録されていた。

「うちは大曲町青年団のメンバーが中心のチームです。技術に自信はありませんが、二年、三年後を見据えて練習に励みます。反則を犯さないフェアな試合をすることを誓います」

そのような挨拶をして了承された。市内には上からAリーグ、Bリーグ、Cリーグとそれぞれのカテゴリーがあり「第八スポーツ青年団サッカー部」はCリーグからのスタートとなった。

前向きな発言をする勝四郎はCリーグの幹事役まで任された。

「仕事の余暇のレクリエーションとして、無理のない範囲で楽しむことから始めよう」

リーグ戦加盟が承認されたことを伝えた席でこんな提案もした。

「じゃ、今夜は祝い酒ですね」

好治が勢いよく立ちあがると「日本閣」に向かった。

酒を一滴も飲まない勝四郎も付き合った。

小学生が練習を終えてからの入江小学校のグラウンドを練習場とした。サッカーを誰も理解していなくては試合どころではないと思い、勝四郎は、寝床に教本を持ち込んで諳《そら》んじるほど読み込んだ。

シーズンが始まると毎週試合が組まれた。

短い時間で効率の上がる練習は、ボールに触る回数が多いほどいい。自動車のタイヤを使ってのドリブルはこの時に始めた練習方法だ。それでも、試合になると細かいパス回しは影を潜めてボールを蹴って走るキック・アンド・ラッシュで走り回るがシュートまではなかなか持ち込めない。

第一戦の三井ケミカル戦では、入江地区の球技大会と重なり七人のレギュラーが欠席し一方的な試合展開となってしまった。

第二戦の豊年製油戦は、ベストメンバーで臨みフォワードの好治のゴールがチーム初得点となった。敗れはしたがボールを回し合いながら守備を前線に上げて攻撃する大切さを知らされた。

金指造船、北川製材、伊藤鉄工、イハラ農機と、リーグでは古株のチームにはなかなか勝つことができない。毎度のことだが、試合の後のお疲れさま会は日本閣で開くことが多くなっていた。

「スポーツは、どんな分野でもその世界の専門家に教わらないと上手くはならないよ」

日本閣で板長を務める貞光が連敗街道から抜け出せないチームに言った言葉だ。相撲部屋にいた貞光には、時々相撲の基礎を質問すると丁寧に教えてくれた。団員も貞光には好感を持っていた。

「だったら、入江小の堀田先生に頭を下げてみない」

間を置かず好治が言った。

堀田が、清水のサッカー界の指導者の先頭にいることを勝四郎は知っていた。頭を下げて頼むことは簡単だが、教わる前に自分たちなりの努力をしなければならない。自分たちで考え工夫していくなかで、自分たちの答えと他人から教わることを融合したところに初めて自分たちのスタイルが出来上がるのではないか。

試合ではなかなか勝てないが、サッカーの勘所が何処にあるのかを勝四郎は自分の中で考えていた。

青年団の練習が始まる前に入江小のグラウンドに行くと、堀田は多くの生徒たちに訊かれることを懇切丁寧に指導していた。

「サッカーは教えたり教わったりするものじゃないんだ。楽しめばいい。楽しもうとすれば多くボールに触りたくなる。触りたければ走らなければ触れない。だから走るようにすればいい」

難しいことは言っていない。

「ボールが欲しければ、味方がパスを出しやすいところに走ればボールが来るよ」

何気ない言葉の中に堀田の言わんとしている勘所があるようにも聞こえる。勝四郎の頭の中では双方合わせて二十二人の選手たちがフルコートを使ってゲームをしていた。

一九七二年の春。船越堤《ふなこしつつみ》公園にあるソメイヨシノが散って花見客の姿が消えて何日も経っていなかった。

仕事を終えた勝四郎は水の緩んだ巴川沿いを歩いていた。葦の新芽が水面から顔を出していた。正面に雪を被った富士山が鎮座している。

「監督、私たちにもサッカー教えてくれません」

振り向くとランドセルを背負った二人の女の子が立っていた。

近くの入江小学校に通う水野由紀子と落合和美だった。

「学校で習っているだろう。どうしたんだ？」

「だって、堀田先生が違う学校に変わっちゃったから私たちを教えてくれる先生がいなくなっちゃったんだもの」

二人は、勝四郎とは家が近かったこともあり小学校に通い始める前から勝四郎が仕事の合間を縫ってドッチボールやポートボールを教えていた。

「サッカーがそんなに好きなのか」

「大好き。でも教えてくれる先生がいなくなったら、男子が校庭を全部使って私たちに使わせてくれないの」

そう言って口を膨らませた。堀田が入江小学校に来て五年が経っていた。今、ガンバ大阪で指揮を執る長谷川健太も、セレッソ大阪でエースストライカーとして活躍した西澤明訓も去年浦和レッズを退団した鈴木啓太も入江小出身だ。

本田美登里（現ＡＣ長野パルセイロレディース監督）は長谷川健太の一級上で木岡二葉と半田悦子は同級生だ。放課後になると堀田の指導を受ける男子児童とグラウンドを分け合ってボールを追いかけていた。

その堀田が去年、和田島小学校に転勤すると女子のサッカーを面倒見てくれる先生がいなくなったと言う。青年団の先頭に立って子供たちが帰った後の夜のグラウンドでボールを蹴っている勝四郎を見ていたようだ。面倒見のいい勝四郎なら何とか相談に乗ってくれるのではないかと考えた。二人は偶然すれ違った勝四郎に話し掛けたのだ。勝四郎を待ち受けていたのかもしれない。

「本当にやりたいのか？」

「はい」

「だったら、俺達と一緒にボールを蹴ればいいじゃないか」

簡単に了承したが練習は夜になる。勝四郎は子供たちの保護者に練習参加の経緯を話し理解を得ることにした。木岡と本田、金田美保が練習に参加することになった。五人の女の子が合流したことで練習日には試合形式の練習が多くなった。

試合が始まると、女の子たちは青年団の誰よりも数段ボールコントロールが巧みだった。体力任せで突進する青年たちをサーカスの軽業師のようにひょいっとかわしてしまう。

「勢いだけじゃボールは取れないですよ」

可愛い女の子たちにそう言われても怒る気にはなれない。

清水第八総合スポーツ青年団は、リーグ戦に参戦して三年経っていたが万年最下位で上昇気流に乗れないでいた。この子たちがメンバーに加われば連勝街道間違いなしだが、実業団のリーグ戦に小学生は出場できない。子供たちにも試合をさせてあげたかった。

「お前たちも試合をしたいんだろ」

「はい」

「だったら、俺がチームを作ってやるよ」

勝四郎は新たなチームを作り、市内のリーグ戦で戦わせてやろうと考えた。これまでの「第八総合スポーツ青年団」とは別に「第八サッカースポーツ少年団」を立ち上げ、青年団と一緒に練習したらどうか。そんな計画の話をすると本田も木岡も目を輝かせて喜んだ。

こうなれば試合ができるメンバーを確保することだ。

清水は冬でも氷の張らない温暖な気候だ。正月が過ぎると石垣イチゴが果物屋の店頭に並ぶ。練習を終えて家に戻ると父親がテレビの前で食事をしていた。兄たちは酒好きだが、勝四郎は下戸で甘いものには目がない。緑茶でかりん糖を頬張っていると、ブラウン管にアナウンサーの顔が映った。

「NHKでは全国の桜の名所を募集しています」

そんなことを言っていた。

清水には住宅街から少し離れたところに船越堤公園がある。

ここは、桜の名所で開花時期には山肌一面に絨毯を敷き詰めたように白い花びらで覆われる。

地元の桜が、全国に紹介されるならこんな嬉しいことはないと思い、勝四郎はやんちゃ心を発揮してブラウン管の応募の送り先の住所を書き留めた。

「船越堤公園の桜は、山肌を一面に埋め尽くすような豪華さで咲きます。羽衣の松で有名な三保の松原もあり、是非取り上げていただきたいと思います」

船越堤公園を推薦する理由を書いて投函した。それから十日程経って思いもかけない電話が入った。

「こちらでも調べてみました。開花が関東より一週間ほど早いんですね。撮影時に案内いただけると助かるんですが」

「分かりました。お手伝いできることでしたら」

勝四郎はホクホクで答えた。

開花を待って三月の中旬に撮影隊の一行がやってきた。

勝四郎は撮影に合わせて子供たちを集めていた。

撮影ポイントを説明しながら子供たちにサッカーの練習をさせた。両足と膝、胸、頭と体全身を使ったリフティングが始まると、サーカス団の軽業師のような見事なボールコントロールに、撮影隊の目が集中した。

「皆さん上手ですねぇ。まるでサーカスを見ているみたいですね」

それもそのはずだ。後に日の丸を背負って活躍する木岡二葉も本田美登里も金田美保もいるわけだから。

「私は子供たちにサッカーを教えているんです」

「それは珍しい。桜の構図に子供さんたちがサッカーの練習をしているところを入れてもいいですかねぇ」

「構いませんよ」

テレビに映るチャンスなど滅多にあることではないので、子供たちの良い思い出になるはずだ。ここまでは計算通りだった。

女の子供たちが撮影隊の前でリフティングを続けると、番組でその映像が流れた。子供と保護者たちは大喜びだった。

映像を見た、というNHK教育テレビのプロデューサーから連絡が入ったのはそれから二週間が経ってからだ。

「小学生の女の子たちのサッカーは、すごく珍しい光景でした。番組で取り上げさせていただきたいんですが」

勝四郎の狙いが見事に当たった。グラウンドでの練習風景が全国ネットの番組で流れると、子供を持つ親からの問い合わせがテレビ局に入った。

「杉山さん、子供さんをサッカーチームに入れたいと言う保護者からの問い合わせがあるんですが、連絡先を教えても構いませんか」

試合を組めるぎりぎりの部員しかいないチームなので、願ったり叶ったりの話で部員が一気に三十人にも膨れ上がった。こうなったら、練習方法も考え直さないといけない。勝四郎のチームの使える入江小学校の練習スペースは、グラウンドとトイレに挟まれた十五×七メートルほどの空間しかない。このスペースでどれだけ密度の濃い練習をこなすかだ。

勝四郎が考案した練習の一つは車のタイヤを使ったドリブルだ。

大型特殊自動車のタイヤが四つ、子供たちの遊具として体育館脇の壁に積まれていた。そのタイヤを二つずつ二列に並べる。子供たちは二組に分かれ、丸いタイヤにボールを当て、回りながらドリブルをする。ボールは蹴るだけではなく左右の足で小刻みにインサイドとアウトサイドを使い、一定の速度を保ちながら周回する。

「タイヤには滑り止めの深い溝が切られています。ボールをそれに当てると真っ直ぐに返ってくることはほとんどありません。イレギュラーして跳ね返るボールをいかに膝を柔らかく使ってコントロールするか。この膝の使い方がフェイントをかける時も、相手からボールを奪うときの体の使い方にも応用できるんです」

勝四郎はにんまりした口調で、タイヤドリブルの効果を話す。

半田に当時の練習方法を聞くと余りにもユニークである。

「サッカーの経験者じゃないからできるんでしょうね」

こう前置きする。練習はボールを蹴ることばかりに重きを置いているわけではない。雨降りの日には校舎の昇降口に設置されている靴箱の並ぶスペースに子供たちを集める。学年別に分かれて並び靴箱の周りを二人一組になって、お互いがボールを投げ合いラグビーのようなパス交換をしながら走り回る。

学校の玄関口はコンクリートの床と廊下との間に段差がある。ボールを投げ合いながら、その段差のある床を走り回るわけで足元を常に注意して走らないと転んでけがをする。ボールを投げて受けて走る。

「これを失敗しないで続けるには、全身の注意力を注いでいないと転ぶ危険が付きまとうわけで、自分の集中力を高める練習には効果があるんですよね」

半田が世界的なストライカーとして活躍できた膝の使い方は、この練習で培われたと言う。

柔らかいボール、強いボールを蹴り分けるには足腰の強さが下地にないとなせる業ではない。勝四郎の練習にはこんなメニューが含まれていた。ラグビー、相撲、綱引き。地区の駅伝があると選手同士でチームを組んで必ず出場する。

「天気のいい日は、三保の海岸に行くんです。砂浜をたっぷり走らせた後で相撲を取るんです。投げたり掛けられた技に堪えることで筋肉が付き下半身の強化に繋がるんですね。サッカーには関係ないことですから半信半疑だったんです。ところが、激しい試合になると相手の肘が顔に入ったりボールを蹴るふりをして膝を蹴られたりするんですね。殴り合い蹴り合う。サッカーは格闘技なんです。監督はそんなことも考えた練習メニューを組んでいたんです」

ボールを使っての練習はこんな具合だ。

狭い空間にゴールネットを運ぶ。このゴールも勝四郎が家業の鉄工所で拵《こしら》えたものだ。正面にゴールキーパーを立たせる。センタリングのボールを入れると、それを待ち受けている選手たちがシュートを打つ。狭い空間を余すところなく使っている。

「とにかく、監督の練習は一年中三百六十五日です。大晦日まで練習をすると、初蹴りは一月一日の元旦ですから。サッカー漬けで監督のプライベートはいつあるのかと私たちが心配したほどです」

半田は、自分の人生を作ってくれた師匠と言う。

周辺のスポーツ少年団の練習は通常週二、三回だ。

勝四郎の情熱から毎日練習を重ねたチームは、市内では後発でありながらリーグ戦では負け知らずの強豪チームに育っていった。

対外試合で負けると宿題を言いつけた。

「お父さんの肩を十分間叩いてあげなさい」

これが勝四郎の選手育成の原点だ。サッカーだけでなく、人間教育を考えている。両親に対しての感謝の心はチームメートへの思いやりに繋がる。チームメイトとの繋がりがあれば自分が失敗しないプレーを心掛けるようになる。それにはよく考えたプレーをしなくてはならない。

物事を考えることのできる強い人間育成を考えている。

仕事に疲れて帰った父親に、娘が黙って肩を叩き始めたら、喜びこそしても怒る親はいないはずである。

「父親は、常に七人の敵と戦って頑張っているんだ」

こう言って、親に対する尊敬心の植え付けも練習の一巡として教えていた。親が喜んでサッカーに協力してくれれば、練習に打ち込める環境も整う。

保護者の仕事が休みとなる祝日には、練習場所を車で二十分ほどのところにある県立図書館脇に広がる芝生の公園に移した。親子でサッカーを楽しむためだ。弁当を持った親子のピクニックを兼ねることにもなる。勝四郎はそこまで考えていた。

市内に十四チームある女子のリーグ戦で、清水第八サッカースポーツクラブ少女部は負け知らずの快進撃を続けていた。

「余所のチームとは練習量が違いましたからね。どこのチームとやっても負ける気がしなかったですね」

　ストライカーとして活躍していた半田は、当時を振り返ってそう述懐する。そんな順風満帆なクラブ運営に横やりが入ったのは、木岡や金田美保が卒業を間近に控えた春休み前だった。北風が吹きすさぶグラウンドでタイヤを使った練習をしていると、不意に背中を叩かれた。ジャージ姿の角刈りの男が立っていた。

「体育を教えている者です。子供たちの練習で、あまり保護者に迷惑をかけるわけにはいきませんから。これからは私がやります」

　彫刻で掘ったように角ばった眼と鼻筋をした男だった。

「これだけ多くの児童を預かるとなれば、事故が起きても学校では責任が取れません。そんなわけで私が指導させていただきます」

　有無を言わせない響きを持っていた。

「駄目なら今後、校庭を使うことは許可できません」

　練習場所を奪われるとチームは解散に追い込まれる。勝四郎は揉め事で子供たちの好きなサッカーを取り上げてしまうことは本末転倒と考えた。

「分かりました。子供たちをよろしく頼みます」

　断腸の思いでこの言葉を吐いた。

　清水市内の小学校は、男女共に年間を通じてリーグ戦が行われている。男子の代表となる清水

ＦＣは、中学に進んでもそのまま持ち上がりで中学校の指導者が待ち受け指導を受けられる環境にある。

女子のサッカーはそうはいかない。中学生になると部活のサッカー部がないため受け皿がない。仕方なしに運動神経の良い子はバレーボールやバスケットボール部に入り、サッカー好きの子供たちは行き場を失ってしまう。

小学校の先生にサッカーの指導を譲った勝四郎は、木岡と金田志保と美保の姉妹が小学校を卒業したのと同時に女子のサッカー部を結成した。

中学の先輩で、剣道部の顧問をしていた女の子たちも誘った。

中学のサッカー部でマネージャーをしていた本田美登里にも声を掛けた。サッカーができると知った子供たちの動きは素早かった。

「お姉ちゃんが一緒にやってくれるって」

美保が勝四郎に報告した。美保の姉の志保も参加すると言う。

十一人いなければチームができない。勝四郎は手当たり次第に声を掛けた。近所の饅頭屋の奥さんは勝四郎が饅頭を買いに行ったついでに誘った。

「え、私がサッカーを」

「だってお宅のお嬢ちゃんもやっているじゃん」

まんざらでもない顔をしている。勧誘は成功だ。教えていた子供たちの保護者を勧誘してどうにか十人を揃えた。

「清水第八スポーツクラブ」を立ち上げ、サッカー協会に登録を済ませたのは一九七八年五月のことだ。

勝四郎の妻淳子は、長年「清水第八ＳＣ」のゴールを守り、日本選手権で連覇に貢献したゴールキーパーだ。二人の結婚は、それから一年後の九月二日で勝四郎三十五歳、淳子二十二歳だった
淳子の家は「杉山鉄工所」から三百メートルしか離れていない。

淳子は地元の高校を卒業すると静岡のテレビ局に勤務していた。

勝四郎は仕事を終えると、毎日欠かさず子供たちのサッカーの指導で学校のグラウンドに足を運んでいた。勝四郎は青年団長としてプロデュース力を発揮した。街の催事を取り仕切って歌謡大会や演劇、フォークダンスなどを企画してイベントを盛り上げるだけに人気者だった。親分肌で行動力のある勝四郎を慕って寄ってくる仲間が沢山いた。淳子もその中の一人だった。

「淳子さんは、いつも仕事帰りに私たちが練習しているグラウンドに来て木の陰から見ていたんです」

半田が教えてくれた。勝四郎はそれを知ると、選手たちと食べるアイスクリームを一つ余分に買ってきた。それを淳子の前に出すと、

「見ていないで一緒にやらないか」

そう言ってサッカーに誘った。淳子はこう答えた。

「私、あの子たちのように足を使うのは無理です」

「サッカーはボールを蹴るスポーツなんだけど」

「中学の時、バスケットをしていたから手を使う方が」

勝四郎にとって渡りに船だった。キーパー不在で練習では自分がゴール前に立っていたからだ。

「じゃーキーパーをすればいい。ちょうどキーパーが欲しかったんだ」

淳子は嬉しそうに頷くと早速チームに加わった。

翌日、淳子は練習用のユニフォームを渡されると、練習場でゴールネットの正面に立たされた。勝四郎がボールを蹴る。正面に蹴っても左右に蹴り分けてもボールが淳子の掌に吸いつくように収まる。手加減を加えて蹴っていたがそれを止めて、思い切り足を振り抜いた。淳子は怖がらずにボールに飛びついた。

勝四郎は淳子に足の運び、キャッチングの鉄則などゴールキーパーとしての基礎を理論的に説いて指導し、それからは淳子が正キーパーとして試合に出るようになった。

淳子は、勝四郎を今でも監督さんと言って当時のまま変えようとしない。相思相愛の二人が、監督と選手という関係を持ちながら愛を育んでいった。プロポーズは勝四郎の方から出たと言う。

「監督さんがこう言ってくれたんです。家を出る気があるんなら、俺が両親に結婚したいと挨拶に行くけどどうする」

勝四郎にはこう言わなければならない理由があった。淳子の家は父親が会社勤めで、安定した収入の職業に就いている相手との結婚を望んでいた。勝四郎は、九人兄弟の四男坊で父親の鉄工所で働き父親の目に叶わなかったようだ。そんな状況を知る勝四郎はプロポーズとしてこの言葉しか吐けなかったようだ。

「いや、俺はこう言ったんだ。一緒に炬燵で蜜柑を剥いて食べたいなぁ、ってね」

そう言ってはにかむが、約束通り両親への挨拶も済ませ結婚への承諾を得た。結婚式も勝四郎ならではの趣向を凝らしたものとなった。清水文化会館で、サッカーの子供たちを招き食事は仕出し料理を注文しての賑やかな宴席にした。

十一月、岐阜の大垣で開かれた「女子サッカー選手権東海大会」が迫っていた。大会の始まる前、淳子のお腹の中に夫妻の愛の結晶が芽生えていた。長男の鉄太郎だ。

急遽キーパーを探す必要性が生じた。勝四郎が目星を付けたのは杉村喜代江だ。杉村は市の体育指導員をしていた。運動神経は申し分なく、時折勝四郎たちが練習しているグラウンドに来るとボールを蹴る輪に加わることもあった。スポーツ体型で俊敏性もありキーパーとしての資質も備えているように見えた。

「キーパーをお願いしたいんだけど……」

勝四郎が声を掛けた。

「え、私がですか」

「キーパーがいなくて困っているんですよ」

「私に出来ますか」

まんざらでもなさそうだ。早速ゴールに立たせて部員たちがシュートを打つと杉村は怖がることもなくボールに向かっていった。

「第一回全日本女子サッカー選手権大会」に出場した清水第八ＳＣの登録メンバーはこうだった。

GK杉村喜代江（清水市体育指導員）
DF本田美登里（清水第八中学三年）
　本間知恵子（藤枝南女子高一年）
　金田志保（清水第八中学三年）
MF木岡二葉（清水第八中学二年）
　中山真理子（清水第八中学）
FW金田美保（清水第八中学二年）
　本間秀子（藤枝南女子高一年）
　白鳥公子（三保第一小学校）

清水第八SCの華々しい活躍で陰に隠れがちだが、第一回大会から市内で「清水育成会婦人フラミンゴリーグ」として戦っているママさんチームが選抜チーム「清水FC・ママ」を組み清水サッカー協会推薦で出場していたことを記しておく。

「清水FC・ママ」は初戦で「ACプラム」を八対〇で退けたが、準決勝で「FCジンナン」に一対二で敗れている。以後も毎年参加している。

惜しくも優勝を逃した「清水第八SC」は、部員が増えてくると対外試合も数多くこなすようになった。

快足フォワードで、チームのエースストライカーとして日の丸を背負い国際大会でも活躍することになる半田は、小学校を卒業すると中学では木岡たちと違って走力を生かせる陸上部を部活に選んでいた。入部早々、上級生に混じって学校代表に選ばれて市の大会に出場すると四百メートル、八百メートルの中距離選手として先輩を差し置き両種目で決勝まで残る活躍を見せた。

二年生になると中距離のエースとして県大会にまで駒を進める韋駄天ぶりを発揮した。中学生は、三年になると高校の受験勉強が始まることから部活は夏休み前で終わる。

部活がなくなった半田は、体を動かしたくて巴川沿いの道をジョギングしていた。入江小学校まで来ると校庭で勝四郎がサッカーを教えていた。グラウンドには小学校時代一緒にボールを蹴っていた木岡と金田美保の姿があった。半田の足が自然に校庭に向いた。

「陸上では随分活躍したそうじゃないか。もうサッカーをする気はないのか」

半田を見た勝四郎がそう言って近づいてきた。

「え、ええ。そんなことないですけど……」

「時間があるなら、皆と一緒にボールを蹴ればいいじゃないか」

こういう時の勝四郎は寛容だ。

「え、いいですか」

「いいさ」

二人の会話が聞こえたのか偶然だったのかは分からない。半田の前にボールが飛んできた。胸で受けると地面に落ちる前に柔らかいタッチで飛んできた方向に蹴り返した。見事なボール捌きだった。

勝四郎はその動きを見逃さなかった。

「仲間がみんなやっているんだから、好きな時に来ればいいよ」

翌日から半田の姿が仲間に混じって入江小のグラウンドにあった。

かつての恩師と教え子の関係が生きていた。陸上競技で走力を磨き続けていた半田の走力は一段と切れ味を増していた。快足ランナーが一枚加わると戦術も増える。

半田以外にも新戦力として、一級下の山田千愛と山口小百合に高校生の岩屋美保子が加わった。岩屋はキーパーもできた。正キーパーは長男を出産していた淳子に変わりがないが、淳子はこの大会を前に二人目の子供を身籠ったことでまたもや出場が叶わなかった。

第一回大会準決勝でFCジンナンに敗れ、優勝を渇望する選手たちの熱い胸の内を知った勝四郎は、新たな気持ちで全日本選手権への出場を目指して練習に励むことになった。

「チームの方針は、個人の体力と能力に合わせて明るく楽しく厳しくがモットーです。精神、技術、体力の向上も楽しくなければ子供は伸びません」

これが勝四郎の指導方針である。第八スポーツクラブの規約を見るとその精神が如実に記されている。

「練習は毎日だが出欠及び早退、遅刻は自由」

となっている。

「練習は束縛して命令するものではありません」

ともあり、一年間は楽しみながら個性を伸ばし最適なポジションを見出す。ゲーム慣れと練習課題を身につけるために、何の制約も設けず新人のための試合を行う。

勝四郎は躊躇することなく快足ランナーの半田をフォワードで起用すると、走力もだが右足のキックが正確な山田とツートップを組ませた。山口小百合はトラックを走らせると半田が一周する間に半分くらいしか走れない。ところが、ボールに対しては怖がることを知らない大胆さがあった。勝四郎がスライディングタックルを教えると、腰を落として勇敢にタックルに入る。後に、山口は日本代表のセンターバックを務めるまでに成長しアジア大会にも出場している。

中学生になってレギュラーを取った白鳥公子の売りは下半身の粘り強い安定性だ。重心の低い守りと正確なポジショニングでスイーパーを務める。

どんな競り合いにも負けない白鳥のプレーを見た敵の監督に、

「あの子の下半身の強さは半端ではない。柔道をさせれば日本代表に間違いなしだ」

と言わしめたほどだ。

このように勝四郎は、選手たちの長所を見据えた起用で持っている可能性を引き出す名伯楽だ。

勝四郎は練習に相撲を多く取り入れていた。

「相撲で組んで投げ合うとき、相手が掛けた投げ技を残すために摺り足を使って重心を移動させる。これは相手が掛けるフェイントに対しての防御のための足の運びと一緒なんです。相撲は下半身の鍛錬になるしフットワークの練習に持ってこいなんです。この練習の成果で、うちのチームは大学生や社会人と試合をしても当たり負けすることはなかったですよ」

サッカーの練習に相撲を取り入れる。初耳である。勝四郎の指導の下で育ち清水第八ＳＣから選ばれた日本代表は、他のチームの選手に比べ身体能力が飛び抜けて優れた選手が揃っているわけでもないようだ。

十一月、岐阜の長良川で開かれた「全日本女子サッカー選手権大会東海大会」に出場した清水第八ＳＣ、半田は二試合で四得点という活躍でチームを優勝に導いた一人だ。半田にとって思いがけない幸運は、この大会が三月に東京で開かれる「全日本女子サッカー選手権」の出場権をかけた大会だったことだ。

八一年の「第二回全日本女子サッカー選手権」では、こうした新戦力が力を発揮した清水第八ＳＣは危な気ない戦いで勝ち上がり初優勝を遂げた。

第三回大会からは、舞台が西が丘サッカー場に移され男子と同じフルコートで十一人制となる。この試合形式が清水第八ＳＣの強さを一段と発揮させることになった。平均年齢が十六歳という若さで、金田三姉妹（志保十七歳、美保十六歳、真美十三歳）の存在が話題を呼んだ。

試合が始まると清水第八ＳＣは、スピードと状況判断の良さが勝り向かうところ敵無しであった。第一戦の「神戸ＦＣレディース」を五対〇。第二戦の「高槻女子ＦＣ」を三対〇。連覇の懸かった「ＦＣ　ＰＡＦ」との決勝は、金田三姉妹を中心に半田、木岡が得点を重ね六対〇で大勝した。大会を通して十四得点失点〇、相手に許したシュート数は三試合で一本という強さで優勝した。大会ＭＶＰに輝いた半田悦子は、

「男性とばかり練習試合をやっているので、相手が女性だと簡単に点が入ってしまう感じ」

優勝が当然と言い切った。

勝四郎は、大会が近づくと男子の高校生チームや市内の実業団チームとの練習試合を申し込んだ。清水東高校で、全国高校選手権大会で優勝した長谷川健太（現ガンバ大阪監督）や武田修宏（元日本代表）のいるチームとも戦った。

「東高の勝澤先生が引き受けてくれましてね。東海大一高とも戦って男子チームの当たりの強さを体感してから全日本に乗り込んでいくようにしていたんです」

勝澤とは、清水東高校サッカー部の勝澤要監督だ。

東海大一高との練習試合にはＮＨＫのテレビが取材に来ていた。

「全日本で三連覇した時ですか。蜷川幸雄さんが演出されたＮＨＫの人間万歳という番組で私が取り上げられて撮影に来ていたんです。東海大一高が全国優勝した年で澤登正朗とサントスがいたんですよ。いつもは三軍までの選手を均等に割り振って相手をしてくれるんですが、テレビに映るんじゃ半端な試合はできないといって真剣勝負をして、十五点取られてぼこぼこにされたんです」

そんな思い出話を懐かしそうに語る。

「ピアノやバイオリンを例に取っても分かるように、子供の習い事は早く始めるほど覚えが良い」との持論を持ち、小学生の低学年からサッカーを教え、市内に子供のリーグ戦を根付かせた堀田哲爾の選手育成がここでも芽を出していることがわかる。

四回大会から出場チームが十に増えたが、シードされた清水第八ＳＣは四試合を戦い、二十三点を上げ無失点で完全優勝の三連覇を飾った。破竹の勢いで連覇を重ねるが勝利の内側を覗いてみると頷かされる。

「この大会は、決勝戦だけがテレビ東京で放送されるんです。ですから、敵のチームは試合をビデオに録ってうちの試合の進め方や欠点を研究してくると思うんです。私が敵の監督なら当然そうしますからね。ですから、私はその裏をかくんです。敵の監督と同じ目でビデオを見てチームの弱点を掴むんです。弱点を研究して戦術を練る。その戦術の裏をかく戦術を考えて翌年の大会に臨むわけです」

「監督さんは夜中にムクッと起きだしてメモを取り出すんです。何をしているのか訊くと、新しい練習方法が頭に浮かんだんだと言うんですよ」

そんな姿を何度も見たとは、勝四郎の妻淳子の言葉だ。

一方、半田に訊いてみるとこうだ。

「監督さんの戦術は臨機応変なんです。選手権大会が終わると新年度の練習開始の日に、その年のチーム作りを説明されるんです。四連覇を達成した翌年でしたか。今年の戦術は三位一体だと言ったんです。敵はうちの半田と中盤の選手のポイントゲッターとなるラインを読んでマークしてくるだろうから、その裏をかいてマークに付かれる選手に対し、常に左右に動いてマークを外す。敵が長い時間をかけて練り上げた戦術は、試合中そう簡単に変えられるわけはないからそうすれば敵は慌てふためくだけさ。そう言って敵の裏をかく戦術を徹底的に確認して試合に臨むんです」

国立競技場に会場を移した五回大会（八四年）は、参加チームが十六チームに増えての大会となった。

この大会の清水第八ＳＣは初戦に十点取って大勝すると、次の試合で四点を奪い、準決勝は「読売ベレーザ」を五対〇と圧倒した。決勝戦は「高槻女子ＦＣ」を二対〇と完封した。四試合で二十一点を奪い無失点で四連覇の快挙を達成した。

この年の十月、中国の西安市が日本、イタリア、オーストラリアの三チームを招待しての「西安招待」大会が開かれた。清水第八ＳＣから木岡、半田、本田、金田姉妹、山田、山口、白鳥の九名が代表に選ばれ勝四郎もコーチとして帯同することになった。

清水第八ＳＣのチームと言っても過言ではない。

地元静岡新聞はこう書いている。

「レギュラー十一人中九人が日本代表で、残りの二人も日の丸候補に挙げられていたが家庭の都合などで辞退した実力派揃いである」

淳子も代表として選ばれたが、三人の子供がいることから長い時間家を空けるわけにはいかず出場を辞退していた。

イタリアと戦った初戦は〇対九と大敗し、オーストラリア戦二対六、最終日のイタリア戦も一対五と惨敗したが、国際試合の経験をしたことでチームも選手も確実に力を付けた。

全日本女子サッカー選手権大会では負けなしだ。

清水第八が優勝した年に選出されたＭＶＰの顔触れを追ってみるとこうなる。優勝した第二回大会から金田美保、半田悦子、木岡二葉、山口小百合、山田千愛と大会ごとに受賞者が変わっている。

「美保は大会直前の高校入試に失敗していたんです。そんな彼女の落ち込んでいる気持ちを救ってやりたかったんです」

金田の気持ちを汲みいれた勝四郎の特訓が実り受賞が決まった。

「サッカーは全員で戦うスポーツです。一人だけが目立つんじゃなく全員で喜びを分かち合う。

私の選手育成はそこなんです」

選手たちに等分の試合経験を積ませ同じ分の喜びを分かち合いたいという心配りからだ。清水第八の名前は全国に轟いているが「清水第八スポーツクラブ」の協会への登録チームはこれだけではなく、母親チームの「喜子母神《きしぼじん》」と二十代の社会人中心の「静岡紅葵《べにあおい》ＦＣ」。中学生、初心者中心の「日本平レディース」もある。全日本選手権で優勝した当初描いていた幼児や小学生の部も立ち上げていた。幼児部、少年部、少女部、女子部、婦人部、一般男子部もある。

地域住民と共に歩む勝四郎の頑張りに、地元の財界人が手を差し伸べてくれるようになった。はごろもフーズが照明付きのグラウンドの使用を申し出てくれたのもこの時期だ。

練習場にも恵まれるとクラブの快進撃は止まらなかった。六回大会の決勝戦は、前年と同じ高槻女子ＦＣとの戦いになったが、絶好調の木岡、半田の攻め上がりで隙を見せない。前半相手のオウンゴールで得点を挙げると、後半は息も継がせぬ猛攻で半田、山田に新戦力として台頭してきた弘中和子の得点により四対〇として優勝を飾った。四試合で二十三点の大量点を挙げ失点は〇という戦いぶりで五連覇を達成した。

清水第八の強さは勝四郎の相手チームに合わせたチーム戦略もあるが、年間スケジュールを見ると偏ることのない大会日程を毎月組み込んでいることも見逃せない。

四月＝スプリングカップ（愛知県刈谷市）

　第八レクリエーション運動会

五月＝雪印ゲータレード杯マガジンカップ兼新人戦

会員歓迎親睦会（長野県菅平）
六月＝県リーグ開幕
中東部支部リーグ開幕
七月＝韮崎カップ（山梨県韮崎市）
中高生ラブリーカップ（決勝九月・日本平G）
八月＝全国中学生大会（九州・熊本）
静岡招待サッカー（清水市　第八主催）
少女チャンピオンカップ（清水市　第八主催）
清水カップU―18
九月＝全日本選手権大会静岡大会
十月＝全日本選手権大会東海大会
十一月＝ミニサッカーカップ（清水市）
伊勢丹ミニサッカーカップ（静岡市）
十二月＝ふじのくに女子サッカー大会（清水市　第八主催）
一月＝清水銀行杯　中学生の部（清水市）
二月＝静岡県フットサル大会
三月＝市町村対抗フットサル大会（清水市　日本平G）
東海フットサル大会
折戸湾カップ（少年大会の新人戦）

この大会スケジュール以外にも毎日の練習をこなしているわけで、鉄工所で働く勝四郎がいつ仕事をしているのかと心配になる。

「急な忙しい仕事が入ったときは、子供たちの練習を終えて夜中にするんですよ。ハッハッハ」

肩幅のある巨漢を揺らせて豪快に笑う。

梅雨の合間を縫って青い空が高く見えた一日だった。

勝四郎が、市役所のスポーツ振興課に行ったときだ。

「県の協会から電話がありましてね。全日本サッカー選手権五連覇を達成した勝四郎さんのチームが、地域スポーツ振興への功績を認められ国から文部大臣賞を推薦するように言ってきていますよ」

中学を卒業すると、父親の仕事を手伝い、空いた時間を使って教えているサッカーチームが文部大臣から表彰されるというのだ。唐突過ぎて返事も何もあったものではなかった。

勝四郎は、夢なのか頬をつねってみると痛かった。本当なんだと我に返った。

「こんな光栄なことはない。貰えるものなら頂きたいです」

そう言って頭を下げた。

遠方に聳《そび》える富士山の頂きが夕闇に溶け込む時間になっていた。

勝四郎は淳子の運転する車に乗り込むと入江小学校に向かった。

グラウンドには〇L風の女性やお下げ髪で中学生とも高校生とも思える女子たちが集まってい

た。

「監督、今日もよろしくお願いします」

清水第八ＦＣの練習の始まりだ。

選手たちは、ちゃっかりトイレを更衣室に利用して着替えを済ませている。赤地の半袖のユニフォームの胸には「清水第八」と白い文字で縫い込まれている。襟がＶ字型に開き、その襟元にラインが白く入ったデザインが女の子たちをチャーミングで華やいで見せる。

「みんな、ちゃんと食事を摂って睡眠も足りているのかな」

父親が自分の娘たちに語り掛けるような口調だ。

「はい、監督大丈夫です」

女の子たちの答える声が明るい。

勝四郎の丸顔で厚ぼったい瞼の奥から覗く男の瞳が柔らかい。

網篭から出したボールを、先輩格が一人一人に蹴りながら渡すと、受け取った女の子たちは爪先でひょいっと器用に浮かせてリフティングを始める。勝四郎が、校舎の壁際に四つ積んであるタイヤを運ぶと二列に四つを並べた。

「よし、準備運動として右回り左回りの順で二十周ずつのドリブルから行こうか」

その言葉を合図に選手たちが半分ずつに分かれ、ボールを蹴りながらタイヤの周りを廻りはじめた。体がほぐれると、狭い空間にゴールネットを運び淳子がゴールキーパーとして立った。勝四郎がセンターリングのボールを入れると、待ち受けている選手たちがシュートを打つ。お下げ髪もＯＬ風も遜色ないボールタッチだ。狭い空間を余すことなく使っての練習だ。選手たちの額から汗が流れ出す。

「監督、怖い感じのおじさんがこっちを見ていますけど」

シュートを打ち終えた選手が言った。

勝四郎が桜の大木の並ぶ堤の先を見ると、三人の男が並んで窺うような態勢でこちらを見ていた。黒っぽい背広で頑強そうな体格をしている。

小学校には似つかわしくない雰囲気だ。夕暮れが迫っていた。

女の子たちに何かあったら取り返しがつかないと思い、勝四郎が男たちに向かって歩き出すと背中を向けて学校の外に出て行ってしまった。翌日、受賞の返事を持ってスポーツ振興課に出向いた。

「昨日監督が帰った後で、文部省の関係者が勝四郎さんのところの練習風景を見に来たと言って途中ここに寄ったんですよ。練習グラウンドを訊かれましてね。『専用の練習場所がないから小学校のグラウンドの隅っこを借りているんですよ』と言っておきましたけど行きませんでした?」

昨日、隠れるように練習を覗いていた男たちのことだろう。

それなら、泥棒猫みたいにこそこそしないで名乗れば良いものをと勝四郎は思った。

「大臣の名前で出す賞ですからチームの構成、活動内容、指導者の経歴などに間違いがないかどうか丹念に調べているんじゃないでしょうかねぇ」

下から覗き込むように見る。

「俺は誇れるものは何もないけど、これまでの人生で間違いは起こしたことはないから」

「監督、めでたいことですから難しく考えないで受けたらいいんじゃないですか」

何かと素直になれない勝四郎を職員が諫める。

めでたい授賞式は十月四日（一九八五年）東京・東條会館で開かれた。当日の勝四郎は、一張羅の紺の背広に袖を通して新幹線に乗った。授与式の会場では、自分の向かいの席に座る文部大臣の顔を見て初めて大変な賞をいただくことになったんだと実感が湧いてきた。

記念品の置物と賞状を受け取ると授賞式は一時間ほどで終わった。

慣れない式典に出席した勝四郎は、会場を出るとタクシーを拾った。淳子の弟が渋谷のレストランで働いているからだ。

「兄さん、すごい賞をいただいたんですね。おめでとうございます」

弟が笑顔で迎えた。店からの祝いと言って厚いステーキがテーブルに並んだ。新幹線に乗ると勝四郎は何回も賞状を読み返して頬を緩ませた。

家に戻ると玄関にリボンの付いた薔薇の花束が置かれていた。

「監督、おめでとうございます。これからも娘たちをよろしくお願いします。保護者一同」

薔薇に挟まれた短冊にそう書かれていた。

受賞の快挙を周囲が放っておかない。十一日には、チーム主催の受賞祝賀会が渋川自治会館で開催された。場内にはチーム関係者や保護者が駆けつけ温かいパーティーとなった。

壇上に一列に並んだメンバーの十四名の顔触れが、清水第八スポーツクラブの在り方を物語っていた。九人が高校生と中学生で、他の選手も小学校時代から清水でボールを蹴っている。

ＧＫ杉山淳子（主婦、監督夫人）、池上智子（清水女子高一年）ＤＦ金沢直美（東海大一高二年）、白鳥公子（清水商高）、山口小百合（小糸製作所）、山梨京子（清水袖師中二年）、堀場一美（東海大一高一年）　MF海野恵津子（清水第八中二年）、木岡二葉（静岡第一ヴィデオ）、東城薫（清水第八中二年）　FW山田千愛（大和製缶）、野村尚世（東海大一高一年）、半田悦子（静岡第一ヴィデオ）、沢野左千世（清水南高一年）

「清水第八さんは、他のチームより二歩も三歩もリードしています。走力とパスワークで広く展開するサッカーは、残念ですがこのチームだけです。ボールの蹴り方も、膝と足首を柔らかく使っているからボールが伸びるんです。この打ち方ができているからペナルティーエリアの外からもシュートが狙えるわけで、決勝戦であげた五得点中四点がペナルティー・エリアの外からのシュートでした」

専門誌記者の祝辞はチームの戦力と戦い方を的確に説明し、会場の目が選手たちに注がれた。

「この映えある受賞を機に、これからもがんばります。みなさん、今後共よろしく応援お願いいたします」

勝四郎は、壇上に並ぶ選手たちや関係者を前にこんな挨拶をした。六連覇を達成すると、カナダのリッチモンドで開かれる「カナダ万博記念女子サッカー選手権大会」参加の打診が清水サッカー協会から来た。リッチモンドは清水の姉妹都市であり、サッカーの盛んな清水から是非参加してほしいとの申込みだった。国際大会を経験させることは、選手たちの将来を考えると掛け替えのない財産になると考えた勝四郎は遠征を決めた。

入江小学校の裏庭で、ひっそりと産声を上げた清水第八SCの選手たちは日本代表としてアジア大会を手始めにイタリア大会も経験し、今度はカナダへの単独チーム遠征になる。

外国勢との戦いで揉まれた選手たちは第七回大会、第八回大会も制して前人未到の七連覇を達成した。これまでの試合内容は、得点百二十一失点一という圧倒的強さであった。

女子サッカーが盛んになると、日本女子サッカー連盟への登録チーム数も増え続けた。一九七九年に登録が開始されて三年目に一一三チーム、選手二四〇七人の登録だったものが、十年後の八九年には登録チームが四九一となり選手数は一万四十九人にもなっていた。

当然、清水第八ＦＣを追随するチームも生まれてきた。

八三年に男子のサッカーリーグで初優勝を飾った「読売サッカークラブ」は、プロ志向のサッカーチームとして注目を集めた。

読売サッカークラブは、サッカー先進国のクラブ運営を指向し七〇年代からジュニア、ジュニアユース、ユースチームを立ち上げ自前の選手を育成して多くの代表選手を送り込むことになる。その手法は女子選手にも適用し、下部組織としてスタートした女子の「読売ベレーザ」は八一年に創設された。そこに中学生の野田朱美やＦＣジンナンで活躍した高倉麻子などが加わり、「第五回全日本女子サッカー選手権大会」から出場するようになった。清水第八ＳＣの中心選手として活躍していた本田美登里も、国士舘大学に進学すると距離的な問題から読売ベレーザに移籍した。

本田は、同大会の第六回大会から読売ベレーザの主力として出場し、清水第八ＳＣが七連覇を果たした八回大会では、決勝で当たっている。結果は〇対一で読売ベレーザが惜敗したが、次の九回大会で再び決勝で当たると二対〇で清水第八ＳＣを下した。清水第八ＳＣは同大会の八連覇を阻止されてしまった。

女子サッカー界の環境も、バブル景気と共に様変わりしてきた。

一九八九年。昭和から平成に年号が切り替わった年、「日本女子サッカーリーグ」がスタートしたからだ。六チームによるホーム&アウェー方式で年間十試合のリーグ戦だった。「清水FCレディース」、「読売ベレーザ」、神戸FCレディースを引き継いだ「田崎真珠神戸FC」、FC小平にスポンサーがついた「新光精工クレール」、「日産FC」、三重県上野市の「プリマハムくノ一」の六チームだ。

清水第八SCは、勝四郎が立ち上げたアマチュアチームであるだけに、企業がバックに付いて構成された日本リーグには財政的な理由もあって参加することができなかった。

清水第八SCでプレーし、社会人になっていた半田悦子、木岡二葉、センターバックとしてチームの要にいた山口小百合と山田千愛も地元企業の鈴与がスポンサーとなった「清水FCレディース（九〇年鈴与清水FCラブリーレディースに改称）」に移籍して日本リーグに参戦した。

初代チャンピオンには、清水第八SCの選手権八連覇を阻んだ読売ベレーザを破って清水FCレディースが輝いた。企業チームによるリーグ戦を横目で眺めざるを得なかった勝四郎も、指を咥えていたわけではない。

「サッカー好きの子供たちを育てることが私の生き甲斐であり、最大の楽しみなんだ」

持論を曲げることはなかった。

その後、女子サッカー界はLリーグ、なでしこリーグと変遷を繰り返していったが、勝四郎は社会人リーグに参戦しながら指導を始めた当初と変わらず、夕方になると小学校の狭いスペースで清水第八ＳＣの指導を続けている。

「夜はちゃんと休んで、疲れを翌日に残しては駄目だぞ」

練習を終えると、勝四郎が必ず選手たちに掛ける言葉だ。

「睡眠を取らないと怪我の元になりますから。それに、正しい生活をしないと睡眠も不足しますからね」

子供たちを眺める勝四郎の顔は、このところ皺が幾分増えてはいるが哲学者のようで柔らかい。

# 第六話　J戦士が慕う「清水の父」

「あぁ腹減った。小母ちゃん今夜のおかずはなんですか」

「豚肉の生姜焼きとポテトサラダだよ。早くお風呂に入ってきなさい」

女将さんの明るい声が調理場から聞こえてくる。

夕暮れを待っていたかのように、サッカーの練習を終えた学生服姿の高校生たちが「日本閣《にほんかく》」に戻ってくる。汚れた顔を掌で拭いながら靴を脱ぐ。西川昭策《にしかわしょうさく》が経営する旅館「日本閣」は、静岡市清水区船越南にある。西川は二十五年ほど前から清商（清水商業高校、現清水桜が丘高校）サッカー部員を自宅兼旅館の建物に住まわせサッカーを通じての人間教育を続けてきた。

西川の元からこれまで二十三人のＪリーガーが誕生している。

「一生懸命練習したら世界一になれるかもしれない。練習を何もしないで世界一になった人はいない。迷った時は厳しい道を選べ、その方が人生遥かに豊かで面白い」

日常のこうした生徒への教えが実を結んだ快挙だ。


一九九八年六月三日の早朝、西川は梅雨空を見上げながら新聞を広げると、「ＦＩＦＡワールドカップ　フランス大会」に出場するサッカー日本代表最終メンバー二十二人の顔写真が二列に並んで発表されていた。

人気実力を兼ね備えメンバー入りが確実視されていた三浦知良と北澤豪（共にヴェルディ川崎）の名前はなく、名波浩、川口能活、小野伸二、平野孝の名前は予想通り並んでいた。

それから二十三日後の六月二十六日午後四時（現地時間）、フランス南西部の街リヨンの「スタッド・ジェルダン」でワールドカップフランス大会予選リーググループＨ組の日本対ジャマイカ戦が始まった。スタンドの日本人サポーターは日の丸の旗を振りニッポンコールを連呼していた。

ジャマイカに二点先取された後半二十九分、呂比須ワグナーのヘディングの折り返しを中山雅史が合わせゴールを奪った。日本のワールドカップ初ゴールだ。初戦、二戦目のアルゼンチン、クロアチア戦ではゴールを割ることができずに連敗。予選リーグ最終戦でのゴールだった。再びスタンドが沸いたのは後半三十九分。一対二と敗戦濃厚ではあったが名波浩と交代で十一番を背負ったチーム最年少者の小野伸二がピッチに立ったときだ。

相撲取りのように大柄な西川は、少し目立ってきた白髪頭を右手で撫でながら体を揺らして前のめりにブラウン管を睨んでいる。

半縁の眼鏡の奥にある瞼は瞬きを忘れたように動かない。

「ここは伸二の突破力に期待するしかないですね」

「う~ん、難しい局面だけぇ。大丈夫かなぁ」

「伸二ならやってくれますよ」

答えたのは、サッカースポーツ少年団の会長を務める鈴木隆だ。

西川はこの試合を観戦するため隆と、総監督の立場にある坂倉孝治を呼んで自宅近くの鮨屋の座敷に座っていた。西川はこの場面を瞼に焼き付けていた。

ゴールマウスには川口能活が仁王立ちになっている。

サイドバックの平野孝は対峙する対面の相手を睨みつけている。

清商出身の名波、平野、小野、川口は西川が手元に置いて面倒を見てきた選手だ。試合はその後、動きのないまま終了のホイッスルが鳴った。戦いを終えてピッチに倒れる選手を西川は見ていた。

「さあ、飲みなおしましょうよ」

坂倉がビールを注いだ。

「そうだな。伸二も能活も次の日韓大会で頑張ってくれるら。これからの四年間が勝負になるな」

西川は噛みしめるようにビールグラスを空けた。

店を出ると小さな粒の雨が落ちていた。

「おじさん、伸二先輩も能活先輩も惜しかったですね」

「日本閣」の玄関を開けると下宿生たちがテレビの前から立ち上がって西川に声をかけてきた。

「うん、惜しかったな。お前たちも先輩の悔しさを忘れないで練習に励まないと駄目だぞ」

「はい、頑張ります」

西川は子供たちの言葉を頼もしく聞いた。


日本閣は、折戸《おりど》湾に繋がる巴川《ともえがわ》から二キロメートルほど西に入った船越堤《ふなこしつつみ》公園の麓にある。風の強い日には潮風の匂いが漂ってくる。

駐車場脇の木造二階建ての旅館の壁に、サッカーボールが大きく描かれスポーツ選手の合宿所とも思える佇まいだ。二間間口の玄関を入ると左手がフロントで、正面がロビーとなり応接セットが置かれている。ロビーを囲む壁には北は北海道から南は沖縄までチーム名の入った色とりどりのペナントが並び広間の雰囲気を賑やかにしている。

西川が清商のサッカー部員を下宿生として置き、面倒を見ることになったのは長男の伊織が清商に入学しＰＴＡの役員を引き受けることになったからだ。学校の会合に顔を出すとサッカー部が遠征に出るときの移動手段で苦慮していることを知った。

何かと面倒見のいい西川は、客の送迎用に置いてあるマイクロバスの使用をサッカー部監督の大瀧雅良に申し出た。

「本当ですか。そうしていただけるんでしたら助かります。招待された練習試合や公式試合の移動に電車やバスを使っているんですが、時間ばかりかかって現地に到着してからの選手の調整も計算通りできないんです」

そう言って喜ばれた。それからは、学校関係者が運転することもあったが西川がハンドルを握ることもあった。

それまでサッカーにはまるっきり縁のなかった西川だが、試合会場に行くと、必然的に監督と肩を並べて試合を見る機会が多くなった。

「馬鹿野郎、どうしてカバーリングに入らないんだ。走れ、走るんだよ」

「潰すんだよ。お前の役目はそこで止めることだろ」

大瀧の指示によって動く選手たちを見ていると俊敏性の優れている選手、どっしりと腰の据わった選手とポジション別に選手の特徴を生かした起用方法の妙が何となく分かるようになっていた。

それまでテレビ観戦といえば、大相撲とプロ野球の一辺倒だった西川だがサッカーの実業団リーグの試合が放映されると、テレビの前から離れなくなった。そんな父親をバレーボール部に籍を置く伊織は不思議な顔をして眺めていた。これまでサッカーにはとんと興味を示さない父親だったからだ。

伊織が卒業してからも、西川はバスの運転を買って出た。そうなると、遠征先で選手たちと寝食を共にすることが多くなった。

熱血漢、大瀧の練習は厳しかった。清商の朝練は六時半から始まる。多少の雨では中止にならない。サッカー処だけあって保護者はサッカーに詳しい。そんな保護者のためにグラウンド近くの自転車置き場の上に木枠の舞台が観覧席として作られていて、練習試合があれば見物にやって来る。試合ばかりではない。朝練に姿を現すと選手たちの動きを追ってはあれやこれやと評論するサッカー好きばかりだ。素晴らしいプレーをする選手には拍手を送るが、手を抜いたプレーには容赦ない。

「今年の新人で使えそうなのはいるのかなぁ」

「そんなことは分からんよ。サッカーはその子の努力次第だ。努力をしない小僧は伸びない。努力をする子は伸びる。それだけずら」

グラウンドを見つめる保護者たちの声は姦《かしま》しい。

「ボールばかり見ているやつは、周りが見えていないから使いものにならない」

「自分が囮《おとり》になってスペースを空ける。そこに走り込む。それくらいの呼吸が合わないとツートップは任せられないわナ」

西川はそんなものかと聞いているが、俄か評論家の意見は的を射ていることが多い。西川はそんなサッカー談議が面白くて顔を出す。

「今年の入部者で、期待している子供がいるんですが、うちは朝練が六時半から始まるし夜の練習も遅いんでとても通いきれないんですよ。社長のところで一つ面倒を見ていただけませんかね」

入学試験が終わった三月末の朝練中のグラウンドで、監督からの申し出があった。

「どんなに才能を持っている子でも、ボールに多く触らないと上手くなれない。朝練の中身でその選手の伸び代が決まるんですよ」

監督の話を聞いていると、目の前にドリブルで相手を軽々と抜いて行く選手がいた。カモシカのような軽快な走りをしている。

「いいスピードをしているでしょ。あの子ですよ。沼津の子で朝練には五時起きしないと間に合わないんですよ。そんなことをしていると体を壊してしまうから、近場に住ませて存分練習をさせたいと思いましてね」

「五時起き。それじゃ確かに体が持たないね。監督が惚れた子供さんなら戦力になるでしょう。だったら喜んで引き受けさせて貰いますよ」

その生徒は間島と言い、父親は食品会社を営んでいた。

「よろしくお願いします。好きなサッカーを思い切りやらせてみたかったものですから嬉しいです」

そう言って頭を下げた。

客の人数に関わらず、食事は一人分作るのも五人分作るのも一緒で風呂も大風呂も毎日沸かしている。あまり苦にすることもなく下宿生を迎え入れることができた。

「どうだ、練習は集中できているか」

「はい、今日は十分間だけでしたが一軍の試合に出させてもらいました」

こうなれば間島が我が子同然のように思えてきた。夏休み前には百人以上いる部員の中でレギュラーを取るまでになった。間島の活躍が見られることでバスを運転して遠征に出掛ける楽しみが増えた。西川が下宿生を引き受けたのは別の目論見もあった。

バブルが弾けた日本経済は、不動産業が軒並み倒産の憂き目にあい銀行が発表する不良債権の額が天文学的数字になっていた。

こうなると地方都市は一溜まりもない。西川の旅館も、東京からの出張族が減少、官公庁の工事も減って作業員の長期の宿泊客も落ち込んでいた。三保の松原や久能山への観光客も目を覆うばかりの減りようで客を呼び込むための新機軸を打ち出す必要に迫られていた。

少年サッカーチームは全国大会で快進撃を続け、対戦希望が殺到してそれがきっかけで「全国少年少女草サッカー大会」が開かれるようになった。草サッカー大会は市内の宿泊施設の懐を潤してくれた。選手と同行する指導者、保護者の宿泊費や飲食費など大会期間中市内に落ちる額を試算すると二億五千万円にものぼり、低迷する街の経済の活性化に繋がっている。

今は清水ＦＣの人気でチームが集まっているが、この人気がどこまで続くのかは未知数だ。全国の少年サッカー選手と指導者の目を清水に向けさせ続けるには何が効果的か。

戦国時代の武将、毛利元就が結束の重要性を説いた逸話「三矢の教え」がある。矢は一本では簡単に折れるが三本束ねると折ろうとしても簡単には折れない。同じように、一族が結束して強靭に生きるようにと三人の子供に伝えたとされる。

商売人の西川はこの教えをサッカーに当てはめた。

清水の繁栄を支える柱として、一本の矢は「草サッカー大会」として、次に考えたのは一九九〇年から始まった「全国高等学校定時制通信制サッカー大会」だ。全国の高校生が集まって夏休み期間中に開かれている大会で、毎年三十校近くが参加している。

この大会を充実させることを二本目の矢とする。

三本目の矢は全国のサッカーファンが注目する、年末から正月にかけて戦われる「全国高校サッカー選手権大会」だ。

正月のお屠蘇気分を吹き飛ばすように、負ければ終わりのトーナメントのため一戦一戦死闘を繰り広げる大会で優勝旗を手にしたチームの宣伝効果は絶大だろうと読んだ。

幸い、清水の高校サッカーは清水FCから育った選手たちがサッカーの盛んな地元の清水東、清水商、東海大一（現東海大静岡翔洋）に入学して実力を発揮し始めていた。

一九五五年の第三十四回大会から七十九年の「第五十八回全国高校サッカー選手権大会」までを見ると、静岡県の代表校は藤枝東が十七回の出場に対し、清水勢は清商二回、清水東一回という有り様だった。

ところが、清水FCから育った選手が高校に入学した八十年代に入ると様相は一変した。八十年の第五十九回大会に清水東が出場すると決勝まで進み、古河一（茨城県）に敗れたが準優勝だ。

次の年の六十回大会は清商が準決勝まで駒を進めてベスト4に。

六十一回大会は清水東が韮崎（山梨県）を破って念願の初優勝を果たした。続けて出場した翌年も決勝まで進み、帝京（東京）に敗れはしたが準優勝で全国にその名前を知らしめた。

清商が初優勝を果たしたのは六十四回大会だ。準決勝で市立船橋（千葉県）を破ると決勝で四日市中央工（三重県）を制して晴れの栄冠を手にした。

さらに快進撃は続く。六十五回大会は、澤登正朗とブラジル人のサントスを擁した東海大一が優勝し、翌年も準優勝。清水の高校サッカーの層の厚さを見せつけた。

八十年から八七年までの清水勢は七回の全国大会出場を果たし、優勝三回、準優勝三回という輝かしい戦績を上げている。

小学生から築き上げたサッカーが着実に実を結んだ結果だ。

このまま勝ち続けるには、学校や監督任せにしておくだけでは駄目だろうと西川は考えた。地域にこだわらず全国から優秀な選手を集めることだと考えていた矢先の大瀧からの相談だった。

西川は軽い気持ちで引き受けたが、ここでも逞しい商魂を発揮した。五人十人と上手い生徒を集めるとチームも強くなるし稼業も定期収入として懐も潤う。一石二鳥だ。

子供たちの遠征に同行して試合を見ていると、努力も必要だが身体能力の高い選手には努力だけでは追いつけないことを知った。サッカーボールは直径二十センチだ。ボールを追いかけても、五メートルの距離を走って相手より十センチ前に出る瞬発力を持つ選手でないと、足技がいくら上手くてもボールは奪えない。

試合展開の読みと、ボールの出どころに対する勘を働かせるには頭の回転の速さも欠かせない。身体能力と同時に、先を見越す能力が必要だ。これらを持つ選手を揃えて鍛えれば、展開サッカーでもパワーサッカーでも自在に采配を振るえるはずで、監督にとってこんなに面白いチーム作りはないだろう。西川は早速監督に進言した。

「うちには、草サッカー大会が始まるとチームの指導者が多く泊まるんで、彼らに優秀な選手の情報を貰って清商に入れるようにしたらどうずら」

大瀧が西川の顔を見た。

「強いチームを作ることが強い人間を作る。やがて社会に役立つ人間に育つ。これが選手作りの基本だと思うけぇ」

大瀧は視線をグラウンドに向け黙って聞いていた。

その顔は迷惑そうでもなければ反対をしている風でもない。

この日も、放課後のグラウンドで浜松から来たチームとの練習試合が始まっていた。中盤に入っている間島は、相手ディフェンスの裏を取って走り込み、パスを受けるとドリブル突破から右足を振り抜いた。懸命に飛びついたキーパーの手を掠めてボールはゴールネットの上部に突き刺さった。

「上手い、二年後にはうちのエースストライカーになれるわ」

大瀧が唸った。こんな選手が何人かいてくれたら毎年全国大会に出場できるのにと言っているように西川には映った。大瀧は公立高校の教師だけに、西川の申し出をそのまま頷くわけにもいかないと西川は勝手に解釈した。

「監督、俺の親戚でサッカーの好きな子がいたら頼めますか」

「良いですよ、いつでも言ってください」

そう言って小さく頷いた。阿吽の呼吸とはこのことだろう。

西川の血が騒いだ。草サッカー大会で自分のところに泊まる全国の指導者の顔が浮かんだ。

「選手は、レベルの高いところで正しい指導を受けなければ伸びる子も伸びないんですよ。清水のように指導者のサッカースクールがあって指導が一貫していると、安心して子供を預けられますよね」

そう言って清水のサッカー環境を羨ましがっていた。

自分が声を掛ければ、指導者たちは喜んで協力してくれること請け合いだという自信があった。夜になるのが待ち切れなかった。

手帳を広げて思い当たる地方のサッカー指導者に電話を入れた。

「清商の監督さんが、下宿生として清水に来るんなら新入生を受け入れても良いと言っているんですよ。有望な中学生はいませんか」

スポーツ少年団を率いる岐阜の指導者宅にダイヤルした。

「本当ですか、自分のところで育て中学で活躍している選手がいますよ、当たってみます」

前のめりだった。富山の小学校の先生にも電話した。

「清商でサッカーがやれるんなら文句ないじゃないですか。それも西川さんとこで面倒見てくれると言うんでしたら鬼に金棒ですね」

どの指導者もこの話に興味を示した。

富山から電話が入ったのは十日後だった。

「中学の県大会の準決勝と決勝戦が、来週の日曜日に県営グラウンドであるんです。うちの団から出た選手が出るんですが、僕たちの目より西川さんの目の方が確かでしょうから見てくれませんか」

監督が推薦する選手は、仲間内で慕われ勉強もできてリーダーシップも申し分のない子だと言う。サッカーに関しては何も口にしない。選手の能力を見抜く自信もないが、どんな子供なのか楽しみになった。富山といえば良港で知られる氷見がある。かつては料理屋を経営していた西川は健啖家でもある。眼に適う選手がいなくても美味いものを口にできる。半分観光気分で列車に乗った。

富山の駅には、監督さんと横にすっきりと髪を刈り上げた筋肉質の男が立っていた。

「明日の試合を見ていただくのは、こちら笠谷さんの息子さんなんですよ。今回の県大会ベスト4進出も笠谷君の活躍があったからなんですよ」

駅前のホテルに荷物を置くと桜町の割烹料理屋に案内された。

五月の中旬が過ぎ、時季外れと言いながらヒラメやノドグロの刺身が並んだ。地酒を味わいながら地元のサッカー事情などを聞いていると、笠谷は実業団の野球チームに入ってプレーをしてきたスポーツマンだった。

「言っちゃあなんですが、息子は僕に似て運動神経だけはいいんです。僕がプロの門を叩けなかったんで息子には自分の夢を託したいんですよ」

父親の気持ちが伝わってきた。

「この辺りは傑出した選手がいないんで、笠谷が清商のようなチームで磨かれれば将来期待できると思うんですよ」

監督さんもその素質に太鼓判を押している。日本海は潮の流れが強く海水温が低いだけに白身の魚が美味く酒が進む。

朝起きると南の空に、北アルプス連峰の薬師岳《やくしだけ》や鹿島槍ヶ岳《かしまやりがたけ》の頂きにまだ雪が残っていた。

市内の岩瀬スポーツ公園で準決勝が始まるところだった。

高校の試合しか見慣れていない西川は、ボール扱いから選手のポジショニングまで物足りなかったが、笠谷君は走力もボールコントロールも群を抜いていた。身体能力は高い。

「走り込めよ。お前が開いてやらなくてどこにボールが出せるんだ」

父親が、終始息子のプレーに注文をつける。言っていることは的確で監督も苦笑しながら黙って聞いている。笠谷君を中心にツートップの一人の選手も視野が広く的確なポジション取りができていた。

二対〇で決勝戦に駒を進めた。次の対戦相手は高岡市の中学校だった。後半二十分。笠谷君の出したセンタリングをフリーで打った中盤の選手が外した。

「何だよ、あんなのは入れろよ」

シュートをミスした選手に笠谷君が言う。

「うちのは気持ちが表に出過ぎるんですよ」

父親は息子の言葉を頼もしそうに聞いていた。試合終了間際、相手チームのロングシュートが決まって一対〇で負けてしまった。

「お前があそこで入れていれば優勝できたんだぞ」

叱咤とも叱責ともとれる言葉が笠谷君の口からまた出た。

「勝負師はあれくらい負けず嫌いでないと駄目でしょう」

父親は意に返さない。笠谷君が西川を見ると挨拶してきた。

「優勝できなかったんですけど……。もっとうまい選手のいる学校でやりたいんです。よろしくお願いします」

　流れる汗を拭きながら悔しそうに頭を下げた。

「笠谷から聞いています。よろしくお願いします」

　中学校の監督さんが西川のところに挨拶に来た。軽く挨拶すると車で駅まで見送られた。

「どうですか、清商で使えそうですか」

　西川に連絡をくれた先生が訊いてきた。

「また追って連絡します」

　それだけ言うと改札で切符を出した。

「互いの友情に支えられながら、個人の能力を最大限に発揮できるのがサッカーだよね。だからサッカーは面白い」

　遠征先で西川は大瀧とよくこんな会話を交わしていた。サッカーは個人技が大切であるが互いに支え合って成り立つスポーツだ。笠谷親子の試合中の言動が気になった。

「長く選手を見ていると、親が前面に出てくる子供は伸びない。Jリーグに行く選手の親はほとんど黙って子供のプレーを見ているんですね。子供の自主性を重んじることが成長を促すんですよ」

　清水サッカー協会少年委員長を務める塚本哲男の言葉だ。

「うちの倅《せがれ》は大丈夫でしょうか」

　列車に乗り込む西川を笠谷が追いかけて、駅弁とワンカップの入った紙袋を渡す。西川は用意された袋を受け取ったが余計な言葉を挟むことは控えた。

「息子さんにこれだけを伝えてくれませんか」

そう言って、大瀧と日頃交している言葉を付け加えた。塚本の経験談を重ね合わせるとどうも按配はよろしくはない。かといって、中学の監督の言葉を聞くと地元では笠谷君の清商への進学が既成事実のように知れ渡っているようでもある。ここで梯子を外してしまっては……と車窓に流れる日本海の黒い海の色を眺めながら考えた。

何日かして、笠谷君からの手紙が届いた。

「お父さんから聞きました。西川さんの言葉は、自分勝手でいい気になっていた僕の欠点を指してのものだと思います。心を入れ替えて練習に励みます」

こんな文面だった。

「清商には間違い無く推薦します。まずは、頑張って練習を積んでおきなさい」

西川は、少年の夢を壊してはいけないと思い返信した。西川は、笠谷君を伸ばすのも埋もれさせてしまうのも自分の責務と考えながら葉書を投函した。

西川が次にスカウトした選手は和歌山県橋本市に住む佐渡だ。サッカー指導者の紹介で見に行ったのは別の選手で大型のセンターバック加賀美だった。ロングボールの対応も相手フォワードとの競り合いもスピードも負けていない。センタリングされるボールを最終ラインの壁としてことごとく跳ね返す。楽しみな選手だったが西川の目にはもう一人の選手が目に止まった。

それが佐渡だった。自分が得点しながら一点差で負けた。試合後、佐渡は仲間の輪から外れると腕で涙を拭い一人で泣いていた。

「伸びる選手は試合後の態度で分かる。勝っても自分のミスを覚えている選手は必ずボールを手にする。ミスを起こして悔し涙を流す選手は自分の到らなさを胸に刻み込んでいるんだ。悔しさを人一番持つ選手はそれだけ反骨精神がある証拠だ」

サッカー協会会長の堀田が良く口にする言葉だ。ずば抜けた資質の持ち主とは言い難いが、佐渡の負けず嫌いが選手としての成長を伸ばすはずだと思った。加賀美に加えて佐渡も推薦することにした。西川の申し出に指導者は両腕を組んだ。

「佐渡はいい選手なんですが、ちょっと事情がありまして」

清水に行くとなると学費に加え下宿代も必要となる。

言いにくそうに切り出した言葉はこうだった。

「彼は、お父さんが二年前に病死してしまい経済的に無理があると思うんです」

それで母親に会うことにした。三人兄弟の長男で、母親は近所の病院で看護師をしていた。細身で髪を後ろに束ねた化粧気のない母親だった。

「私に任せていただけませんか。是非育ててみたい選手です」

学費と下宿代の援助を買って出た。佐渡は黙って聞いている。

「私にとっては願ってもないお話ですが、そんなに迷惑をかけてもよろしいものでしょうか」

二人の弟も聞いていた。佐渡が口を開いた。

「僕はサッカーが好きです」

それだけ聞けば十分だった。

「加賀美君と二人で用意しておきなさい」

大瀧には、佐渡は遠縁の子供だと話した。清水に来ると、加賀美は二年生でセンターバックとしてチームを支え、佐渡は三年生でキャプテンとしてチームをコントロールするボランチで活躍する選手になった。

「やる時はやれ、休む時は休め。練習の疲れを試合に持ち込むな。試合の時、練習の疲れが残っていたら何のために練習してきたのか分からない」

西川が玄関のボードに書いてあるこの言葉を、佐渡は新しく入ってくる選手たちに繰り返し読ませていた。二人とも、高校時代の活躍が認められ特待生として大学に進学できた。

「日本閣」が、清商サッカー部員を下宿生として置くようになるとどこで聞きつけたのか地方の少年サッカーの指導者から連絡が入るようになった。下宿生を置き始めた「日本閣」には二年目に五人、三年目には八人が集まってきた。西川は子供たちの夜間外出を禁止した。

「寝る、食べる、出す」

これが清水ＦＣの選手教育の柱だ。

激しい練習をする子供は一日七時間以上は睡眠が必要で、栄養価の高いものを万遍無く摂る。健康な排便をする。生活の乱れがあるとこの三要素が崩れる。夜間の外出禁止も早寝の奨励も、朝練で早起きする選手たちの体調を考えてのものだ。

藤枝のサッカースポーツ少年団から育った名波浩が、日本閣に下宿するきっかけは、清水市立第二中学校の教師をしていた古川一馬《ふるかわかずま》の口利きだ。古川は日本サッカー協会三種（中学生）委員長の立場にあり、清水の選抜チームを連れて藤枝に行っていた。

「社長、いい選手がいるんだけど、ちょっと見に来ませんか」

サッカー部の練習を終えた古川がそう言って日本閣の硝子戸を開けた。古川の入れ込みようは半端ではなかった。

「とにかく器用でインサイド、アウトサイドを上手く使いこなして中学生のレベルではボールを取られることのない選手ですよ」

翌週の日曜日には、藤枝の西益津中学に通う名波の試合を見に出掛けた。市営グラウンドで行われていた市内の大会だった。

体は並みだが、バランス感覚とスピードが素晴らしい。

「左足一本で抜いていくでしょ。軸足の使い方が上手いから次の一歩のスピードが乗って相手が追いつけないんですよ。うまく育てれば日本代表クラスの選手になるんじゃないかな」

古川の説明は的を射ていた。西川も清商にはいないタイプのボール捌きに舌を巻いた。相手の足が伸びても懐の深さというのか、相手の足が届かない距離にボールを常に置いている、一瞬の隙を見て切り返して相手を抜く技術も備えている。

将来は、確実に日の丸を背負う逸材と直感した。この日の西川は深目の帽子にマスクを用意し、二十分ほど試合を見ると会場を後にした。藤枝の指導者に自分の顔を知られている西川は、見つかるとスカウトの予防線を張られるのではないかと恐れたからだ。

同じ静岡でも藤枝と清水は強烈なライバル関係にある。

清水の少年サッカーが強くなるまでは、藤枝が静岡県のサッカー界をリードしていた。藤枝東高校が全国高校選手権の常連校として四十一回、四十二回を連覇、一九六六年度は総体、国体も制し史上初の全国三冠を達成している。四十九回大会（七〇年）にも優勝し、五十八回大会まで二回の準優勝を飾っていた。だが少年サッカーで清水に後塵を拝するとそのまま高校サッカーでも全国選手権大会の出場権を清水勢に奪われるようになっていった。

名波の在籍していた西益津中学が藤枝市の大会で優勝すると、関係者の目は名波に注がれ県選抜にも選ばれた。西川は待ち切れずに名波家の門を叩いた。

「浩は、これまで地元の指導者に育てていただきましたから」

両親は首を縦に振らなかった。小学生の頃から地元で指導されてきたのだからそれも理解できた。幸いしたのは県選抜には清水ＦＣ出身者が多くいて一緒に戦っていたことだ。大岩剛（三保二小・名古屋グランパス）、山田隆裕（高部東小・横浜マリノス）、薩川了洋（興津小・横浜フリューゲルス）など後のＪリーガーたちが清商を進学先に選んでいた（（　）内のチーム名は最初に入団したチーム。以下同様）。

「俺達と一緒に、高校サッカーのテッペンを取ろうぜ」

県選抜の仲間からのこの誘いが効いたようだ。地元の指導者は天才レフティの藤枝東高入りを強く望んだが、名波は反対を押し切り清商を選んだ。

「清水に行かなくても、地元の東校に行けばいいじゃないか。後輩たちのことも考えてみろ」

地元の指導者から罵詈雑言が投げられた。そんな中、大反対していた両親が首を縦に振ったのは、幾度となく顔を出していた西川の人柄も見逃せない。

「スポーツだけでなく、正しい心を持った人間に育ててみます」

そう断言した西川を信頼し息子を預ける決心をした。

名波は清商に八八年入学した。

日本閣の同期には田光仁重（アビスパ福岡）がいた。

中盤のゲームメーカーとして活躍し高校総体とユース選手権など卒業までに合計で十八のタイトル獲得に貢献したことになる。

「両親が自由奔放に育てたんでしょう。物事に拘らない楽天家だったね。食事の時間になると、みんなでサッカーの話をしながら食べているけど、自分の嫌いなおかずはポンと友だちのお皿に投げて知らん顔をしているんだよ。お母さんが、『名波、ちゃんと出されたおかずを食べなきゃダメだよ。栄養のバランスを考えながら作っているんだから』と言ってもへっちゃらだったですよ。自信家で、『おじさん、サッカーのことはおれに任せてよ。卒業するまでに絶対に全国制覇してみせるから』と言ってましたよ」

西川にそう断言した自信家だ。

名波は順天堂大学からジュビロ磐田に進み日の丸戦士として活躍、現在はジュビロ磐田の監督を務めている。

名波の活躍で自信を持った西川は、全国に広がるネットワークからの情報を元に、富山にストライカーがいると聞けば車を飛ばし、広島にヘディングの強い選手がいると聞けば新幹線に飛び乗った。

名波が三年になった年に入学したのが興津大三だ。

八九年の正月、中学二年生の興津はブラウン管の前に釘付けになっていた。全国高校サッカー選手権決勝戦、市立船橋対清商の試合を見ていたのだ。三浦文丈や藤田俊哉、一年生の名波、山田隆裕を擁するスター軍団が市立船橋と熱戦を繰り広げ、山田のゴールにより一対〇で優勝をさらった。

中学生で全国の有望な選手が集められる千葉県・検見川でのセントラルトレセンに興津も招集されていた。将来のＪリーガーを夢見ていた興津は清商の小気味いい試合展開に魅了され、迷っていた進路を決めた。担任の先生に頼んで清商の願書を取り寄せた。興津の存在を知っていた清商の大瀧は名波を連れて淡路島に向かった。

「よかったら一緒にやろうじゃないか」

名波が興津の肩を叩いた。

「名波も学校の近くに下宿しています。進学後のことは心配しないで任せてください」

両親にそう言って頭を下げた。西川も淡路島にやって来た。

「私のところは下宿というより、私が父親で家族として迎えるんです。先輩たちは兄貴で後輩は弟。家では経験できない大家族の中に入って人間を磨き幅の広い人間を育てたい。これが私の考えです」

日本閣は、玄関を入るとトロフィーや有名チームのペナントが飾られ、まるでサッカーの博物館のようだ。雲上人の先輩である名波は興津を弟のように可愛がり、興津にとって日本閣は淡路島では経験できない夢のような場所だった。

練習が始まるとこれがまた衝撃の連続だった。名波や山田のボールタッチは柔らかく軽快だ。それもそのはず。この二人は十八歳でＵ―23のオリンピック代表に呼ばれている実力者だった。

西川の目論む「二本目の矢」はこうして実績を上げていた。

「今考えると日本閣は僕にとって青春の道場だったんです。お兄ちゃんに名波さん、同じ年に浦和レッズに行った安藤智安がいて、後輩の弟に川口能活がいて末っ子に安永聡太郎がいるんです。

末っ子から長男までが日の丸を背負うことになるメンバーだったんですよ。こんな贅沢なことってありますか」

西川は放任主義で細かいことへの口出しをしなかった。

「下宿生が十人ほど居ましたから食事の時間や洗濯、風呂と全てが自主性に任されていたんです。日本閣には毎日のようにお客さんが来て酒を飲み交わしているんです。『大三こっちに来い』と呼ばれて行くとお客さんに紹介してくれるんです。『この子はフォワードとして試合に出ますんで応援してやってください』。そう言いながらお客さんたちの話も聞かせてくれるんです」

西川は、伊織が入学した船越小学校のPTA会長も務めていた。学校の先生と接する機会が多くなった。

「あなた方は学問はあるかもしれないけど、世間というものを知らな過ぎる。いろいろな世界で生きる人間の意見を聞くことも必要だ」

と言い自分の友人知人との飲み会の席に誘った。食品市場の番頭、銀行員、清水港で働く沖仲仕、鮪の卸し業者と異業種の面々が集まる。この集まりを〝コロコロ会〟と名付けて定期的に酒を飲み交わすようになった。コロコロとは、角のある人間もコロコロと揉まれると角が取れて丸くなるとの意味合いだ。

学生寮だと当然のように先輩後輩の上下関係ができるが、日本閣では兄弟として扱われ、家族生活では到底経験できないことが自分を成長させてくれたと興津は言う。

日本閣の同期には津島三敏と平野孝がいる。二人は卒業すると名古屋グランパスに進んだ。平野の実家は清水にあり家から通えるが性格的にちゃらんぽらんな面があった。大瀧が西川にこんな相談を持ち込んだ。

「あいつは良いものを持っているんだけれど、練習に来たり来なかったりで困ってるんですよ。社長のところに置いて、朝練に間に合うよう叩き起こしてくれませんか」

そんな経緯から、平野は自宅と日本閣に半々ぐらいで住むようになる。西川が朝練の見物に行くと、素晴らしい駆け上がりでサイドアタッカーとしてのプレーをしていた。練習に励めば将来は代表クラスの資質を持っていると聞いた西川は喜んで引き受けた。それからの平野は、全体の練習が終わると自分のポジションの左サイドを駆け上がるセンタリングの練習を五十本、百本と繰り返していた。一週間から十日間居候すると自宅に帰る。またポンと顔を見せて居候を始める気儘な性格を持っていた。興津とは正反対だ。

興津は、無口で必要以上の口を利かない。このままでは、自分の意見を言えないまま卒業してしまうと心配した西川は平野を呼び寄せた。

「おじさんは、市内の遊園地に夏に店を開く売店があるんだ。ソフトクリームとフライドポテトを売っているんだけど、この売店を手伝ってくれないか」

「それって面白そうだから手伝わせてください」

無邪気な平野はすぐにのってきた。興津も誘って一緒に働かせた。

何日かしてどんな按配で働いているか覗き見に行くと、無口な興津が率先して売店の前に立ち大きな声を出していた。

「いらっしゃい、いらっしゃい。ソフトクリーム美味しいですよ。買っても絶対損はないですよ」

西川の計算通り事は進んでいった。

興津は、筑波大学を卒業後、大学NO・1フォワードとして鳴り物入りで清水エスパルスに入団した。怪我を負い選手生活は短かったがエスパルスのスカウトマンとして岡崎慎司、藤本淳吾、大前元紀、本田拓也などを獲得した。現在はイングランド・プレミアリーグの強豪、アーセナルFCが開設した「アーセナル・サッカー・スクール市川」のGMである。

興津の弟として日本閣に来たのは富士市出身で静岡市の東海大学第一中学校（現東海大学付属静岡翔洋高等学校中等部）のゴールキーパー川口能活だ。川口は、東海大一中が「全国中学校サッカー大会」で初優勝した時、二年生ながらゴールキーパーとして活躍した逸材で、同大会では二年と三年時に大会優秀選手に選ばれている。

川口は第一回草サッカー大会に「富士市天間小サッカースポーツ少年団」の一員として参加していた。

川口に目を付けたのは大瀧だ。大瀧は静岡県トレセン「ジュニア合宿」の指導者として中学生の指導をしていた。トレセンとはサッカー協会主導のもと、将来の日本代表になれるような優秀な選手を若年層から発掘して育てるシステムだ。

川口はこのメンバーに選ばれていた。

「すごいキーパーがいましたよ。中学生というのに基本がばっちりできている。左右に飛んでくる強いボールも弱いボールも的確な判断でキャッチしている。何人かのキーパーを呼んでいるんですが、ゴール前で構えたときの存在感が全然違うんです。とにかくボールに対する反応の良さは天性というか非の打ちどころがないんです」

西川は大瀧と一緒に蜜柑の出荷の始まった秋口に川口家を訪ねた。

「どんなキーパーを目指しているのかな」

「フィールドプレーヤーと連携して守りを固め、シュートを打つ相手には一番打ちにくい角度に自分の体を運んでから打たせる。そしてシュートを確実にキャッチする。それが僕のキーパー観なんです」

　帰りの道すがら大瀧が言った。

「サッカーはキーパーがしっかりしていれば中盤、ＦＷと縦のラインがしっかり固まる。彼が入れば一年目は徹底的に鍛えてその先の二年間は清商のゴールを任せることができる」

　二人の希望が叶って川口は清商に入学した。最初は中学時代の同級生の家に下宿していたが、ほどなくして日本閣に引っ越してきた。同期の下宿生に鈴木悟（セレッソ大阪）が、一年上の二年生に静岡県選抜のゴールキーパー安藤智安（浦和レッズ）がいる。

　川口の行動を見た西川は唸った。川口ほどサッカーと勉強の文武両道を貫いた選手はいなかったからだ。二十四時間、何事にも集中力を持続させていた。厳しい練習を終え学校から帰ると、風呂に入って食事までのわずかな時間、仲間たちはテレビを見たり漫画本を開いたりして過ごしているが川口は部屋の壁に寄りかかって本を広げている。口の中でぶつぶつ言いながら英単語を暗記しているのだ。

〝努力は才能をも凌駕する〟西川にその諺を思い出させた。

　夏休み前には、安藤を押しのけてレギュラーの座を奪った。

　清商は夏休みにブラジル遠征をした。ブラジルの名門「グレミオ」の下部組織で二十日間のトレーニングを受けてきた。

「おじさん驚きましたよ。僕の同年代で社会人のキーパーよりずっとうまい選手がいくらでもいるんですから。ゲームが始まって十分以内に相手ストライカーの利き足がどちらなのかを読み取ることが一流キーパーの条件ということも知りました」

コーチの蹴るボールでキャッチングの練習をしている川口のところにボールが転がってきた。

「邪魔だ、どけ」

先輩でも自分の練習に邪魔になる選手には、お構い無しに怒鳴り飛ばす。川口の周囲の空気がピーンと張り詰める。

グラウンドの片隅で安藤が後輩相手にキャッチングに汗を流す。

観覧席でその様子を見ていた年配の人が、

「安藤も上手いのに、大瀧はどうして一年上の安藤を使わないのかな」

と言うと、もう一人が言葉を遮った。

「お前さんは馬鹿だね。同じレベルのキーパーなら一年後二年後を考えたときどっちが楽しみだよ。監督だってそれぐらいのことは考えて使っているんだよ」

清商のグラウンドに足を運ぶ俄か評論家の目は節穴ではない。

川口が一年時、「第七十回全国高校サッカー選手権大会」に出場した。

三回戦で、前園真聖擁する鹿児島実と対戦し一対二で敗退した。

三年生になって七十二回大会にも出場を果たす。安永聡太郎（横浜マリノス）、田中誠（ジュビロ磐田）、小川雅己（鹿島アントラーズ）、佐藤由紀彦（清水エスパルス）、鈴木悟（セレッソ大阪）ら後にJリーグで活躍したタレント軍団の中でキャプテンシーを発揮して活躍した。

準決勝の対戦相手は二年前に負けた鹿児島実だった。無失点を続けていた清商は、城彰二擁する鹿児島実に二度リードを奪われる展開も追い付き二対二でＰＫ戦に突入。川口が四人目の選手を止め五対四で振り切った。

決勝では長崎県の国見を後半三十二分の鈴木伸幸の決勝ゴールにより二対一で下し、清商は五年ぶり三回目の選手権優勝に輝いた。

選手たちが優勝旗を持って清水に凱旋すると、日本閣で新年会と優勝祝賀会を兼ねたパーティーが開かれた。

西川は、優勝の余韻に浸る川口に訊いた。

「お前のキーパー哲学は何かな」

「キーパーは逃げたら負けるんです。前に出る。相手のフォワードに対して前に出る。前に出てボールを受けに行く。これです」

西川はその言葉を聞いて唸った。下宿生に事あるごとにザリガニ獲りの話を聞かせていた。ザリガニは大声を上げると必ず後ろに下がる習性がある。どうすれば捕獲しやすいか。習性を利用して後ろに網を置いて石を投げ入れると網に入る。

この話をしながら、

「男たるもの生まれたからには、ザリガニのような人生は送るな。常に人間は前に出ろ。たとえ死ぬときでも後ろに倒れず前に倒れて死になさい」

西川は川口のキーパー哲学に感心せざるを得なかった。

西川は太平洋戦争末期、鹿児島県の知覧飛行場で予科練教育課程を修了すると大和海軍航空基地隊の実働部隊に配置された。沖縄戦に敗北し本土防衛のための特攻指令が下り同期の二〇九名が出撃して帰らぬ魂となった。終戦があと一週間長引いていたら西川は特攻隊員として飛行機に乗っていただろう。

「人間、生きていくからには天下の名刀になれ」

予科練時代、教官に聞かされた言葉だ。

この言葉が何を意味しているのかわからなかった。

「天下の名刀」とはどういうものか。

人間、生真面目すぎても物にならない。名刀は、堅さが七分柔らかさが三分でできている。この三分の柔らかさがないと少しの衝撃でも折れてしまう。反対に柔らかすぎると刀はなまくらで、力を込めても物は切れない。

西川は川口にこの言葉を知ってほしかった。川口の生活態度は堅すぎる。一歩間違えると使い物にならなくなってしまう危険性さえ含んでいた。卒業して下宿を引き払う川口に西川はこの言葉を贈った。

迷った時はより厳しい道を選べ。

その方が人生遥かに豊かであり面白い。

一九九三年。川口率いる清商が高校選手権で優勝したとき二年生ながらエースストライカーとして活躍したのが、山口県宇部市の出身の安永聡太郎だ。安永の場合は、草サッカー大会に来た宇部の少年サッカー指導者の進言だった。

「県始まって以来の大物選手ですよ。得点感覚に優れて足も速くて体もある。いずれ日本を代表するポイントゲッターになるはず」

西川は早速、山口県の宇部市に飛んだ。市内の陸上競技場で開かれていた大会を見学した。安永はロングボールが放り込まれると相手ディヘンダーを置いてきぼりにして易々とゴールを決めて見せた。

「清水に来る気はないかねぇ」

試合の後で聞いてみた。父親も来ていた。

「俺、強いチームならどこでもいいですよ。選手権に出て優勝したいんで」

「こいつは天狗になるきらいがあるんで、生意気になったらガツンと殴り飛ばしてください」

父親は頼もしそうな息子を見ながらこんなことを言った。

「どんなスポーツにも技術力には限界があります。その先は頭で考えるしかない。技術の先には感性と頭脳が必要で選手の価値が決まる。サッカーに対しての思想と哲学を持つ選手になってほしい。サッカーは監督が教えてくれます。私は社会に出て通用する人間教育と社会教育をします」

西川は父親の前でそう言い切った。両親の内諾を取って新幹線に乗った。日本閣で聡太郎の生活が始まる。

「近所の人でも旅館のお客さんでも、顔を見たら挨拶をする。使った食器は自分で台所に持っていき洗うこと」

ここから始まる躾だが聡太郎はそれが守れなかった。

一週間ほど経つと女将さんがこう言ってきた。

「安永って子は駄目だね。自分の食器を洗いなさいと言っているのに一度も洗っているところを見たことがない」

西川はさっそく安永を呼びつけた。

「自分で使った食器は自分で洗いなさいと言ったはずだ。どうして、それが守れないんだ」

問い質した。

「僕は、そういうことを今までしたことがないから」

「そんなことは聞いていない。ここではそれが規則だ。今まで洗っていない分これからの一週間、仲間全員の食器を洗いなさい」

翌日、食事の後を見ていると聡太郎は居間と台所とを何回も往復して食器を運び、たわしに洗剤をつけて丁寧に食器を洗い始めた。人間は怒るだけでは駄目。理屈でわかる説明をし、それができないときには罰則を与える。西川はこれを人間教育の原点としている。

聡太郎は西川の期待に応えていった。二年時に高校選手権と全日本ユースの二冠獲得の原動力になると三年時には高校総体、全日本ユースの二冠に貢献しU－20日本代表に招集されるまでの選手になった。

西川は下宿生にリーダーになる教育もしていた。練習から帰った選手たちの顔を見る。疲れが溜まっていると見るとポケット銭を出して声を掛ける。

「これで肉でも喰ってきなさい」

上級生に銭を渡して食事に行かせる。下級生の意見を聞いて食事の注文などの采配を振るわせることでリーダーシップを取らせる。

日本閣では、毎年三月の卒業式間近になると「お別れ会」をやる。卒業生一人ひとりが三年間の下宿生活の思い出を語る。

聡太郎は、その席でこんなことを言った。

「ぼくは一年生のとき、十八人の食器を一週間、洗わされました。ぼくはそれから先の三年間のことを思うと、暗い気持ちになりましたが、毎日、ここから清商のサッカーの練習に通い、帰ってきて、おじさんにいろいろな話を聞いているうちに自分自身がこれまで聞いたこと、考えたことに大きな間違いがたくさんあったことに気づきました。この三年間でサッカーの技術ばかりでなく、いろいろなことを、この日本閣というところで教わったことに感謝します」

聡太郎の挨拶を聞いた西川は目頭を熱くした。聡太郎は卒業すると五チームからの争奪戦の末横浜マリノスに入団した。

後日談がある。横浜マリノス対清水エスパルスの試合が清水のホーム「日本平スタジアム」で行われた時だ。もちろん聡太郎もチームの主力として帯同してきた。試合後、チームは横浜で解散となったが聡太郎は横浜から再び清水に戻ってきた。西川が朝起きると、二階の客間に聡太郎が大の字になって寝ていた。聡太郎は三年間の下宿生活で鍵がどこに置いてあるかを知っていた。

「ここが懐かしくて、チームと別れてから最終列車で帰ってきたんですよ」

西川は下宿生の親として無償の喜びを感じた。

日本閣の玄関の踊り場や風呂場の壁には、人生訓としての標語が西川の手書きで貼られている。

「愛と勇気とお金が少し」

また玄関の黒板には次のように書かれている。

一・小才は縁に出会ってその縁を活かさず
一・中才は縁に気づいてその縁を活かさず
一・大才は拒絶する縁をも活かす

こちらは食堂に貼られている。剣豪として名を馳せた柳生一族の家訓で、人の出会いの大切さを説いたものだ。

「子どもたちに大切だと思える言葉が一つでも浮かぶと、すぐに短冊に書いて壁に貼り、子どもたちが読めるようにしているんです」

西川の下宿生を見る目が温かい。

天才プレーヤーとして清商卒業時、Jリーグの十三チームからオファーを受け浦和レッズを選んだ小野伸二と西川の出会いは小野が中学一年の夏だった。

毎年、夏休みになると静岡では中学二年生を主体とした静岡県選抜チームを編成する。静岡県、愛知県、岐阜県、三重県の東海四県の「東海地区中学校サッカー選手権」大会に備えてだ。選抜に選ばれた二十五人の選手が日本閣に集まり、二日間の合同練習を終え大会に臨む。

二年生チームに唯一中学一年生の小野が沼津から選ばれてきた。

監督は古川一馬だ。西川は、自宅の送迎用バスに選手と監督を乗せて会場の愛知県日進市の口論義運動公園に向かった。初戦の愛知県選抜戦で後半からグラウンドに立った小野のボール捌きを見て西川は驚いた。

身長一五八センチ、体重五〇キロほどしかない小さい選手だが、ボールをコントロールする柔らかい足首と、ドリブルでトップスピードに入る瞬間の素早さ。スピードを変幻自在に変えるフェイント。どのプレーも華麗という言葉がぴったりだ。ボールが足に吸いついているようで視野が広く、空いたスペースの味方に面白いようにパスが通った。胸トラップ、ヘディング、左右のキック。ピッチに立つ選手の誰よりもボール扱いの技術が抜きん出ていた。

「あの子はすごいでしょ。必ず日の丸を背負う選手になりますよ」

古川がそう言った。静岡選抜が三対〇で試合に勝った。西川はユニフォームを着替えている小野に声を掛けた。

「いいプレーを見せてもらったよ。先輩たちに囲まれて緊張はしないのかね」

「大丈夫です。ボールを持てば取られない自信がありますから」

額に汗を浮かべた顔が緩んだ。次戦の岐阜選抜戦も古川は小野を後半に起用した。巧みなボール捌きが相手を翻弄している。

「どうしてスタメンで使わないのかね」

古川が答えた。

「俺も使いたいけど、一試合持つだけのスタミナがないんですよ」

四十分なら持つが後半になると運動量が半減してしまうと言う。

「食生活の問題か練習が少な過ぎるか。そのどっちかですよ」

三戦全勝で静岡県選抜が優勝した。西川は小野と少し話してみたかったがバスの運転をしている手前話す機会を持てずに別れた。

ところが後日、小野の方から西川に電話が入った。

「先日お世話になった小野伸二です。実はバスの中に財布を忘れちゃったようなんですけど」

言われた通りのバスの席に黒革の小銭入れが落ちていた。

「財布をなくすと、お父さんに怒られるだろ」

「うち、父親がいないんです」

無言の時間が過ぎた。

「兄弟は何人いるの?」

「たくさんいます」

的を射ない返事だったが西川は言葉を続けた。

「清商でサッカーをしてみる気はないかね。うちには清商のサッカー部の子供が十人ほど下宿しているんだ。君もうちに来たらいいと思ってね」

「えっ、本当ですか。僕はできたら清水に行ってサッカーがしたいです」

西川は小野宅に手紙を書いた。

「わたしは清水で日本閣という旅館をしている西川という者です。先日遠征の際、伸二君が私のバスに財布を忘れました。送るかどうか迷いましたが今度会える機会に伸二君に直接渡そうと思います」

早速母親から電話が来た。

「ありがとうございます。子供がいろいろとお世話になりまして」

「お宅のお子さんは、身体能力が高く本当にサッカーが上手ですね。サッカーの環境の良いところで育てば、十年後には間違いなく日の丸を背負う選手になると思いますよ」

西川は子育てに一家言持っている。戦前、戦中の子供たちは多くの兄弟の中で育った。貧しく自分の力でしか生きられない環境に育つ子は強く逞しい。兄弟の多い小野には人間の大切なその部分が備わっていると確信した。小野が中学三年になると沼津の自宅を訪ねた。

「このままではせっかくの才能が埋もれてしまいます。サッカー環境が揃って上手い選手が沢山いる清商に入学しサッカーをさせてみたらどうかと思い伺いました」

小野の母親は嬉しそうに西川を迎えた。

「伸二から話を聞いています。本当にうちの子供が清商でサッカーをすることができるんですか」

「サッカーも重要ですが、わたしはこれから日本を背負って立つ子供たちに社会に役に立つ人間教育をしてあげたい。何事にも情熱を持って立ち向かうことの大切さを教えたいんです」

西川の真摯な態度に感銘したように母親は快諾した。

スター軍団が揃う清商のグラウンドに早く立たせてみたかった。

日本閣には二年先輩のゴールキーパー小林弘記（ジュビロ磐田）。同期に池端陽介（サンフレッチェ広島）がいた。小野が清商に入学すると、清水サッカー協会の関係者が練習を視察に来た。

「スタミナに問題がある。体をあと一回り大きくしてスタミナさえつけば一流の選手になれる」

小野を見てそう言って帰った。西川は清水エスパルスのチームドクターでもある市内で開業している松永元良医師に相談した。

「練習の後三十分以内にタンパク質の多い食べ物を摂ると体の筋肉になる。それを過ぎると食べたものが筋肉として残りにくい」

これを聞いた西川は下宿生に、練習が終わったら早く帰って食事を摂るように指示した。

二年になるとガンバ大阪の下部組織で育った池田学（浦和レッズ）、富山県魚津市からきていた楽山孝志（ジェフユナイテッド市原）、札幌からきた小林宏之（浦和レッズ）が入ってきた。後に筑波大学からJリーグ（浦和レッズ）入りした平川忠亮も含めると、この年代で清商には小野も入れて七人の選手がJリーグ入りした。

清商を背負って立つ選手としての帝王学も教えた。

「二・二・六という数字を覚えておきなさい。キャプテンとしてチームをまとめていく上でこの数字が大切だ。物事を決めるとき、いかなる時でも賛成者が二人いれば反対するものも二人はいる。残りの六人がどちらに回るかだ。この六人が賛成に回ったときはリーダーの意見は正しい。逆の場合は間違っている。これを素直に受け入れることが組織上大切なんだ」

「自分の子供というより、日本閣の小野伸二として育ててください」

母親からはそんなお墨付きをもらっていた。入学早々ジュニアーユース日本代表に選ばれヨーロッパ遠征に発った。

小野の高校三年間は高校選手権大会からは遠ざかっていたが、全日本ユース選手権準優勝、インターハイベスト8、国体静岡県選抜で二年連続優勝と期待通りの活躍をした。

西川が下宿生を置いて十年が経つと、日本閣には常時十人は下らない選手たちが生活するようになっていた。子供たちが増えたので、近所にアパートを借りて住ませ風呂と食事などの生活は日本閣ですることになった。

晩酌をしながら子供たちの様子を窺うのも西川の仕事だ。食事を残す子供には体調を聞く。偏食をする子供には献立表を見せて栄養のバランスを説明して摂らせる。

時間が空くとグラウンドに足を運んだ。子供たちの練習風景を眺める。試合になると一人一人の活躍を確認してから帰る。食事の時間に全員が集まると、その日グラウンドで見せた褒めるのに値するプレーをした選手に対して賛辞を送ることも忘れない。

教育者のように細かな気遣いで選手たちと接する。

互いが切磋琢磨することで次のステップに羽ばたいていった。

名波を筆頭に、日本閣から巣立ったＪリーガーはこれまで（二〇一六年度）に二十三人に上っている。

草サッカー大会の開催が近づくと、市内の旅館組合会長をしている西川の元に関係者が折を見て顔を出す。

「十年の予定で始めた大会がこうして続いているのは、高校サッカーの活躍をはじめサッカーのまち、清水の存在が全国に根付いた証拠なんですよね」

西川の目論見が当たっていた。


西川が三本目の矢として力を注ぐのが「全国高等学校定時制通信制サッカー大会」で、毎年八月のお盆前の土、日曜日を挟んだ五日間、清水区内のグラウンドで行われ今年二十六回を迎える。

全日制のサッカー大会と違い、当時の全国高等学校体育連盟は定時制のサッカー大会に関しては積極的ではなかった。

全国高等学校定時制通信制サッカー大会の前身は東京、神奈川、埼玉、千葉の一都三県で始まった「関東大会」だ。当時、東京都立足立高等学校教諭・牟田義則、神奈川県立神奈川工業高等学校教諭・大西将之、埼玉県川口市立県陽高校教諭・斉藤正俊らが先頭に立って奔走した。

横浜商業高校定時制サッカー部監督をしていた大出隆之は、神奈川大会をきっかけに関東大会の構想を斉藤や牟田、大西に打診した。

「どうですか、全国大会が難しいなら、まず関東大会を開きませんか」

「子供たちに夢を与えたいですし大会を開きたいですよね。でも、関東高体連事務局は定通制のサッカー大会だけなんて開催できないと、腰を上げてくれないから我々でやっちゃいませんか」

大西、斉藤、牟田を中心に定時制通信制振興会主催という名のもとに関東大会を強行した。関東大会を三年連続して開催したが、全国大会となると全国高等学校体育連盟定時制通信制部会事務局に何度掛けあっても、

「東京では、八種目の全国大会を抱え予算がない、場所がない、人材がないから無理だ」

木で鼻を括ったような返事でまったく動く気配を見せず、あまりのお役所仕事に痺れを切らしていた。

毎年神宮球場で「全国高等学校定時制通信制軟式野球大会」が開催されていた。一九七七年、雨が続いたため大会が途中で中止になった。そのニュースをきっかけに、大会の存在を知った萩本欽一が翌年から、自分の持つ番組で大会を継続的に取り上げるようになった。テレビでこの番組を見た大出は、関東大会を立ち上げたように全国大会も何とかならないものかと大西たちに相談した。

大出の父親が清水の会社に働いていた関係で父親に相談すると、

「だったら清水の堀田哲爾に相談してみたらいいよ。彼は日本協会に顔が利くし相談に乗ってくれるんじゃないか」

早速大出は牟田、大西らと共に清水に堀田を訪ねた。清水市教育委員会教育次長の職にある堀田は大出たちの話に耳を傾けてくれた。

「分かった、幾らくらいいるんだ」

唐突な質問に答えられないでいると、

「百万円もあればいいのかな」

堀田の判断は早かった。清水市の主催で会場も審判も記録員も引き受けるとその場で決めてくれた。

「これから日本を背負って立つ青年たちだ。夢を持たせることはこれ以上の教育はないだろう」

大会を長続きさせるためには日本サッカー協会の公認を取ることが必要だとも進言した。公認を取れば、全国の学校への参加要請も日本自転車振興会への補助金申請も容易になる。

堀田の薦めで、日本サッカー協会の後援を得ることができた。

大会が始まると役員の宿泊費などが問題になった。

「それなら役員は家に泊まれよ」

申し出たのは当時の清水市スポーツ振興課の望月籌雄と西川だった。清水市長の宮城島弘正は、地元企業の労働組合出身で定時制高校生には理解を持っている。

「三回までは清水で責任を持って引き受けます」

と言った関係者の苦労が実り、一九九一年八月十日から第一回大会が開かれた。初回は十六チームが集まっての大会になった。

無事に閉会式を迎えたが、慣れない客（選手たち）の対応に関係者は戸惑っていた。日本閣には三チームが宿泊した。鈴木隆と坂倉孝司も指導者たちとの懇談会に出席してほしいと声が掛かった。

「僕が玄関を入るとモヒカン刈りや茶髪、ピアスを三つも四つも付けている二十代後半と思われる男たちがガンを飛ばしてくるんですよ。まともな風体の男が一人も見当たらない。こんなので試合になるのかなぁと心配になりましたよ」

先生方と酒を酌み交わしていると時計の針が十時を回った。

「おい、そろそろ寝ろよ」

生徒と年の幾つも変わらない先生が言葉を掛ける。

「まだ早いじゃん。先生っちは酒が飲めていいなぁ」

その言葉には苦笑いするしかなかった。

市営競技場で開かれる開会式は、協会の手配で小学校低学年の子供たちにプラカードを持たせた。開会式は、快晴で強い日差しがグラウンドに照りつけていた。大会役員や関係者の挨拶が長くプラカードを持った子供たちがバタバタと倒れ始めた。子供たちがグラウンドから運ばれると、壇上で話している挨拶など聞かず車座になって雑談を始めるチームや手枕でグラウンドに横になる選手も現れ、とても手のつけられたものではなかったが、大会は無事終了した。

第一回の優勝校は、決勝戦で大津中央を破った千葉商だった。真夏の強烈な日差しのため、三十分ハーフでの試合となった。連日の激戦で疲労困憊の中の戦いだった。

日頃の学校生活では遅刻、欠席、成績不振、態度の悪さなどで教師に叱られている生徒たちがひたむきにボールを追いかける。

後半を〇対〇で迎え、終了四分前にセンタリングされたボールをキャプテンの淡路孝一郎が相手ネットに突き刺し一対〇の接戦を制した。監督を務めた倉田雅美は、サッカーとは全く関わりを持たない女性の高校教諭だった。

「先生、俺らやったよ」

試合が終わると選手たちが倉田を囲んで胴上げが始まった。

倉田の顔は涙が溢れて声にならない。

「彼らのこんなひたむきに頑張っている姿を見られたのがただただ嬉しかったです。この生徒たちを他のどこのチームにも絶対負けさせたくないと思っていたんです。例え全日制の大会に比べて参加校が少なくても優勝するのは一校だけ。頂点に立つということはとても難しく、とても価値がある。二位や三位とは大きく違う。あなたたちは今頂点に立った。誇りに思っていいんですからね」

こう言って選手たちを労った。

青空に向けた倉田の顔から涙が消えていた。

「目標に向かって努力することの素晴らしさと、それを手にすることとの充実感。そして自分の力の可能性を今後も忘れずに、人としてもっと伸びて欲しいと心から願っているんです」

これまで監督としてチームを指導し、今回はコーチとして同行した倉田邦彦が眩しそうに選手たちを見つめる。

総評で壇上に立った宮城島はこんな挨拶をした。

「本当に素晴らしい大会になって、諸君ありがとう。こうしたスポーツの精神を忘れずに仕事と学業に頑張ってください。やればできるんです。また来年も会えることを楽しみにしています」

二回目の大会は、前年の失敗から子供たちのプラカード持ちを省いての開会式と決まった。

草サッカー大会は、チームの保護者も多く詰めかけ開会式も試合会場も盛り上がりを見せるが、選手だけの開会式だと盛り上がりも欠け会場が寂しく雰囲気が萎んでしまう。子供たちがグラウンドに来ると保護者も顔を見せる。少しでも開会式を盛り上げたかった。

それで、隆は自分の少年団から暑さにも強いはずの五、六年生の派遣を申し入れた。子供たちが姿勢を正していれば、選手たちも負けず嫌いを発揮して姿勢を正すはずだ。目論見は当たった。子供たちが背筋を伸ばして立っていると選手も列を崩すことがなかった。

大会役員が気を揉んだのは試合のあり方だった。トーナメント戦方式で負けると終わってしまう大会だ。仕事を持っている選手たちは会社に休暇届けを出して集まっている。

「高い旅費を出してきたのに、これだけで終わりかよ」

一回戦で負けたチームの選手のそんな言葉を聞いていたからだ。

沖縄の県立泊高校は第六回大会から参加を続けている。八回大会では見事優勝したが、六回と七回大会は一回戦で姿を消していた。

「この大会に来るためには飛行機代を含めて百万円が必要で、選手たちは大会が終わると来年のために貯金を始めるんです」

屋宣麻美監督はそう語る。草サッカー大会のように、全日程で試合を組めるリーグ戦方式の試合方法も検討されたが、選手たちの仕事の都合から無理と判断した。

「ものは考えようだ。陸上競技の短距離選手は予選で落ちればわずか何秒以下の試合で帰らされるんだ。それを考えれば、サッカーは前後半で六十分間はピッチに立てるんだから」

堀田の意見だ。西川は時間を見つけてはグラウンドに足を運んだ。

「一日の仕事を終えてから学校に集まり、夕方六時から授業を受け、授業が終わる九時過ぎから練習を始める。普通の高校生が休む時間が彼らの練習時間。帰宅するのはいつも十一時過ぎというじゃないか。若者たちがネオン街で遊んでいる時間、勉強をしサッカーの練習をする。それでも翌朝、八時には仕事場に行かなければならない。働きながら学ぶ環境の中で頑張る定時制高校の子供たちに何か夢を与えてあげたい。この大会を長く続けていくのが大人たちの責務ではないのかな」

そんなことを考えた。西川は先生たちと話すことで多くを学んだ。

「この子供たちは食べるものも満足に食べているのかどうかもわからないんです」

下宿生と同年代の子供たちの生活境遇が衝撃だった。

「この子たちにもいい人生を与えてやりたい」

宿舎に戻った選手たちにこんな話をした。

「昔から、若いときの苦労は買ってでもしなさいという諺がある。君たちの今の苦労はきっとこれからの人生の役に立つはずだ。静岡に来る機会があるようならいつでも寄りなさい。小父さんと酒でも飲もうじゃないか」

それでも最初は躊躇することもあった。茶髪あり、ピアスあり、雄鳥の品評会のような色とりどりの髪をした生徒が多くいたからだ。

チームを率いる監督は、サッカー経験がなく陸上部の補佐をしている先生や化学部の顧問と色々だった。

「せめて一勝はしたいですよ。この子たちに努力すれば結果が付いてくることを教えたいんです」

実家で幼稚園を営む堀田も先生たちの話を聞いていた。

「定時制の先生方は幼稚園の先生と一緒で大変なんだなぁ」

西川の耳元で呟いた。人は姿形だけじゃない。そう教えられたのは、選手たちの食事の給仕を買って出た三人の女子マネージャーだ。

お櫃のご飯がなくなった。食堂で炊き立てご飯の横にある残りご飯を見つけるとマネージャーが西川に言った。

「小父さん、ご飯はこっちから先に食べたほうがいいんですよね」

後に、西川が自分のエッセーの中でこう書いている。

「私は、この優しい心の持ち主の娘たちに心から喝采を贈りたい気持ちになった」

西川の心遣いは細やかだ。ある時、自分のところに泊まるチームが決勝戦まで勝ち上がった。翌日の決勝戦の舞台は、清水エスパルスのホームである日本平スタジアムだ。試合を控えて落ち着かない選手たちを、バスに乗せて誰もいない夜中のグラウンドに連れていった。全面芝生の張られているスタジアムを見た選手たちは、歓喜の気勢をあげてバスの中は興奮の坩堝と化していた。

「頑張ってくるんだぞ」

翌朝、背中を叩いて送り出した。

「電光掲示板に選手たちの名前が浮かび上がると、グラウンドの選手たちの武者震いが聞こえてくるようで私も興奮したな」

西川は目頭を熱くしていた。チームは善戦空しく一対二で敗れたが満身創痍の極限の中で戦った選手たちの目には涙が浮かんでいた。

「また来年も、予選を勝ち抜いてくるんだぞ」

選手たちの手を力いっぱい握った。

大会は回を重ねる毎に参加チームが増えていった。二回大会で三十一チーム、三回大会で三十三チームが集まった。

第一回大会は清水市の補助金でスタートし、第二回大会以降は日本自転車振興会の補助金を活用し資金的には順風満帆に回を重ねていった。第八回大会を終了した時に大会の存続危機に見舞われた。日本自転車振興会が補助金配分の見直しをする旨の連絡をしてきたのだ。

「定時制や通信制の学校に通っている子供たちは、何かいろいろな事情があるはずだ。その事情を乗り越えて大会に参加することは大変なことだ」

西川は大出に協力を申し入れた。大会が続けば清水に人が集まり街興しになる。参加する選手に大会を通してサッカーの楽しさを知ってもらい、選手たちが結婚して子供を持ったら親子でサッカーを楽しんでほしい。そうして親子で草サッカー大会に参加するようになってくれるのならこんなに嬉しいことはない。地道なサッカー普及活動が草サッカーの発展に繋がると考えた。

資金調達のため西川は参議院議員の小野清子に接触を試みた。女子体操選手でローマ、東京オリンピックに出場し東京大会で団体銅メダルに貢献した小野は「日本船舶振興会・笹川スポーツ財団」理事長も務めていた。

小野には、暁星小学校（東京）のサッカーチームを率いて日本閣に何回か投宿している監督の宮崎昇作の紹介で会っていた。小野の口利きで、日本自転車振興会からの資金援助が中止になった場合、笹川スポーツ財団が協賛金を肩代わりする旨の話を取りつけた。自転車振興会にも足を伸ばし協力の継続を要請して難局を乗り切った。

第十回の記念大会は十一人制の本大会に加え、五人制のミニ大会も同時に開催した。部員不足や地区予選で相手チームがなく本大会に出場できなかった大分、福井、宮崎など十二チームが参加したがユニフォームの揃わないチームもあった。鑑別所から出所したばかりの選手が審判に喰ってかかる事態も起きた。

「ちょっと来い。てめえの家はどこだ。火をつけるぞ」

嚇かされて怯む審判もいた。双方の選手同士が取っ組み合いの喧嘩になったこともあった。大会を見続けてきた大会事務局長を務める大出が言うのは大会の様変わりだ。

「最近の定時制は午前、午後、夜間と多部制に分けて授業をするようなスタイルの学校が多くなったんです。以前のように昼間働かないとならない。そういう生徒が減って自分の生活スタイルに合わせた多部制を希望する生徒が増えているんです。そんな中でJリーグの下部組織で育った選手が何らかの理由でやめて定時制に来ている。そういう子はサッカーが目茶苦茶上手いんですよ。三十年を前にして大会も随分変わってきたんです」

今年二十六回を迎え大出がこう言う。

「堀田先生に言われたんです。どんな大会でも十回続くと歴史に残る。二十回続く伝統行事と言われる。そしてさらに、その大会がその地域に住む多くの人たちに価値のあるものだと認められたらそれが文化となるんだと。ですから私はこの大会が清水の文化と認められるようになるまで頑張りたい。この一心で進んできたんです」

二十回大会を終えて選手たちを送り出した十日後に、入れ替わりで草サッカー大会に出場するチームが日本閣にやってきた。

「西川さん、僕覚えてくれていますか」

角刈りの頭に日焼けした顔が嬉しそうに立っていた。

西川が考え込んだ。

「十六年前、定時制大会でお世話になった岐阜の神埼です。小父さんが言ってくれたじゃないですか。清水に来たら寄りなさいって。一人じゃ勇気がなかったから、僕、結婚して子供にサッカーをさせてこの大会に連れてきたんですよ」

そう言って子供と一緒に奥さんも紹介された。

翌年、埼玉のチームが投宿すると指導者の一人に頭を下げられた。やはり定時制の大会に参加したお父さんだった。

遠大と思われた計画がこうして実を結んでいることが、西川は嬉しかった。

西川が、この場所で商売を始めたのは五十年前になる。静岡県中部の相良町で生まれ育ち、父親は漁師で四人兄弟の三男だった。西川が五歳のとき、父親は兄弟を置いて妻とメキシコに渡った。

明治時代後期から昭和の初期にかけて、静岡県の太平洋沿岸の住民（安倍郡、庵原郡、賀茂郡、田方郡、駿東郡、小笠郡）の多くが遠く離れたハワイやアメリカ本土、メキシコ、ペルー、ブラジル、カナダに移民として渡っている。

『清水市三保における　アメリカ移民の歴史』（清水東高等学校郷土研究部）によると、清水でも三保村、有度村、清水町、不二見村、久能村、蒲原町、由比町から昭和の初期までに五千人以上の住民が海を渡っている。

清水市長の宮城島弘正の父親もアメリカのロサンゼルスに渡っている。

「三保は砂地で米も蜜柑も取れなくて貧し過ぎたんです。清水は古くから貿易港として栄えていたので、停泊している船に乗り込んで密航を企てたりする者もいました。正規の手続きを踏んで渡った者を合わせ、その数は大変なものだったんです。今でもロサンゼルスには、移民三世が作る三保クラブという組織があって三千人程の会員がいるんですよ」

と宮城島が言う。移民の中には現地で成功した者もいた。痩せた土地だけを与えられ筆舌に尽くし難いほどの苦労を強いられ、帰る船賃もなく墓場の露として消えた人もいた。

成功した人の中には、富を懐にして清水に戻り新規の事業を立ち上げた者もいる。帰還者は現地語を話し日本にいては知ることのできない外地の生活を知っていた。

ここで敢えて移民の事実を記したのは、宮城島も西川も移民の子弟として日本人には見られないワイドな発想を持ち合わせていることが清水のサッカーシーンに大きく関わることになるからだ。

西川の父親は、メキシコに渡り日本の漁師の漁法と沿岸で獲れるだろう昆布を乾燥させて保存食にする相良町独自の食材「かじめ」（ワカメを干して加工した食材）の普及を目的としていた。

西川が五歳のときだ。

「お前はここに残って西川家の後を継ぎなさい」

アメリカとの国境の町、ティファナに居を構えると早速船を手に入れて漁師として現地民への技術指導に乗り出した。現地で西川の弟となる幸男と妹の小枝子を含めて四人の子供に恵まれた。

小夜子は、現地の人と結婚し医師として働いている。幸男は魚の加工業に就き両親の近くで暮らしている。

西川は、時間ができると父親の元に行き兄弟と親交を深めていた。

アメリカ大陸でラテン系住民が住むメキシコ。西川は大らかさと雑多と危険が隣り合わせの街が気に入りよく出かけていた。

鹿児島の知覧飛行場で終戦を迎えた西川は、復員すると地元のみりん工場に勤めた。後一週間戦争が続いていると飛行機と共に海の藻屑と消えた自分の命だ。

そう思うと暗い工場での手作業が馬鹿馬鹿しくなり、静岡に出て静岡鉄道のバスのハンドルを握ることになった。

清水駅前のロータリーから出る路線バスの運転手をしていたが、どこかおっとりしている清水の街が気に入って腰を落ち着けることになる。大柄で押し出しも強い。何よりの武器は、戦争で一度死にそこなった自分は何に対しても〝惜しむ〟という気持ちを捨て去っていることだ。

気性の荒い船員が徘徊する夜の街でもすぐに顔役となり、朝日町に飲食店を開いた。人当たりも良く男としての器量も持ち合わせていることから何件かの店を持ち人脈も築いてきた。

料亭「日本閣」を現在の場所に開いたのは一九六五年、西川が三十五歳のときだ。

朝日町で飲食店を開いていた折、大相撲、時津風部屋の大潮（六二年初土俵。七一年九月入幕。最高位東小結。八八年一月引退）のタニマチと知り合い、西川が料理屋をしたい旨を相談するとこんな話になった。

「この街で海産物を出すだけの店じゃどこにでもある。部屋で目が出なくて二十年もちゃんこ番をしている弟子がいるから、こいつを使ってちゃんこ料理店でもやってみたらどうだ」

栃錦と若乃花が全盛期で〝栃若時代〟と言われ大相撲が盛り上がっていた。力士たちが食べるちゃんこ鍋は聞いたことはあるが口にしたことはない。自分に限らず清水の人間はそんなものだろうと読んだ。タニマチが鬢付け油を匂わせた幕下の貞光《さだみつ》と呼ばれる男を連れてきた。いかつい顔をしているが愛想が良かった。

「自分に任せてください」

居るだけで相撲部屋の雰囲気を匂わせる貞光を気に入った。

店も西川の遊び心をふんだんに取り入れ、客席から見える中庭に大きな池を作って鯉を泳がせた。貞光が料理長として「相撲茶屋」と命名した店を開いた。店は本物の相撲取りを見たい、ちゃんこ料理も珍しいと言って繁盛した。

時折顔を見せるタニマチからこんな依頼をされた。

「東京の夏は暑過ぎて稽古にならないんですわ。湿気もなく涼しい清水で一週間ばかりみっちり稽古をさせてあげたいんだが、社長のところで面倒見てもらえないかね」

七〇年三月場所、時津風部屋に東京農大から将来を嘱望された豊山が入門して騒がれていた。西川は本物の力士の稽古も見てみたかった。二つ返事で引き受けると、部屋関係者が弟子を連れて裏の駐車場に即席の土俵を作った。稽古は早朝の幕下から始まって関取が登場する十時すぎまで続く。

稽古を見ようと近所の住人はもちろん、タニマチを含めた相撲部屋の関係者や力士のファンなどが連日詰めかけた。

力士たちは、ちゃんこで腹を膨らますと二階の部屋に籠って昼寝の時間だ。西川が驚いたのは豊山、大潮や他の力士のファンが東京からやってきて近くの旅館に宿を取り連日稽古を見ていることだった。時津風部屋の日本閣での夏稽古は恒例となった。

盆の法事、暮れの忘年会、正月の新年会と団体客の宴会が増えてくると、ちゃんこを食べ酒を飲み過ぎてその場で眠ってしまい朝を迎える客が何人かいた。

「これだけの土地があるんだから、宿泊施設を作れば儲かるよ。料理と違って宿屋は客には蒲団を与えておけば一人で寝るんだから」

これも大潮のタニマチが言い出したものだった。料亭旅館に商売変えすると「相撲茶屋」から「日本閣」に店の名前も変えた。

旅館業を始めるとこんな話が舞い込んだ。

「バレーボールの合宿をしたいんですが、選手を泊めていただけませんか」

西川の知り合いに、国際試合の審判も務める河村俊彦がいた。

「練習場の体育館は抑えたんですが、三十人ほどの大型選手が泊まって食事を摂れる施設が見つからないんですよ」

大男の揃っているバレーボールの選手。ちゃんこ鍋なら選手の胃袋を満たすにも最適だと言って宿舎を申し込まれた。

全日本男子バレーボールは、一九六八年のメキシコオリンピックで銀メダルを獲得すると七二年のミュンヘンオリンピックで金メダルに輝いた。この優勝で女性ファンの間で爆発的な人気となり、日本リーグのテレビ中継も高視聴率が取れるようになった。

八四年のロサンゼルスオリンピック出場をかけたアジア最終予選・中国戦では、日体大の学生だった川合俊一の活躍で逆転勝利すると日本中が沸いた。川合俊一、熊田康則、井上謙が「バレーボール界のビック３」といわれ、試合会場には女性ファンが押し掛けた。

ロサンゼルスオリンピックは七位に終わり、八八年のソウルオリンピックに向けての強化合宿地が清水に決まった。日本閣を宿舎として近くの日立製作所の体育館を練習場に合宿が始まった。

選手の送迎バスは西川が運転した。

予想に反したのは、練習会場と宿舎の日本閣に選手目当ての女性ファンが押し掛けたことだ。十日間続いた合宿は連日女性ファンに囲まれていた。練習が終わると、場所を移動して日本閣の玄関まで押し掛けた。応接セットが置かれている玄関前の踊り場に選手たちが姿を見せるとサインをせがみ一緒の写真に収まりたがり、夜になっても帰る素振りを見せない。翌朝、選手がバスに乗り込む時間になると先日と同じファンが顔を見せていた。合宿の初日から打ち上げの日までこの光景が続いた。

西川は若い女性の行状に呆れ果てていたが、半面商売としてのヒントを得ることにもなった。大相撲ファンもだが、スポーツ選手を集めると、それにつられてファンが付いてくる。清水には観光の名所となっている「三保の松原」と「久能山東照宮」がある。旅館経営は多くが観光客相手の商売だ。宿泊業を営んで知ったことは、観光で一度来た客は二度と顔を見せない。当たり前だ。同じ風景を何度も観たいとは思わないからだろう。

観光業は年々衰退するばかりだ。指をくわえて待っているだけでは何も起こらない。スポーツの誘致が手っ取り早い打開策になると考えた。

それからの日本閣は、バスケットボールの日本代表も合宿を張るようになった。一九六〇年後半、キックボクシングが人気を得ていた。ボクシングジムを持つ野口修が、タイに行きタイ式ボクシングを日本に持ち込んだもので、沢村忠などのスター選手を輩出した。

気候が温暖ということもあり、キックボクシングの選手も日本閣で練習を積むようになった。そうなると近所の鉄工所の経営者が日本閣の庭にサンドバッグを作って協力をした。清水の次郎長の血を引き継いでいるわけでもないだろうが清水の人間は情に厚い。

練習に打ち込む選手たちの姿を見ている西川は、その姿に好感を持ち、同時に商売としての可能性を見出していた。

一九九〇年。冷戦が続いた東西の壁が崩壊したことで、日本とロシアの経済交流が盛んになると読んだ「日本船舶振興会・笹川スポーツ財団」の創立者・笹川良一が民間交流を発案した。敗戦でサハリンに残された多くの残留邦人になんとか日本の地を踏ませることができないものかと、笹川が三十人の残留邦人を招待して東京に連れてきたのがこの年だ。

本土の土を踏んだ老婆たちは、戦後の目覚ましい復興跡を見ると涙を流して喜んだ。

笹川は次に、日本の子供たちを連れていき元気な姿を見せてあげるのも一つの策と思い少年サッカーの遠征を考えた。

サッカーチーム派遣を同財団から依頼された宮崎が、翌年、子供たちを連れてサハリンに遠征した。これが始まりでサハリンのチームを招待することになる。

一九九二年、サハリンから少年サッカーチームが来日した。

「私が指揮を執る東京選抜チームと対戦するんですが、サッカー処の清水のチームと試合をしたいと言うんです」

宮崎から持ち込まれた話だ。西川は喜んで引き受けた。

清水で交流試合を三試合戦った。協会を挙げて歓待すると、その翌年、同財団の招待でサハリンへの遠征が決まった。

東京少年リーグ選抜と清水少年リーグ選抜の二チームが一九九三年八月三日から十一日までの九日間、函館発のチャーター機でユジノサハリンスクに遠征していた。

選手たちは、サハリン市内を見物し地元のサッカーチームとの交流試合に臨んだ。試合が始まると、腰が曲がり顔に皺を深く刻んだ老婆が五人スタンドに座っていた。西川を選手団の団長と見たのか一人が話し掛けてきた。

「私たちは日本がロシアに戦争で負けた時、帰ることができず朝鮮人の主人と結婚してここに残っている者なんです。子供たちの試合があると聞いて来たんですが、この年になって日本の子供たちを見ることができるなんて夢のようです」

　こう言って涙した。第二次世界大戦の敗戦による残留邦人だった。

「ホテルはどちらなんですか。こんな機会がないんで子供さんたちと話をしたいんです」

　西川は滞在しているホテルを教え再会の約束をした。選手たちが食事を終えると、主人という老人に伴われ老婆は約束の時間に姿を見せた。サハリンの州の州都ユジノサハリンスクにあるホテル内の食堂だ。西川が持参した日本茶を振る舞うと拝むようにして湯呑茶碗に口を付けた。席に座る子供たちの頭を愛おしげに撫でる。

「酷いものでしたよ。八月十五日に日本が降伏して戦争が終わったはずなのにロシアはその後も攻め続け、この島に住む日本人はほとんど殺されてしまったんですよ。私はこの人と結婚していることにしてかろうじて生き延びることができたんです」

　老婆は敗戦時の残虐な殺し合いを思い起こすように話した。

　西川は、鹿児島の知覧飛行場で特攻隊員として訓練を受け、あと一週間戦争が続くと自分の命はなかった。そんな話をすると老婆は西川の手を取って泣いた。子供たちは黙って見つめていた。

「小母ちゃん、日本に帰りたいでしょ」

「帰りたいけど、もう無理です……」

　老婆の潮焼けした顔に深い皺が刻まれている。後ろに立つ頭の薄い老人の目は力なく食堂の電球を無言で見つめている。

「教師をしていた両親はロシアに殺され、二人いた兄弟は終戦のどさくさでどこに行ったのか分からないんです。日本に帰っても行く場所がありませんから」

「誰か日本に住む人への伝言でもありますか。ありましたらどんなことをしてでも探してお届けしますよ」

西川の語り掛けに老婆は首を振った。

「東京の新宿で生まれ、教師をしていた父親がここに赴任することになって一緒に来たんですが、東京も戦争で焼け野原になったんでしょ。内地にいた知り合いがどこに行ってしまったのか分かりませんから……。身寄りは誰もいないんです」

そう言って声を詰まらせた。

この遠征を引き受けたのは、サッカーのみならず、子供たちに世界を見せたかったからだ。草サッカー大会は、第一回大会から優勝チームに海外遠征をさせている。子供たちの国際的視野を広げたいという見地に立ったもので、第一回大会で優勝した清水ＦＣライオンズはシンガポールに行った。第三回、五回、七回、八回大会に優勝した清水ＦＣも台湾に遠征している。

「清水のトップクラスの選手は海外遠征を経験する機会に恵まれるが、二番手の選手になるとその機会が持てない。しかし、どんな選手にも可能性は十分にある。そういう選手たちにもいい経験をさせたいと思う」

高校生も清水東、清水商といった高校選手権の優勝チームは市とサッカー協会の後押しでサッカーの本場ブラジルやヨーロッパに遠征している。

「島国の日本人は、海外に出て世界の広さを知らなければ世界に追いつくことはできない。置いていかれるばかりだ」

と市長の宮城島も言い、市の予算で子供たちの遠征の後押しをした。

老婆が帰った後、ロビーに子供を集めた西川は、第二次世界大戦で日本が負けたこと、この島で四千人以上の軍属や鉄道員、炭鉱夫、教師とその家族が殺されたことを話し始めた。逃げるに逃げられず居残った女性は、この地に住む朝鮮半島からやってきた男性と結婚してこの島に住み着いていている。子供たちは、瞬きを忘れ真剣な顔で聞き入っていた。生きた歴史の勉強で、遠征は子供たちにとって大成功だ。

現地で三試合ずつ戦った試合は、東京少年リーグ選抜が二勝一敗、清水少年リーグ選抜が二勝一分けで終わった。

「当たりが強く、パスのスピードも日本での試合と違ってました」

外地での試合の感想だ。

保護者を含めた親睦会では、テーブルにキャビアやトナカイの肉が並びペットボトル入りのビールで乾杯だ。これもお国違えばの光景だろう。西川は、この交流の火を消さないためにサハリン当局と笹川財団に掛け合い交流の継続に動いた。

翌年からは、隔年でサハリンと清水の子供たちとの交流戦が始まった。サハリンの選手がやって来ると新潟港に船が着く。西川は清水まで自分がバスを運転する。もちろん宿舎は日本閣だ。清水がサハリンに遠征する際は、スポーツ少年団を通じて募集したが保護者の参加も呼び掛けた。

「サッカーを通して親善を深めることも大切だが、子供たちにはもっと大事なことがあります。遠征は行ったことのない世界を見て体験して考える機会を与えてくれます。有難いことにサハリンの行政府が協力してくれますからこんなチャンスはありません。保護者の方々も一緒に行きましょう」

二十万円を切らない遠征費は安くはないが、西川の説明で保護者も合わせて二十五人ほどが国境を渡るようになった。

二〇〇二年の日韓ワールドカップで、ロシアチームの合宿先が清水に決まったのも、この民間交流が果たした役割は大きかったはずだ。

「出場チームが合宿に使うことで国際都市としての値打ちも上がる。サッカーを通じ国境を越えた人と人との付き合いが友情を育み、子供たちにもいい影響を与えてくれるはずだ」

西川はそう言って喜んだ。両国の交流は二〇〇〇年まで九回続いた。


「みんなパスポートを用意して」

隆の通る声が響いた。子供たちが成田発の飛行機を降り、ロサンゼルス空港のイミグレーション前に並んでいる。

一九九七年七月二十日昼のことだ。「船越スポーツ親善交流会」と書かれた旗を持った清水のサッカー少年たちは、税関を通り抜けると待ち受けているバスに乗り込んだ。向かう先はメキシコのアメリカとの国境沿いにある街ティファナだ。

バスで揺られること三時間。

西川を団長とする子供と保護者を含めた一行二十六人は、前日の昼にバスで清水を出発し、二十七時間をかけてようやく目的地、ティファナのホテルにチェックインを済ませた。

この遠征は西川昭策が発案したもので、サハリンとのサッカー交流が軌道に乗るとサッカーの盛んなメキシコに目を向けた。

世界に通用する選手を育てることを目標に置いてのことだ。

計画を立てると西川は再三メキシコに足を運んだ。

メキシコに住む兄弟の幸男と小夜子に相談するためだ。

「サッカーの盛んなメキシコと、日本の子供たちが親善を兼ねた交流試合を持てば面白いだろう」

幸男は兄の雲をつかむような話に乗り気ではない。

「選手たちを連れてくるから、市内のチームとの試合をお願いするなら難しいことはないと思うけどなあ」

サッカーが盛んな国だけに、幸男は近くの学校や市営グラウンドで毎週のようにサッカーの試合が行われているのは知っていた。

それらのチームと試合をしたい。そう言われると難しいことでもなさそうだ。兄の要望を受けて市の教育委員会に出向いた。応対してくれたのはマフィアの親分のような大男だった。

「日本代表の子供たちを連れてきます。周辺の街の代表チームを集めて大会を開けないものでしょうか」

〝日本代表〟の言葉を聞いた教育委員は体を乗り出した。

「本当ですか。となれば国際大会ですね。それができるんなら市からの予算も取れます。是非やりましょう」

それからは話がとんとん拍子で進んだ。日本に戻った西川の元に入った連絡は、メキシコから四チーム、アメリカが三チーム参加の計八チームでの大会になるということだった。

西川は笹川財団に掛け込み協賛を取りつけて出発となった。

長旅で疲れ切った子供たちの姿を眺めながら西川は言った。

「代表が海外遠征するときは飛行機の長距離移動が待っている。異国の地では慣れない食事や生活環境の変化がある。今から海外に出てこれらを経験しておくと代表に選ばれたときのいい準備になる。ユニフォームに日の丸を付けて戦わせることで、子供たちに日の丸を背負うことの重責も経験させることができる」

この遠征には隆も坂倉も塚本も帯同している。

子供たちのジャージの胸には「SHIMIZU」とロゴマークが記され、その下に日の丸が大きく刺繍されている。

「この子供さんたちは日本代表ですか」

成田空港で、飛行機に乗り込む乗客に話し掛けられた。

「少年サッカーで、メキシコに遠征するんです」

隆は胸を張って答えた。空港で迎えてくれた幸男は、大柄で笑顔を絶やさない優男だった。

「遠征はサッカーだけでなく、様々なことを学ぶことが目的でしょ」

遠く離れた国からのお客さんに幸男は親切だった。到着した翌日は、大型バスをチャーターして太平洋岸の半島、バハカリフォルニアスルの港町エンセナダに向かった。マリンブルーの空。黄色や煉瓦色に塗られた家の壁。異国情緒たっぷりの風景が広がる。

日の丸をはためかせた漁船が接岸していた。船員は、ジャージ姿の子供たちを見ると頬を崩して甲板から降りてきた。遠洋漁業で来ている鮪船と言う。サッカーでの遠征に来ていると答えた。

「懐かしいなぁ。俺にもこの子たちと同じくらいの子供がいるんだ。日本を離れて四カ月さ。そうか、ここまでサッカーをしに来たんだ」

船の中から大きな紙の包みを重そうに持ってきた。

「冷凍の鮪だ。ホテルに着くころには溶けるだろうからコックに刺身にしてもらいな」

地球の裏側まで日本の漁船が魚を獲りに来ている。話を聞くとこの漁船は清水港に荷揚げをすると言う。子供たちは二度びっくりしたような眼で船員を眺めている。

「ここまで来たんだから、頑張って勝たなくちゃ駄目だぞ」

船員は一人一人の背中を叩いて励ましてくれた。

地元料理のタコスを昼食に摂り、バスに乗ってサンフェリペ砂漠に向かった。二時間ほど走ると、荒廃した岩山に大きなサボテンが群生した見渡す限り砂漠が続く風景に変わった。灰色の砂だけの景色の中、一本道をバスが疾走する。

バスの走る前方の地平線に、黒ずんで揺れる正体不明の物体が浮かんでいるように見える。その物体は走っても走っても距離が少しも縮まらない。こんなところに海などあるはずがない。幸男の説明でようやく頷けた。照りつける太陽光線の影響から見える蜃気楼だと言う。子供たちの目が黙ったまま一点を見つめている。どこまで走っても変わらない景色は幻想的である。

「空気、町の匂い、人々の振る舞いや耳に聞こえてくる言葉。見ること聞くことのすべてが子どもたちにとっては宝物になるはずだ」

経験こそが財産と西川が言う。

試合の当日になった。フィールドが五面ある大きなグラウンドが会場だった。八チームの選手が並んでいた。スタンドにはアメリカの星条旗が見える。メキシコの国旗と日の丸を持った現地の邦人の姿も見える。国際色豊かだ。市長の挨拶が終わると西川に声が掛かった。幸男の通訳で壇上に立った。

「こうして、国境を越えて子供たちが仲良くすることにより次の世代が戦争の無い平和な地球を守るための大事な役目を果たしてくれることと信じています。そんな平和を願って我々は日本からやってきました」

客席から大きな拍手が聞こえた。参加国の国歌がグラウンドに流れると三日間のリーグ戦が始まった。

体格では敵わない清水の選手は技術で対抗する。アメリカのチームは清水の選手のフェイントにかかると、面白いようにグラウンドに尻もちをついた。メキシコの選手はそうはいかない。個人技で勝負してくる。試合の組み立てを考えた清水のチームは攻守に穴がない。監督の塚本が言う。

「個人技は選手一人一人の思考力の問題だから、いい選手を育てるには考える力を付けさせるしかないんだよね」

ティファナ市のラジオとテレビ局も、初の国際試合に注目して番組を組んだ。子供たちのプレーをテレビカメラが追いかける。

清水選抜チームは六戦全勝と圧倒し大会は成功に終わった。

「勝ったことで自信にもなったろうし、この世代が大きくなると世界で通用する選手になるな」

西川なりに確かな手応えを感じていた。

塚本も隆も坂倉も、帰国前日の夜はテキーラをしたたか飲んで酔っ払っていた。保護者の一人がホテル近くの路上で引ったくりに遭った。夜になると街が無法地帯に変わる怖さも肌で知った。帰り道、ロサンゼルスのリトル・トウキョー、チャイナタウン、ユニバーサルスタジオの見学もした。これも社会勉強だ。

幸男の協力があり、子供たちの遠征が恒例となる。

交流三年目の二〇〇〇年からは、メキシコの子供たちも来日し草サッカー大会に参加するようになった。

「日本代表に選ばれても、遠征先で実力を発揮できなければ内弁慶の選手で終わってしまう。子供のころから遠征の訓練を積ませてこそ日の丸戦士としての真価が発揮できるんだ」

西川の目は常に二、三歩先を見据えている。

二〇一二年、西川は八十二歳で人生の幕を閉じた。「日本閣」は長男の伊織が引き継いだ。下宿生を迎え入れ、サッカー少年たちの面倒を見続けている。

## 追記

### 選手から指導者へ

「指導者の役目は、日の丸を背負う選手と優秀な指導者を一人でも多く育てることだ」

これは日本サッカー協会参与の綾部美知枝が指導者の道を歩み始めた頃に堀田哲爾が掛けた言葉だ。

トッププレーヤーとなった選手の中には、引退後にJリーグや年代別日本代表チームの監督・コーチを務める者も少なくない。一部ではあるが清水出身者の指導者としての活躍を紹介したい。

女優長澤まさみの父・長澤和明は清水東高が選手権初出場で準優勝を果した時の名MF。日本代表でも活躍し、ヤマハ（ジュビロ磐田）をJ昇格に導いた監督でもある。鈴与清水FCラブリーレディース、常葉橘高、浜松大学などの監督を経て、二〇一五年に母校・清水東高のヘッドコーチに就いた。長澤の二年下でヤマハのチームメート内山篤もジュビロ磐田の監督を務めた。現在はU—18日本代表監督。一六年はU—20W杯韓国2017出場をかけた戦いに臨む。

ACミランのメディカルトレーナーになった遠藤友則と東高の同級生の望月一頼は、Jリーグ・サンフレッチェ広島で長らくGKコーチを務め、一六年日本サッカー協会専任トレセンコーチに就任した。同じ年の大木武は清水エスパルス、ヴァンフォーレ甲府、京都サンガの監督を務め、日本代表のコーチにもなった。一五年からJFL昇格を目指す今治FCでメソッド事業部アドバイザーを務める。一年下の内田一夫は甲府の監督や清水、ジェフユナイテッド千葉のコーチなどを歴任し、一六年Yinchuan Helanshan F.C（中国）の監督に就いた。

「第九回全国サッカー・スポーツ少年団大会」で全清水を初優勝に導き、清水東高で総体を連覇した年代では、反町康浩がアルビレックス新潟、湘南ベルマーレの監督を務め、北京五輪代表監督の重責も担った。一二年からは松本山雅ＦＣの監督である。オランダでの選手経験もある望月達也は引退後、磐田、湘南などのコーチを経て〇七年にベガルタ仙台の監督を務めた。現在は甲府のヘッドコーチだ。二歳下の長谷川健太は清水の監督を六年間務め、一三年からガンバ大阪の監督。大榎克己も清水の監督になった。さらに二年下の長澤徹は一五年からファジアーノ岡山の監督を務める。

「第七回全日本少年サッカー大会」を圧倒的強さで制し清水ＦＣ最強とも呼ばれた世代の相馬直樹は、一〇年にＦＣ町田ゼルビア、一一年に川崎フロンターレの監督を務めた。一四年に再びＪ３の町田の監督に就き、Ｊ２に昇格した今季は早くもＪ１昇格争いに加わっている。二年下の斉藤俊秀は〇九～一三年藤枝ＭＹＦＣの監督を務め、一五年Ｕ─15日本代表コーチに就任。一七年インドでのＵ─17Ｗ杯出場を目指しＡＦＣ Ｕ─16選手権を戦う。

清水商のＯＢでは、高校時代ワールドユース日本代表に選出された風間八宏は遠藤友則と同じ年で、大学卒業後ドイツに渡り五年間クラブチームに所属した。帰国後はマツダ・広島で活躍し引退後は解説者として名を馳せた。母校・筑波大の監督を経て一二年より川崎の監督を務めている。選手権初優勝時の主将・江尻篤彦はジェフユナイテッド市原、Ｕ─23日本代表、新潟のコーチを歴任し、〇九、一〇年は市原・千葉の監督を務める。現在は千葉Ｕ─18監督である。

選手権二度目の優勝を飾った時の主将・三浦文丈はＦＣ東京、横浜Ｆマリノス、新潟、アビスパ福岡でコーチを務め、一六年、J3のAC長野パルセイロの監督に就いた。一歳下の藤田俊哉は一四年からオランダ・VVVフェンロ（本田圭佑が〇八～一〇年に所属）でコーチを務める。藤枝から清商に進学した名波浩は藤田の一つ下、現磐田監督でJ1復帰を果たした。

Jリーグに関わる仕事では、名古屋グランパスエイトなどに所属、元日本代表で清商OBの望月重良は〇八年SC相模原を創設した。一四年にJリーグの準加盟クラブとなり、一六年FC琉球から清商の一年先輩、薩川了洋を監督に招聘。GK川口能活が加入しJ3で好成績を上げている。薩川と同じ年で東高OBの野々村芳和は、千葉やコンサドーレ札幌での選手生活の後、解説者やメディアのMCとして人気を得ていたが、一三年に札幌の社長に就任。選手やメディアでの経験を活かし、斬新なアイデアと行動力で辣腕を振るっている。一六年シーズンのチームはJ1昇格を狙う絶好の位置にいる。一五年からJリーグの理事でもある。

清水で少年期から技術、戦術の基礎を教え込まれ、それをベースに努力を重ね選手として成功した。引退後は全国各地から望まれ経験を活かし選手の強化や次世代の育成にあたっている。彼らはいまや日本のサッカーを支える立場なのだ。堀田の言葉どおり、清水は優秀な指導者を着実に輩出している。

# あとがき

一九九七年、小野伸二（現コンサドーレ札幌）は清水商業高校卒業時、Jリーグ十三チームから獲得オファーが寄せられ激しい争奪戦の末、浦和レッズに入団した。それほど注目された選手だけに、当時出版社（株式会社ラインブックス）を経営していた僕は彼の本を出せばヒット間違いなしと出版に向けて情報収集に動いた。

入ってきた情報では、家庭の事情により清水の旅館「日本閣」の社長西川昭策氏が小野の親代わりとして公私にわたって彼の面倒を見ている。そんな事実を知って清水に飛んだ。西川氏に会い、小野伸二に関する出版の仲立ちを依頼すると、本人の名前での出版は無理だが、自分が知る範囲での口述筆記で出版するなら協力できると承諾してくれた。

僕は、早速西川氏への単行本執筆取材（『小野伸二天才の素顔』西川昭策著、ラインブックス刊）のため日本閣に通い始めた。

その日も、取材のテープレコーダーを回していると日焼けした三人の男たちがドカドカと挨拶もなく入ってきた。

後で知ったことだが、鈴木隆氏と坂倉孝治氏は地元サッカー少年団の指導者で塚本哲男氏は小学校教諭でありながら清水サッカー協会少年委員長だった。

「西川さん、最終的な人数が決まりました。子供が二十四人で保護者が六人。僕たちと西川さんを含めて合計で三十四です」

「だったら二チームできるな。そりゃあ良かった。ご苦労さん」

取材を打ち切り僕はノートを閉じる。広間にテーブルを並べた三人は、勝手に冷蔵庫からビールを出して酒盛りを始めた。

末席に座って四人の会話を聞いていると、なんとこの夏休み少年サッカーの子供たちを連れてメキシコに遠征するというではないか。

僕も、千葉県の浦安で少年サッカーの指導をしていた経験があり彼らの話に興味をそそられた。遠征は自主参加で、一人二十三万円の費用がかかり引率で同行する四人も自前の参加と言う。

僕の指導していたチームは、夏休みに入ると栃木県今市に三泊四日の合宿をするが、その時の保護者に対する三万円の経費の説明も胃が痛くなるほど苦手なものだった。それが、これだけの高額にも係わらずこの人数が集まっているとは驚きだ。

さらに驚かされたのは、このメキシコ遠征は既に五回続いているとのことだ。話の続きはまだあった。十日間の遠征から戻ると、今度は別の子供たちを連れてロシアのサハリンへ一週間の遠征に行き、この遠征にグラスを傾ける四人も同行するそうだ。

その席に大柄で四角い顔の男が大股で入ってきた。遠征に参加する人数を聞くと相好を崩して大きく頷いた。それが堀田哲爾氏だった。

「そりゃあ良かった。この年代から海外への遠征をさせておけばそれは良い経験になって、代表で日の丸を背負ったとき外国での試合も気後れすることなく実力が発揮できるだろうからな」

将来子供たちが日本代表に呼ばれることを見据えての言葉だった。

鈴木氏が箱から胸に日の丸の入った遠征用ユニホームを出すと、子供の頃から日の丸を背負うことの重みを教えることが大切なんだと熱を込めた。堀田の言葉を誰もが当たり前という表情で聞いている。話が飛躍しすぎて、僕には少年サッカーの世界の会話とは到底思えなかった。

それを現実のものとして実感できたのは、僕もメキシコへの遠征に同行することにしたからだ。

成田から空路ロサンゼルスへ。空港で待ち受けていたバスに乗ってアメリカとの国境沿いにあるメキシコの街、ティファナまで休憩なしで十八時間の長旅だった。時差ボケもあり誰もが疲れ果ててクタクタな顔をしているが、子供たちに気遣う大人はいない。

「外国への遠征はこういうものでしょう。子供たちにはこの辛さを身を持って教えることが大切なんですよ」

団長として引率している西川氏の言葉だ。

現地で指揮をとる監督は、今回僕のこの原稿の事実関係に関する校正を引き受けてくださった塚本哲男氏だ。五つの小学校からの寄せ集めチームであるが、試合が始まると監督の指示に従い見事な攻撃と守りのバランスを見せて全勝で親善試合を戦い終えた。

僕はベンチで試合を観戦しながら、子供たちのサッカー頭脳の高さに驚かされた。これも、一貫した指導体制を敷いている清水ならではの環境がそうさせていることを後で知った。

「俺は、メキシコから帰るとサハリンが待っているんだ。その遠征が終わると今度は清水の草サッカー大会が始まるから会社に行く間がない。だから今月の給料袋はまた空っぽだろうなぁ」

鈴木氏が帰国前日の夜、僕とホテルのバーで地元の名物であるテキーラのグラスを口に運びながらさらりと言った言葉だ。

聞いてみると、氏は折戸湾近くにある自動車修理工場で働いていると言う。これだけ遠征が続けば確かに出社できない。塚本氏は教諭で夏休みだから問題ないが坂倉氏も鈴木氏と同じような立場だそうだ。それでも、二人が一連のボランティアを終えて会社に顔を出すと嫌な顔もせずに迎えてくれると言う。

出社しなくとも気長に待っていてくれる会社と、仕事を放り出して子供のサッカーにのめり込んでいても小言も言わずに家庭を守ってくれる奥さん。そんな周囲の大人たちが清水ＦＣを支えていることを知った。

真夏の炎天下、五日間ぶっ通しで試合が行われる草サッカー大会の会場に足を運ぶと、どの会場でも育成会の保護者が手分けして選手たちの面倒をみている。

僕はこの夏休みにメキシコ、サハリン、草サッカー大会と約一カ月間彼ら清水のサッカー指導者と行動を共にした。それからというもの、僕はすっかり清水フリークとなってしまった。ここに、清水のサッカーを取り巻く原点があるように思えたからだ。それ以来、草サッカー大会に限らず清水エスパルスの試合を観戦したり、高校サッカーの練習グラウンドに顔を出させていただいたりと清水通いを続けるようになった。

清水の少年サッカーを取り巻く環境は、保護者も指導者も行政も含めて熱く燃え滾っているということだ。僕は長年、職業柄取材で全国の各地を訪ねる機会に恵まれてきたが、この街に根付いている温かさは何処に行っても巡り合えない広さと奥行きを持っている。

今年の草サッカー大会が三十周年を迎えるに当たり、数年前から清水のサッカーに係わる人たちの熱い情熱を一冊の本にまとめてみたいと思っていた。

取材を始めると、幾つかのチームが大会発足時から毎回参加していた。愛知県瀬戸市の「瀬戸

ＮＦＣ」もそうだった。チームを率いる深谷久美子さんの言葉が心に残った。深谷さんは、この三十年の間に三人の子供さんに恵まれお腹に赤ちゃんがいたときもあった、子供さんを背負っての参加もあった。主婦とサッカーコーチを両立しての頑張り屋さんだ。

「大会は、全てが地元のボランティアの方々の協力で成り立っているんですね。旅館に泊ってもホテルに泊ってもみんな真心を持って迎えてくれるんです。この大会には、サッカーばかりでなく人間同士の温かな触れ合いがあるんです。〝清水熱〟とでも言うんですかね。その人間の温かい繫がりを子供たちに教えることも大切な教育だと思い、毎年清水に来ているんです」

僕の言わんとすることを一言で言い当ててくれた。

そう、清水のサッカー人には〝清水熱〟がある。

取材に快く時間を割いてくださったり資料の提供をしてくださった多くの方々の協力なくしてこの本は完成しなかった。元市長の宮城島弘正氏をはじめ、清水サッカー協会理事長・西村勉氏、全国少年少女草サッカー大会事務局、静岡市ＭＩＣＥ国際課・大澤祥子氏、高木好巳氏、大榎克己氏、綾部美知枝夫妻、第八スポーツクラブ代表・杉山勝四郎夫妻、半田悦子氏、鈴木隆氏、坂倉孝治氏、塚本哲男氏、井出進氏、日本閣の西川伊織氏、浄見元紹氏、横浜市立横浜総合高校・大出隆之氏と、共に〝清水熱〟を持った各位にこの場を借りて熱く感謝の気持ちを伝えたい。

今回、静岡新聞社さんのご協力を仰ぎようやく一冊の本を完成させることができた。特に、この本の構成から資料の手配、出版まで相談に乗っていただいた静岡新聞の庄田達哉氏、森太眞子氏にも感謝を申し上げたい。

二〇一六年六月

高部　務

〈参考文献〉


『礎・清水FCと堀田哲爾が刻んだ日本サッカー　五〇年史』梅田明宏、現代書館刊
『清水カップ全国少年草サッカー大会一〇周年記念誌』清水カップ全国少年草サッカー大会一〇周年記念誌編集委員会
『しずおかの高校サッカー』　静岡新聞社編／刊
『日本サッカー史　日本代表の九〇年』後藤健生　双葉社刊
「静岡ユースサッカー」第一号～四十号　清水サッカー協会発行
『MR・フットボール堀田哲爾回顧録』堀田哲爾を囲む会編、アイオーエム刊
『デッドマール・クラマー　日本サッカー改革論』中条一雄、ベースボールマガジン社刊

**高部　務**（たかべ・つとむ）
1950年山梨県生まれ。新聞記者、雑誌記者を経てフリージャーナリストに。新聞、雑誌で執筆するかたわら、スポーツ、芸能を中心に多彩なジャンルのノンフィクション作品を手がける。主な著書に『大リーグを制した男　野茂秀雄』『ピーターは死んだ - 忍び寄る狂牛病の恐怖 -』『高原直泰　原点』( ラインブックス刊 )。小説『新宿物語』(光文社刊)。近著に『新宿物語』のパートⅡとなる『新宿物語 '70』（光文社刊）がある。

無敵の少年サッカー発祥の地
清水サッカー物語
二〇一六年八月八日　初版発行

著　者――高部　務
発行者――大石　剛
発行所――静岡新聞社
静岡市駿河区登呂三―一―一
郵便番号四二二―八〇三三
電話　〇五四―二八四―一六六六
印刷製本――三松堂



ISBN978-4-7838-2251-6